전략이 있는 선교

Mission in Strategies

전략이 있는 선교
Mission in Strategies

GOD

조귀삼 지음

국내 유명 월간지인 「교회와 성장」에
3년 동안 기고된 내용의 총정리

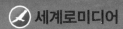
세계로미디어

머
리
말

오늘날 한국 기독교의 상황을 살펴보면 진정으로 건강한 교회상이 필요한 때입니다. 또한 건강한 교회라야 건강한 선교를 수행할 수 있습니다. 조귀삼 박사님의 이 책은 다양한 선교 전략의 연구를 통해 앞으로 한국교회의 선교가 어떤 방향으로 나가야 할지에 대해 폭넓은 대안을 실제적으로 제시하고 있습니다. 현장 사역자는 물론이고 일반 성도들도 읽어보기를 추천합니다.

정흥호 교수
(아세아연합신학대학교 선교대학원장, 전 한국복음주의선교신학회 회장)

서
문

해외의 선교 현장에서 선교사의 삶과 국내 대학교에서의 교수 사역을 통해 한국교회가 건강한 선교를 하기 위해서는 전략이 있어야 함을 깊이 깨닫게 되었습니다. 이러한 생각이 깊어지던 때에 한국의 교회성장을 위해 발간되는 월간 『교회와 성장』의 특집란에 2010년 9월호부터 2013년 6월호까지 34회에 걸쳐서 "건강한 교회 건강한 선교"라는 주제로 글을 기고하였습니다. 이러한 글들을 모아서 한국교회의 선교에 작은 밀알이 되고자 『전략이 있는 선교』를 출판하게 되었습니다.

선교에도 전략이 필요합니다. E. R. 데이튼과 D. A. 프레저는 "전략이 왜 필요한가?"를 이야기하면서 "전략은 우리에게 방향과 일관성에 대한 전반적인 인식을 가져다준다."라고 말했습니다. 그렇습니다. 전략이야말로 앞으로의 계획들이나 목표들과 같이 도달해야 할 로드맵을 설정하게 만들어 믿음의 진술을 가져오게 합니다.

『전략이 있는 선교』는 다음과 같은 특성을 가지고 있습니다. 첫째는 건강한 교회를 통한 부흥을 지향하는데 있어서 선교의 중요성을 소개하였습니다. 둘째는 선교 교회의 육성이 왜 하나님이 가장 기쁘게 받으시는 사역이 되는가를 설명하였습니다. 셋째는 전문인 선교사 육성을 통해서 선교의 역동성을 교회에 불어넣을 수 있도록 안내하였습니다.

기도하기는 『전략이 있는 선교』를 통해서 3만여 명의 해외 선교 현장과 부흥을 갈망하는 국내 교회 사역 속에도 선교의 충만한 바람이 불 수 있기를 기대합니다. 선교와 교회 부흥의 현장에 함께 하셨던 성령님께서 지금 이 시간 한국교회에 함께하시기를 바랍니다.

이 책이 출판되기까지 노력해 주신 분들께 감사의 인사를 드리지 않을 수 없습니다. 교수직을 허락해 주신 한세대 김성혜 총장님과 수강생들, 부족한 글을 기고할 수 있도록 기회를 제공해 주신 교회성장연구소 이장석 본부장님, 선교지 순례를 위해서 애쓰시는 한세선교연구회 문승현 회장님, 평생 자녀들을 위해 고생하신 김철심 권사님과 아내인 김미영 원장, 홍길영 사위와 딸 지은, 사랑스런 자녀들인 지현, 현승, 그리고 현아입니다.

끝으로 부족한 글을 꼼꼼하게 교정해 주신 김미영 간사님과 김영은 전도사, 그리고 출판을 위해 노력해 주신 새한기획 민병문 대표님께 깊이 감사드립니다.

조귀삼 교수
(한세대 선교학, M. Div, Th.M, Ph.D)

제2부 교회의 선교 동력화 전략

제3부 교회의 전문인 선교사 양성 전략

PART 1

건강한
교회성장을 위한
선교 전략

Mission in Strategies

Chapter 1

건강한 교회를 위한
건강한 선교 정책*

건강한 교회는 건강한 선교 정책에서 출발한다. 한국교회가 서구 선교사들로부터 복음을 받아들인 지 130여 년이 되었다. 그동안 한국교회는 놀랍게 성장하였다. 이와 같은 복음의 수용과 착근, 그리고 성장기를 거친 다음에 한반도의 벽을 넘어서 해외에 선교사를 파송함에 있어서 세계 두 번째의 위상을 갖게 되었다.

이러한 놀라운 복음의 수출국임에도 불구하고 선교 현지에서는 우리가 생각한 만큼의 효과적인 선교가 이루어지지 않고 있다. 그 요인이 무엇이겠는가? 필자는 선교 전략의 부재라고 감히 말하고자 한다. 한국교회의 선교는 교회와 선교 기관과의 관계만큼이나 분리되어 있다. 마치 19세기를 지나면서 서구 교회가 경험했던 질문이 오늘날 한국교회 속에서 재연되고 있는 것 같다. 이는 선교의 주체가 "선교회냐 아니면 교회냐?"라는 근본적인 질문에서 시작된다. 이와 같은 이원화의 관계는 전략의 부재를 가져오

---

* 이 글은 월간 『교회와 성장』 2010년 9월호의 137-144페이지에 기고된 글이다.

게 된다. 선교 전략의 부재는 선교 결과에 직접적인 영향을 주는 요소로 나타나게 된다. 따라서 한국교회의 건강한 성장을 위해서 어떠한 방향의 선교 전략을 구사해야 할 것인가에 대해서 제언해 보고자 한다.

1. 선교 전략이란?

'전략'의 사전적 의미는 '어떤 목적을 달성하기 위하여 준비·계획·동원·조직 등에 대한 국가적인 방략'이라고 서술하고 있다. 데이튼(E. R. Dayton)은 "전략은 우리가 목표에 이르고자 하거나 문제를 해결하는 방법에 대한 전반적인 서술 방법이나 이에 대한 전반적인 접근방식이나 전반적인 계획을 가리킨다. 즉, 전략은 세부적인 계획이 아닌 전반적인 계획을 가리키는 것이다."라고 정의하고 있다. 따라서 선교 전략이란 '하나님의 나라를 열방에 건설하기 위한 계획을 수립하고, 이를 위해서 사람들을 동원하고, 조직화하여 목표를 향해 나아가는 작업'이라고 볼 수 있다.

성경에서 바울의 선교 전략을 찾아볼 수 있다. 그의 선교 목표는 궁극적으로 온 세계에 복음을 증거하는 것이었다. 이를 위해서 사용한 전략은 동역 선교, 대도시 중심의 선교, 회당 중심의 변증적 선교, 개인 전도를 통한 관계 중심의 선교, 지속적인 관계 유지의 선교, 삼자원리의 선교를 들 수 있겠다. 바울은 이와 같은 선교의 방법을 적절히 활용하여 궁극적인 선교의 목표를 이루어 나갔다. 따라서 필자는 초대교회의 선교를 대표하는 바울을 최고의 선교 전략가라고 부르는데 주저하지 않는다.

2. 효과적인 선교 전략, 왜 필요한가?

한국 속담에 "적을 알고 나를 알면 백전백승"이라는 말이 있다. 이 말을 선교적으로 해석해 보면 "선교적 상황을 알고, 필요한 대책을 세울 때 성공적인 선교사역을 감당할 수 있다."라고 말할 수 있겠다.

전략의 필요성에 대해서 데이튼과 프레저(D. A. Fraser)는 몇 가지로 말하고 있다. 첫째, 전략은 그리스도인들인 우리로 하여금 하나님의 뜻을 추구하게끔 한다. 둘째, 전략은 미래를 이야기하고자 하는 시도이다. 셋째, 전략은 우리의 의도를 다른 사람에게 전달하는 방법이다. 넷째, 전략은 우리에게 방향과 일괄성에 대한 전반적인 인식을 가져다준다. 이상과 같은 네 가지의 언급에 대해서 우리는 들을 귀를 가져야 한다.

한국교회의 선교는 때로는 무조건적이며 저돌적이기도 하다. 사실 우리는 군사 문화적인 요소를 갖고 있다. 한국의 현대사를 보더라도 군대의 힘이 사회와 정치, 그리고 문화적인 모든 면을 지배하는 시대를 경험했다. 따라서 이러한 문화는 저돌적이며, 밀어붙이면 안되는 것이 없다는 생각을 갖게 했다. 이와 같은 사회적 분위기는 선교에 있어서도 영향을 미쳤다. 그래서 해외에 나가도 선교 현장을 부딪힘과 아울러 헤쳐 나가자는 마음들이 팽배하였다. 이러한 강압적인 요인들은 선교사들로 하여금 지나친 성과주의를 추구하게 만들어 버린다. 차분한 사역 준비와 실행, 그리고 성공적인 열매보다는 단기간에 무엇인가를 보여주기 위한 사역으로 치우쳐서 선교지에서 사진 찍기에 바쁜 나날을 보내기도 한다.

이제 다시 한 번 바울의 사역으로 돌아가서 생각해 보고자 한다. 바울은 다메섹 도상에서 예수님을 만난 이후에 자신을 통한 이방인의 사역을 소명으로 받게 되었다. 그리고 약 13년이 흐른 뒤 바울은 바나바와 함께 선교 여행을 시작하였다. 선교사역을 위해서 디모데와 실라를 수종자로 두어서 자신이 가야할 목표를 공유하기도 하였다. 그는 일괄되게 복음이 온 천하에 증거되어야 할 것을 주창했고 실행해 나갔다.

비록 고전적인 전략이지만 한국교회는 바울의 전략을 배워야 한다. 한국교회는 개교회의 선교 전략이 미시적이며, 단기간의 성과 중심의 선교 방법에서 벗어나 거시적인 안목의 전략으로 바꾸어야 한다. 거목은 깊은 뿌리를 통해서 이루어진다. 세계의 선교 중심에 우뚝 서기 위해서 천년대계(千年大計)의 선교 뿌리가 형성되어야 하겠다.

3. 선교 전략 부재 시 무슨 일이 나타나는가?

선교 전략이란 '하나님의 나라를 열방에 건설하기 위한 계획을 수립하고, 이를 위해서 사람들을 동원하고, 조직화하여 목표를 향해 나아가는 작업' 이라고 설명하였다. 결국 교회이든지 선교 단체이든지 선교 전략의 부재는 우리의 궁극적인 선교 목표인 하나님 나라의 건설에 치명적인 결함이 나타나게 된다. 아래에 몇 가지 요인들을 언급하고자 한다.

첫째로 선교 전략의 부재는 선교사들의 선교 활동을 정기적으로 평가하고 선교의 특성을 결정지을 수 없게 만들어 버린다. 한국의 파송 교회와 선교 기관들은 타문화권 선교사의 선교 활동에 대해서 평가하는 작업이 아직 정립되어 있지 않다. 대부분의 파송 기관들은 선교사를 한 번 파송하면 '잘하고 있겠지.' 라고만 생각하고 있다. 물론 파송 전에 철저한 사역 훈련을 시키고, 영적으로 충만하여 어떠한 상황 가운데에서도 효과적인 사역을 감당할 수 있는 사역자라면 안심할 수 있지만 그렇지 못할 경우 주기적으로 '사역 평가' 를 실시해야 한다.

여기에서 사역 평가라고 함은 선교사가 잘못했을 경우에 무조건 소환하는 경우가 아니다. 즉, '어떻게 하면 잘할 수 있을까?' 라는 관점에서 생각하고 평가해야 한다.

필자의 선교 경험에서 있었던 부정적인 일화를 소개하고자 한다. 한국의 유수 교단에서 파송한 선교사가 평소에 술을 좋아하였다. 그 선교사는 현지에서도 술 때문에 교통사고는 물론 많은 문제를 일으키기도 하였다. 그렇지만 누구도 그에 대해서 간섭할 수 있는 입장이 아니었기 때문에 선교사로서의 품위와 하나님 나라의 건설에 부정적 영향을 주는 문제점들이 있지만 쉬쉬할 수밖에 없는 경우를 보았다. 참고로 대부분의 선교사들은 매우 헌신적임을 밝힌다.

둘째로 여러 선교 임원들이 제시한 요청과 활동 변화들을 합리적으로 평가할 수 없게 된다. 이 말은 선교 전략이 부재할 경우 파송 기관의 선교 정책과 현지 선교사 간의 견해 차이를 좁히지 못함으로 서로 간에 갈등 관계가 증폭될 수 있다는 것이다.

물론 선교 현지와 파송 기관 간의 사역에 대한 관점에는 차이가 존재한다. 사역에 대한 욕심은 현지에 있는 선교사일 것이고, 이러한 욕심을 절제시키고자 하는 생각은 파송 기관의 책임자일 것이다.

예를 들면 선교사는 선교 본부의 상황은 생각하지 않고 거창한 프로젝트를 실현시키고자 할 때는 경제적인 후원 문제가 반드시 따라오게 된다. 이와는 반대로 선교 본부에서는 많은 일들을 선교사를 통해서 실현시키고 싶지만 선교사의 능력과 준비 부족으로 파송 기관의 요구를 충족시키지 못할 수도 있다. 결국 이러한 부조화의 모순을 없애기 위해서 선교 본부와 선교사는 현지 사역에 대한 분명한 전략을 수립하여 실행시켜 나가야 한다.

셋째로 보다 많은 인적, 경제적 원조를 획득할 수 없게 만들어 버린다. 선교사 및 파송 기관은 어떤 사역을 진행시키기 위해서는 좋은 인력과 자금이 필수적이다. 필자의 생각으로 영국은 선교를 위해서 산업사회를 일으켜 세계에 우뚝 설 수 있지 않았나 생각을 한다. 영국은 그 가운데 자원을 확보하고 물건을 수출하여 돈을 번 다음에 '해가 지지 않는 나라'를 만들 수 있었고, 선교사역을 감당할 수 있었다.

우리는 19세기를 '위대한 선교의 세기'라고 말한다. 이 위대한 선교의 세기 중심에는 미국이라는 나라가 있다. 미국을 통한 선교 자원으로 세계의 모든 국가에 선교사를 파송하였고 그것이 오늘에 이르렀다고 본다. 또한 요즘에는 눈을 국내로 돌리며 선교의 위대한 힘이 한국에 있다고 말한다. 이는 오늘날 한국의 경제적 위상과 맞물려 있음을 누구도 부인할 수 없다. 결국 경제적인 힘과 선교는 불가분리의 관계에 있음을 알아야 한다. 따라서 선교 자원을 확보하는데 있어서 전략 부재일 경우에는 효과적으로 선교 자원을 확보할 수 없다.

넷째로 예비 선교사 후보들로 하여금 선교사로서 갖추어야 할 노선과 수행해야 할 유형을 알지 못하게 만들어 버린다. 선교 정책은 선교 동원과 밀접한 관계를 가지고 있다. 파송 기관에서 사역과 후원에 대한 로드맵이 설정되어 있지 않을 경우에는 예비 선교사가 나아가야 할 방향이 모호해진다.

다섯째는 선교사들로 하여금 선교 현장에 맡겨진 전반적인 상황과 미래의 계획된 선교를 수행할 수 없게 만들어 버린다. 이는 매우 중요한 사항이다. 파송 기관이 현지에 선교사를 파송해 놓고 사역에 대한 분명한 전략을 제시하지 못할 때에는 넓은 바다에 배 한척을 띄워 놓고 항해를 잘해 보라는 것과 같다. 파송 기관은 5년 후, 10년 후 사역의 발전 방향이 눈에 보일 수 있도록 분명한 전략이 수립되어 있어야 한다.

여섯째는 파송 기관인 교회나 선교회의 선교 목표와 목적을 모호하게 만들어버림과 아울러 현지 선교팀원들 간의 갈등을 조장하게 만든다. 갈등은 효과적인 사역을 집행할 수 없게 만든다. 한국 속담에도 "싸우는 집은 잘될 수 없다."라는 말이 있다. 전략이 부재할 경우에는 선교사는 선교 기관을 불신하고, 선교 기관은 선교사를 불신하여 서로 믿지 못하는 관계가 되어 버릴 것이다.

지금까지 선교 전략의 부재가 선교에 얼마나 치명적인 결과를 가져오는 가에 대한 몇 가지를 살펴보았다. 다음은 효과적인 선교 전략 수립을 위한 제언을 하고자 한다.

4. 효과적인 선교 전략을 위한 네 가지 제언

한국교회가 선교 1000년을 유지하고, 동력화하기 위해서 네 가지 점에 서 한국교회의 선교 전략을 간단히 제언하고자 한다.

첫째는 선교 전문가 양성의 전략이다. 파송 기관은 선교 전문가를 통해 서 자문을 받고, 실행해 나가기 위해서 선교 전문가의 역할이 증대되어야 한다. 선교는 광의적으로 해석할 때에는 하나님의 모든 일이 선교일 수 있 다. 그러나 이러한 광의적 요소 가운데에서도 가장 특징적인 요소는 타문 화권에서의 사역이다. 타문화권에서의 사역은 동일 문화와 세계관이 내재 된 국내의 벽을 뛰어넘는 사역이다. 따라서 보다 더 전문적인 정보와 위기 능력을 헤쳐 나가는 지혜가 필요하다.

선교 전문가가 되기 위해서 갖추어야 할 것은 먼저 선교에 관한 충분한 지식이 습득되어져야 한다. 한국은 선교학이 신학교에서 학문으로 자리 잡 고 강의가 되어진 것은 20년을 넘지 않았다. 그동안 선교학은 목회학이나 실천신학의 범주 속에서 수강되어졌을 뿐이다. 그러나 선교학은 이들 학문 들과는 다른 측면이 있다. 그것은 바로 문화와 상황이 다르다는 점이다.

선교는 타문화가 가진 특징적인 요소를 분명히 알아야 접근이 가능하다. 윌리엄 케리(William Carrey)의 근대 선교 이후에 서구의 선교사들은 선교지 상황을 무시했다. 하나님의 말씀은 초문화적이기 때문에 일방적인 직선 관계 속에서 계시의 말씀만 증거하면 선교 수용이 가능할 것으로 여겼던 것이다.

그러나 이와 같은 전략은 선교지에서 '양키 고 홈'(Yankee Go Home) 이라는 용어를 만들어 내었을 뿐이다. 한국교회는 이를 '타산지석'의 교훈 으로 삼아야 할 것이다. 필자는 몇 년 전에 미국의 나약에 있는 기독교 선 교연합대학원에서 연구를 할 수 있는 기회를 가졌다. 그곳의 선교학 교수 의 초청으로 강의를 수강하게 되었는데 강의 주제가 한국에서는 볼 수 없 는 주제였다. 그 시간에 강의한 내용은 '제3세계는 지금도 서구 선교사를 원하고 있는가?' 라는 주제였다. 이와 같은 주제가 나오게 된 배경은 일방 통행식의 서구 선교가 얼마나 자성하고 있는가를 알 수 있는 계기였다.

선교 전문가를 양성하는 것은 파송 기관의 책임자나 실무 담당자가 선교 에 대한 분명한 신학적 지식, 타문화권에서의 사역의 특성, 선교지 현지의 상황을 통찰할 수 있는 지혜가 필요한 수준의 사람이 되어야 한다는 뜻이다.

긍정적인 요소들로 한국의 대형교회의 선교 부서에 선교 전문가를 배치 하는 모습을 들 수 있다. 그러나 선교 전문가를 배치한 것으로 끝내지 말 고, 배치된 구성원으로 하여금 적극적으로 정책이 추진될 수 있는 힘을 실 어 줄 때에 보다 효과적인 선교 정책이 수립될 수 있을 것이다.

두 번째는 양질의 선교사를 파송하는 전략이다. 선교는 선교사가 하는 사역이다. 이는 마치 전쟁에서 자주 말하는 "적을 무찌르고 승리를 쟁취했 다는 것은 그 땅에 깃발을 꽂은 것을 보고 알 수 있다."라는 것과 같다. 물 론 선교사를 파송하기 위한 준비는 훈련과 파송, 그리고 관리라는 많은 요 소들이 필요하다. 특히 후원금이나 기도 후원자의 수고가 필수적이다. 물 론 이 모든 것이 구비되어 있다 하더라도 선교는 현지 땅을 밟고, 그 땅에 서 복음의 열매를 위해 애쓰는 선교사가 없이는 불가능한 작업이다.

선교는 선교사가 하기 때문에 우리는 양질의 선교사가 필요하다. 양질의 선교사란 어떤 사람인가? 먼저 영적으로 충만한 사람이다. 성령의 사람이 성령의 자식을 낳는다. 이는 하나님의 선교적 부르심이 확실히 있는가에 대한 확신이 있는 사람이어야 한다는 뜻도 된다.

부르심에 대한 확신이 있다면 훈련을 잘 받아야 한다. 미국의 웨스트포인트에서나 한국의 사관학교에서 혹독하게 훈련을 받은 군인은 전쟁 중에서도 무엇을 어떻게 해야 할지 아는 사람이다. 마찬가지로 선교사로 부름을 받은 사람은 하나님의 영적 군사이기에 이보다 더한 훈련 과정을 견디어 낼 수 있어야 한다.

결국 선교 전략 가운데 양질의 선교사를 만들기 위해 필요한 전략은 예비 선교사의 영적 상태, 인격, 건강, 그리고 타문화권에서의 사역을 위한 지식과 지혜가 있는가에 대한 확실한 검증이 필요하다.

세 번째는 효과적인 선교 관리의 전략이다. 효과적인 선교 관리란 선교사의 훈련과 파송, 그리고 사역 및 후원 관계를 포함한 통전적인 요소를 지닌다. 관리 전략은 선교사를 어느 나라 땅으로 보내야 할지, 무슨 사역을 맡길지, 사역비를 어떻게 충당해야 할지, 안식년을 어디에서 보내게 해야 할 것인지를 미리 만들어 놓는 작업이다.

예를 들면, 무슬림들의 나라로 보낼 때에는 순교를 각오하는 담대한 마음의 선교사를 파송해야 할 것이다. 왜냐하면 선교에 가장 척박한 땅이 무슬림 땅이기 때문이다. 그들은 기독교 선교사들을 가장 배척하고, 주요 검거 타깃으로 삼고 있다. 이 글을 쓰는 동안에도 어느 무슬림 국가에서 선교사를 연금했다는 소식을 듣게 된다. 생명이 보존되기를 간절히 바라지만, 만약 순교를 당한다고 할지라도 초대교회의 바울처럼 찬양 가운데 부르심을 받기를 기대할 수밖에 없다.

선교 관리 가운데 후원 부분은 중요한 위치를 차지한다. 선교사는 본국에서의 후원이 없이는 살아갈 수 없고, 사역을 할 수도 없다. 선교사는 돈을 벌기 위해서 가는 직업인이 아니다. 따라서 파송 기관은 책임이 있음을 알아야 한다. 물론 선교 기관마다 개인 후원 제도를 통해서 효과적인 후원 체계를 갖고 있지만 궁극적인 책임은 파송 기관에게 있다.

또 다른 관리 전략의 요소로 선교사에게 어떤 사역을 수행하도록 요청하고 감독할 것인지를 분명히 해야 한다는 점이다. 단순한 NGO 사역에서부터, 전도 사역, 교회개척 사역, 교육 사역, 의료 및 치유 사역 등 사역의 범위를 확실히 정해 놓아야 한다.

네 번째는 글로벌 협력의 전략이다. 글로벌 협력 전략이란 사역의 모든 분야에서 협력함은 물론 선교사를 통해 사역 국가의 교회 및 정치 지도자까지도 협력할 수 있는 틀을 가져야 한다는 뜻이다. 현대는 지구촌 시대라 한다. 선교사를 파송하는 국가나 선교사를 수용하는 국가는 서로 함께 협력해야 한다. 또한 국내의 교회와 교회, 선교 기관과 선교 기관들이 서로서로 함께 협력해야 한다. 이러한 협력의 관계가 선교 전략을 수립하는데 긍정적인 결과를 가져올 수 있다.

몇 년 전 선교계에서 선교사의 재배치 문제가 화두에 오른 적이 있다. 유독 동남아시아의 어느 특정 국가에만 선교사님들이 몰려 있으므로 선교비 낭비, 선교 인력 낭비와 선교 부작용 속출과 같은 문제들이 나타났기 때문이다. 선교사의 재배치 또한 선교 전략의 일환이다. 하지만 이러한 문제도 결국은 원활한 파트너십의 부재에서 오는 경우가 아닌가 판단된다.

인터넷 신문에 실린 미담 하나를 소개하고자 한다. '어느 목사의 외국 근로자 사랑이 낳은 코끼리 한 쌍'이라는 기사이다. 내용은 스리랑카 정부가 오는 9월 코끼리 한 쌍을 비롯해 황금원숭이, 이구아나 등 40여 종의 희귀 동물 153마리를 우리나라에 기증한다고 한다. 스리랑카 정부는 (사)지구촌사랑나눔 대표인 김해성 목사에 대한 감사의 뜻이라고 이 뜻밖의 선물을 보내게 된 사연을 덧붙였다.

김 목사는 1996년 경기 광주시의 도로변에서 웅크린 채 떨고 있는 스리랑카인 2명을 발견하고, 이들을 집으로 데려가 따뜻한 밥을 먹이고 일자리를 마련해 주었다. 그 일로 인해 2003년 4월 스리랑카 명절 때에 한 스리랑카 노동자가 야당 국회의원인 자신의 작은 아버지를 초청하게 되었고, 김 목사와 연(緣)을 맺게 되었다. 곧 그 야당의원은 국무총리가 되었고, 그 국무총리가 지금의 라자팍세(Mahinda Rajapaksa) 대통령이다. 그때의 인연을 바탕으로 스리랑카 대통령이 보은의 차원에서 한국에 많은 선물을 보내게 되었다는 내용이다.

겸손과 진정한 사랑, 몸을 사리지 않는 헌신은 글로벌화된 사회 속에서 한국교회가 가져야 할 선교적 마음이다.

Chapter 2

우리 교회의 좋은
선교사 만들기*

교회가 선교사를 파송하여 사역 현장에서 승리한 소식들이 교회의 성도들에게 전해질 때에 선교의 기쁨은 말할 수 없이 커진다. 이렇게 되었을 때에 성도들의 선교 동참은 늘어나게 되고 종국에는 교회성장으로 연결될 수 있다. 따라서 성공적인 선교를 위해서 교회는 좋은 선교사를 파송하고 후원하는 것이 중요하다.

좋은 선교사란 어떠한 사람인가? 데이비드 리빙스턴(David Livingstone)은 "하나님은 오직 한 아들을 가지셨고, 그 아들을 선교사로 만들었다."라고 말했다. 주님을 믿는 모든 성도들은 최고의 선교사가 예수님이라는 사실에 누구나 동의할 것이다. 예수님은 하늘의 문화권에서 성육신을 통해서 인간의 문화권으로 초림하셨다. 그리고 인류의 죄를 도말하시기 위해서 십자가를 지시고 구속사역을 완수하셨다. 예수님께서는 지상 사역 도중에 "아버지께서 나를 보내신 것 같이 나도 너희를 보내노라"(요 20:21)라고 제

＊이 글은 월간 『교회와 성장』 2010년 10월호의 103-108페이지에 기고된 글이다.

자들에게 말씀하셨다. 이 명령을 따라서 초대교회 이후 세계의 모든 지역에 주님의 교회가 설립되었다. 따라서 선교의 명령은 교회가 가장 먼저 감당해야 할 필수적인 사역이다. 그러면 교회는 어떻게 주님의 명령을 수종들어야 하는가?

한국교회의 선교 천년을 위해서 선교사의 자격 문제를 기술하고자 한다. 왜냐하면 선교는 하나님의 명령이고, 교회가 이 일을 감당할 때에 주님의 지상명령을 성취시키는 사역이 되며, 선교 현장에서의 성공적인 선교사역은 결국 선교사의 몫이기 때문이다. 따라서 선교의 직임이 막대할수록 교회는 양질의 선교사를 파송해야 할 전략적 가치를 가져야 한다.

1793년 영국의 윌리엄 케리(William Carrey)가 인도에 선교사역을 시도할 때만 하더라도 선교사의 자질 문제에 대해서 그렇게 크게 생각하지는 않았다. 어쩌면 해외사역의 동경과 영웅주의적 신앙의 자세야말로 선교사의 적격이라고 생각했다. 그러나 21세기를 사는 우리의 상황은 많이 바뀌었다. 이미 선교지는 다양한 문제들로 가득 채워져 있다. 문명의 충돌, 자민족중심주의에 따른 배타적 문화의 출현, 국제관계의 이해득실에 의한 정치적 변화, 세속주의에 따른 물질만능주의 같은 다양한 현상들이 내재되어 있다. 결국 이러한 문제들 속에서 하나님의 계시인 말씀을 증거하고 복음이 뿌리내리기 위해서는 선교사의 자질을 생각하지 않을 수 없다. 방대한 세계선교 역사를 기술했던 스티븐 니일(Stephen Neill)은 "나는 다음과 같은 확신을 피력해야 할 것 같다. 선교지의 어려움은 언제나 국내 교회사역의 어려움보다 크다."라고 기술하고 있다.

결국 한국교회가 양질의 선교사를 육성하여 파송해야 할 이유는 두 가지로 집약된다. 먼저는 사역을 하다가 중도에 그만두는 것을 방지해야 하기 때문이다. 다음은 선교지의 어려운 사역 여건들을 슬기롭게 헤쳐 나가서 성공적인 결과를 맺는 것이 선교를 공유하고 있는 성도들에게 기쁨을 주어서 교회성장에 이바지할 수 있는 계기가 되기 때문이다. 따라서 좋은 선교사의 자격을 허버트 케인(Herbert J. Kane)의 이론을 빌려서 설명하고자 한다.

1. 건강한 선교사

건강은 인간의 삶에 기본이 된다. 자신이 건강하지 못하면 다른 사람의 건강도 챙길 수 없다. 우리나라는 봄, 여름, 가을, 겨울의 사계절이 뚜렷한 기후를 경험하며 살고 있다. 그러나 대부분의 선교지는 우리와는 다른 기후 조건을 갖고 있다. 예를 들어 이집트의 기후를 생각해 보자. 필자는 여름방학에 대학원 학생들과 함께 이집트의 남부의 룩소르, 아수완, 아부신전이 있는 지역을 방문한 적이 있었다. 그곳의 기온은 섭씨 50도를 웃도는 기후로 마치 불벼락을 맞은 기분이었다. 또한 동남아의 기후들을 생각해 보자. 필리핀, 베트남, 말레이시아 같은 나라들은 거의 여름 날씨가 지속된다. 비가 올 때가 많아서 다습한 경우가 많다. 결국 우리와 다른 기후를 가진 선교지에서의 사역은 건강한 몸이 아니고는 버틸 수 없다. 서구와 한국의 선교사들이 건강 때문에 사역을 하지 못하고 중단하여 귀국하는 모습을 많이 볼 수 있다.

건강한 신체를 가져야 할 또 다른 이유는 선교지 의료시설의 빈약성 때문이다. 대부분의 선교지는 종합병원 같은 의료시설을 갖추고 있지 않다. 의료시설이 갖추어진 지역이라 할지라도 낙후된 의료진과 의약품 등으로 인해서 질병을 제 때에 발견하지 못하거나 치료의 기회를 놓치는 경향이 있다. 이러한 환경 때문에 선교지에서 철수하거나 선교사 가족들의 생명이 희생되는 경우가 발생한다. 따라서 선교사의 건강 문제는 아무리 강조해도 지나치지 않다.

2. 심리적 안정성을 갖춘 선교사

심리적 자질이란 인격적 특성을 말한다. 인격적 특성은 사역의 역할에 따라서 중요성이 달라질 수 있다. 인격이 잘못 되었을 때에는 주위의 많은 사람들에게 상처를 주게 된다. 선교지의 공동체는 아파트 위주의 국내 주거 문화와는 달리 개방되어 있다. 선교 본부나 사역지 주변을 중심으로 공동주택 단지를 이루며 생활할 경우가 많다. 따라서 많은 시간을 함께 보내게 됨으로 인격적 특성을 직접적으로 상호 검증받는 경우가 많다. 물론 인간인 이상 완벽한 인격적 특성을 갖는다는 것이 불가능하다는 사실은 잘 알려져 있다. 그럼에도 선교지에 적합한 인격적 특성을 소유하기 위해서 선교사는 어떤 노력을 해야 하는가?

첫째는 감정적 안정이다. 감정이란 분위기에 따라서 기복이 심한 것을 말한다. 특히 선교지에는 문화가 다른 환경 속에서 심한 스트레스와 피곤이 시간마다 겹쳐 온다. 사역자는 외부에서 받은 어려운 요인들을 가정에서 풀려고 하는 습성이 있다. 이러한 습성은 급기야 부부간의 관계, 자녀와의 관계, 선교지의 동료와의 관계, 그리고 선교지의 성도들 간의 관계를 파괴하기까지 이른다. 따라서 차분한 감정을 유지하도록 노력해야 하겠다.

두 번째로 감정의 안정을 위해서는 유머 감각을 익히는 것도 하나의 방법이라고 본다. 선교지에서는 심각한 상황을 유쾌하게 만드는 지혜가 필요하다. 유머는 경직된 분위기에서 활력소를 주는 보약과 같은 것이다. 유머의 활성화를 위해서는 건전한 농담을 하는 것도 분위기의 반전을 가져올 수 있다. 개인적 경험으로는 서양 사람과 한국 사람의 다른 점은 유머의 차이라고 생각된다. 서양 사람들은 많은 말을 한다. 심지어 극한 상황 가운데에서도 자연스러운 농담을 한다. 그러나 한국인은 전통적인 유교 문화와 남북 대치의 문화, 그리고 군사 문화 속에서 자연스러운 대화 문화보다는 과묵한 문화에 길들여 있다. 그래서 유머 감각을 지닌 사람이 오히려 속이 없어 보이기까지 한다. 우리의 문화와는 부합하지 않지만, 적당한 유머 감각을 익히는 것이 큰 도움이 될 것이다.

3. 문화 적응이 가능한 선교사

문화란 '일단의 사람들이 장기간의 공동생활을 통해 체계화되어 나온 관습'이라고 정의할 수 있다. 문화가 되는 요소는 집단화된 사람들의 공동체이며, 그 공동체만이 지니고 있는 독특한 관습들이 체계화되어 나타나는 것이다.

선교사는 문화 적응자이다. 그런데 한국 선교사들은 단일 문화적 요소 안에서 성장하고 교육받고 생활하였다. 그렇기 때문에 타문화에 대해서 이해의 폭이 넓지 못하다.

필자의 선교 경험에서도 문화 적응이 쉽지 않았다. 필리핀 바기오 지역에서 북쪽으로 가면 산악 지역이 많이 나온다. 그곳의 식사 습관은 식탁에서 수저나 젓가락을 사용하지 않고 대부분 손으로 음식을 먹는다. 어느 날 친구 사역자의 집에 초대를 받아서 갔을 때 양념하지 않고 닭을 통째로 삶아 놓은 음식이 나왔는데, 하필 나의 그릇에는 닭의 머리 부분이 배당되었다. 비록 눈은 감고 있는 닭 머리였지만 맨손으로 그것을 먹는 것은 쉽지 않았다.

단일 문화권에서 성장한 한국 선교사들은 선교지에서 우리와 다른 문화를 이해하지 못하는 경향이 있다. 즉, 선교지의 문화는 미개한 것이기 때문에 당장 고쳐야 한다는 생각을 갖기 쉽다. 하지만 이러한 사고들은 배타주의를 만들어 선교지에서의 적응을 방해한다.

우리는 19세기와 20세기 서구의 선교에서 문화 적응에 실패한 경험을 타산지석으로 삼아야 한다. 특히 아프리카에서는 서구 문화의 강제적인 이식으로 '숨겨진 문화'를 만들어 내기도 하였다. 이곳에서의 숨겨진 문화란 교회 생활의 문화와 자신들 공동체의 문화가 다르다는 것이다. 즉, 교회에 와서는 서구의 문화를 따른 것 같지만 집으로 돌아가면 자신들의 문화 보존에 힘씀으로 식민지주의가 끝났을 때에는 '양키 고 홈'이라는 말이 자연스럽게 나오게 되었다.

문화 적응에 있어서 우월감의 배제는 중요한 부분을 차지한다. 선교지의 문화나 생활상은 한국의 것과는 다르다. 생활용품의 종류만 해도 그렇다. 경제적으로 발전한 한국은 모든 제품들이 세계적인 수준이다.

예를 들면 자동차를 보자. 선교지 대부분의 차량은 값이 비쌀 뿐만이 아니라 오래된 고물들이 많다. 한국 선교사들이 이런 차를 탈 때마다 선교지의 뒤떨어진 상황들을 비하하기 쉽다. 이러한 비하의 감정은 선교지의 사람들, 문화들, 환경들에게까지 투사하기 쉽다. 그러나 문화는 서로 다를 뿐이지 우월한 지위가 있지 않음을 기억해야 한다. 여기에서 우리는 가장 고전적인 격언인 "로마에 가면 로마의 법을 따르라."는 말을 생각해야 하겠다.

4. 영적 자격이 있는 선교사

선교사역은 영적 사역이다. 성령으로 충만한 사람이 아니면 안된다. 따라서 교회는 선교사를 파송하기 이전에 성령충만의 열매가 있는지를 확인해야 한다. 즉, 성령의 아홉 가지 열매인 '사랑, 희락, 화평, 오래 참음, 지바, 양선, 충성, 온유, 그리고 절제'가 있는가를 점검해야 한다. 선교사의 영적 자격을 살펴보면 다음과 같다.

첫째는 거듭남의 체험이 있는가를 살펴야 한다. 요한복음 3장을 보면 예수님과 니고데모와의 대화가 나온다. 니고데모는 당대의 종교 지도자로서 율법과 교리와 세상 지식에 능통한 사람이었다. 그러나 예수님께서는 구원을 받고 하나님의 일을 하기 위해서는 거듭나야 함을 말씀하셨다. 따라서 선교사의 자질 가운데 무엇보다도 중요한 것은 회심을 통한 중생의 경험이다.

두 번째는 성경에 대한 지식을 들 수 있다. 선교사의 주된 임무는 예수 그리스도를 비기독교 세계의 사람들에게 증거하여 구원에 이르도록 하는 것이다. 즉, 예수님을 증거하기 위해서는 구원의 주체이신 예수님을 알아야 한다. 예수님을 어떻게 알 수 있는가? 바로 성경이다. 선교사가 성경에 대한 지식이 없을 때에는 이교도들과의 영적 전쟁에서 이길 무기가 없는 것과 마찬가지다. 이 같은 견해는 선교사로 파송될 모든 사람들이 신학교에 들어가서 신학을 마쳐야 한다는 것은 아니다. 그러나 신학교 과정을 통해서 더 깊은 성경의 지식과 하나님의 선교적 뜻을 알게 될 수 있다고 판단되면 결단하고 공부를 하는 것이 좋다고 본다. 특히 한국교회는 교단들마다 제도적인 선교사 파송 시스템을 가지고 있다. 따라서 교단에서 파송을 받는 선교사가 되기 위해서는 교단의 신학교에서 공부를 하고 훈련을 마치는 것도 바람직한 방안이라고 본다.

세 번째는 영적 승리의 능력을 가져야 하겠다. 선교지의 상황은 이교도나 무신론자, 그리고 타종교의 혼합주의자들과 필연적으로 부딪히게 되어 있다. 만약 그들을 효과적으로 제압하지 못한다면 선교사역은 지속될 수 없다.

우리는 성경에서 이와 같은 예를 찾아야 하겠다. 바나바와 바울이 시작한 선교 여행은 세계선교의 시험대가 되는 중요한 사건이다. 그들이 구브로섬의 바보에 이르렀을 때에 바예수라는 유대인 거짓 선지자와 마주치게 되었다. 바예수는 총독 서기오 바울에게 복음이 증거되는 것을 꺼리는 사람이었다. 이때에 바울이 성령 충만하여 바예수를 꾸짖고 하나님의 능력을 통해 맹인이 되게 하였다. 이 사건은 기독교의 세계화에 있어서 첫걸음을 내딛는 선교의 성패를 좌우하는 중요한 영적 대결이었다. 선교사는 이러한 바울의 경험을 선교지에서 얼마든지 할 수 있음을 알아야 한다.

5. 수준 있는 학력을 갖춘 선교사

선교지의 지적 능력이 달라지고 있다. 현대 선교가 시작될 때만 해도 선교지에는 대부분 교육받지 못한 사람들이 많았다. 그러나 21세기 지구촌은 기초 교육인 초등학교부터 대학까지의 교육이 체계화되어 있다. 이러한 학력의 변화는 선교사에게도 고학력을 요구한다.

먼저 생각해 볼 수 있는 요건은 한국 선교사의 신학교육 시스템이다. 전임 선교사가 되기 위해서 갖추어야 할 학력은 다음과 같다. 대학을 졸업한 학생들을 신학전문대학원 과정인 목회학석사과정(M.Div)을 기본으로 하고 있다. 이후 신학석사과정(Th.M)과 박사과정(Ph.D)으로 연결되는 과정을 밟고 있다. 선교사가 되기 위해서 박사과정까지 마쳐야 한다고 말할 수는 없다. 그러함에도 현대의 선교 현지에서의 점점 높아지는 학력 인플레 현상은 자국에 들어오는 선교사들에게도 자신들을 가르칠 수 있는 높은 수준을 요구하는 것으로 나타나고 있다.

선교사의 고학력을 추구하는 현상은 대부분의 선교회를 통해서도 두드러지게 나타나고 있다. 전문인 선교를 담당하고 있는 기관들도 대학 졸업 이상의 학력을 가진 사역자를 선호하고 있다. 이러한 요구들은 선교지에서 자신의 전문 분야를 교육할 수 있는 능력을 지님으로써 선교의 자생 능력을 갖게 되기 때문이다.

고학력을 지닌 선교사의 파송은 한국교회의 자랑이기도 하다. 필자가 고문으로 있는 FM&C 선교회는 컴퓨터와 IT 분야의 높은 기술력을 가진 선교단체이다. 이 단체는 이미 외국에 컴퓨터 관련 연구소와 소규모의 대학을 설립하기 위해서 노력하고 있다. 이처럼 전문 분야에서의 높은 기술력과 지식은 선교지에서 그들을 교육하고, 지도하기 때문에 환영을 받게 된다.

고학력 선교사 가운데 빠뜨릴 수 없는 직업이 의사를 포함한 의료인일 것이다. 그들은 국내에서의 안정된 생활과 고소득을 뒤로 한 채 열악한 선교지에서 헌신된 삶을 살기 때문에 사랑과 존경을 한 몸에 받게 되기도 한다.

6. 분명한 선교의 동기를 가진 선교사

선교사역에 있어서 동기는 대단히 중요하다. 동기가 불분명하거나, 불순한 동기를 가진 선교사는 선교사역에 부정적인 결과들을 가져오게 된다. 선교신학자 베르카일(Johannes Verkuyl)은 불건전한 동기를 이야기하면서 상업적 동기와 교회 식민지주의적 동기를 들고 있다. 이러한 견해는 19세기와 20세기의 서구 선교의 잘못된 동기들을 꼬집는 표현으로 생각된다.

서구 선교학자의 견해이지만 한국교회도 귀기울여야 할 명언이라고 본다. 간혹 선교 현지에서 동기가 불분명한 선교사들을 많이 보게 된다. 예를 들면 미국으로 유학을 가기 위해서 영어권 선교지를 중간 기착지로 삼는 경우이다. 물론 유학 생활을 통해서 공부와 선교사역을 동시에 할 수 있다. 하지만 동기가 분명해야 한다는 것은 우선순위의 문제이다. 선교 전략상 선교사의 거주 여건이 문제가 되어 비자를 받기 위해 공부를 하게 될 경우에는 문제될 수 없다. 그러나 공부를 목적으로 선교지에 나와서 사역은 하지 않는 상태로 선교사의 타이틀만 가지고 있다면 선교 동기에 문제가 있는 사람이라고 볼 수 있다.

　오늘날 한국교회의 선교를 위해서 바람직한 선교사 상을 그려 보았다. 이는 어디까지나 지향점을 제시하는 선교학자의 의견이다. 위대한 신학자인 칼빈(John Calvin)은 "너희가 진정 하나님을 알려고 하면 먼저 사람이 누구인지를 알아야 한다."라고 말했다. 이는 인간의 상태가 어디에 있는지를 가르쳐준 말이다. 하나님 앞에서 온전한 인간은 누구도 없다. 즉, 모든 조건에 충족된 사람은 있을 수 없다. 선교사의 기준도 이에 해당된다. 선교사란 어떤 사람인가? 그들은 말씀과 기도의 사역을 위해서 하나님에 의해서 부름을 받은 사람이다. 그리고 예수 그리스도의 복음이 아직 널리 증거되지 않는 지역에서 복음을 전하기 위해서 지리적, 문화적, 정치적 경계를 넘는 사람들을 지칭하는 것이다.
　한국교회의 선교사가 수적으로는 2만 5천명이 넘었다는 통계가 있다. 이러한 수적 자부심과 함께 선교사의 질적 문제도 검토해야 할 시기가 된 것 같다. 효과적인 선교를 위한 양질의 선교사 파송은 교회의 선교 자원의 동원과 성장에 크게 이바지하는 결과를 가져오게 될 것이다.

Chapter 3

중도 포기 없는
선교사 관리*

선교는 하나님이 주신 귀한 직임이다. 그러나 모든 선교사들이 끝까지 그 소명을 이어가는 것은 아니다. 안타깝게도 중도에 사역을 포기하고 다른 길을 걷게 되는 선교사들을 보기도 한다. 한국교회의 파송 선교사가 22,000명이 넘는 현실 속에서 한 번쯤 짚어 보아야 할 주제가 바로 선교사의 중도 포기 문제가 아닐까라고 여겨진다. 실제로 선교사들이 중도에 사역을 포기함으로 말미암아 다양한 문제들이 발생할 수 있다. 먼저는 하나님 나라의 확장에 지장을 초래한다는 점이다. 또한 선교사를 파송했던 성도들의 마음에 선교의 불을 소멸시켜 버리는 결과를 가져오기도 한다. 이러한 문제점들을 직시하여 중도 포기의 원인과 이에 대한 대책에 대해 설명하고자 한다.

---

* 이 글은 월간 『교회와 성장』 2011년 4월호 99-104페이지에 기고된 글이다.

1. 분명한 소명

첫째로 생각해 볼 수 있는 요소는 소명이다. 선교사는 선교에 대한 소명으로 불타야 한다. 선교에 대한 소명과 목표가 불확실할 경우, 하던 사역을 멈추고 선교지에서 이탈할 우려가 커진다. 소명이란 하나님의 부르심을 말한다. 이를 두 가지로 분류하면 일반적인 소명과 사역자로서의 부르심으로 대별해 볼 수 있다. 초대교회의 위대한 선교사라 할 수 있는 바울은 하나님께로부터 분명한 소명을 받았다. 바울은 고백하기를 "가라 이 사람은 내 이름을 이방인과 임금들과 이스라엘 자손들에게 전하기 위하여 택한 나의 그릇이라"(행 9:15)고 말하였다. 그 후 바울은 오랜 기간 선교의 길을 준비한다. 그리고 마침내 바나바의 동역 제의를 받아들여 안디옥 교회에서 사역하는 동안에 성령님에 의해서 파송을 받게 된다. 이후 세 차례의 선교 여행과 죄수의 몸으로 로마에까지 잡혀가 순교하기까지 그의 소명은 한치도 흔들림이 없었다.

대부분의 선교사들은 선교 초창기에는 바울과 같은 부르심을 인해 열정적으로 사역에 도전한다. 가족과 주변의 반대를 무릅쓰고 선교지로 달려왔지만 시간이 지날수록 어려운 일이 닥치고 생각만큼 사역이 잘 진행되지 못하는 경험을 하면서 갈등이 시작된다. 그리고 점점 시간이 흐를수록 선교의 목표가 흔들리기 쉽다. 특히 선교지에서 어려운 일을 당하게 되면 선교사로서의 부르심과 사역의 성취에 대한 확신이 점점 소멸되어 종국에는 사역을 포기하게 되는 경향이 나타난다.

선교의 소명이 약해지거나 사라질 때 우리는 제임스 찰머스(James Chalmers)의 사역을 생각해 볼 필요가 있다. 그는 19세기 뉴기니 섬에서 사역했던 이 시대의 위대한 선교사 중 하나이다. 제임스 찰머스는 주일학교 때 목사님의 설교를 통해 접했던 피지 선교사의 선교 편지에 감동을 받아 선교사로 헌신하기를 작정하고 서원하였다. 그리고 서원 10년 만인

1866년 찰머스는 아내 제인(Jane Chalmers)을 데리고 런던선교회의 파송 선교사로서 남태평양으로 향했다.

찰머스 가족은 비교적 안정적인 지역인 남태평양의 라로통가를 떠나 1877년 뉴기니에 자리를 잡았다. 그 당시만 해도 뉴기니는 선교사가 안심하고 사역하기 어려운 매우 위험한 지역이었다. 그곳은 식인 습관이 널리 퍼져 있었고, 인간의 해골을 가지고 있는 것을 권위의 상징으로 여길 만큼 문명과 동떨어진 곳이었기 때문이다.

찰머스 선교사 일행은 도착 직후 몇 가지 문제에 봉착하였다. 첫째는 기후 조건의 어려움이었다. 뉴기니의 지형은 저지대의 습지 평야와 섬의 동부에서 서부 인도네시아까지 펼쳐진 높은 산으로 되어 있으며, 해발 1,500-3,000m 지역에 넓은 골짜기가 자리 잡고 있다. 특히 국토의 70% 이상이 빽빽한 열대다우림으로 구성되어 있다. 이러한 기후 조건으로 인해 찰머스 선교사의 아내 제인은 뉴기니에 도착한 지 2년 만인 1879년에 숨지고 만다. 이후 찰머스는 다시 결혼하였지만 두 번째 부인 역시 열병으로 인해서 순교하는 어려움을 겪었다.

찰머스 선교사가 겪은 두 번째의 어려움은 살해의 위협이었다. 그 당시 뉴기니는 부족 간의 갈등으로 인한 식인 습관이 존속했다. 파푸아뉴기니에는 700여 개에 달하는 다양한 종족이 살고 있었다. 따라서 부족 간의 갈등과 전쟁은 자연히 살인을 불러오게 되고, 낯선 이방인인 선교사는 모든 부족의 표적이 되기에 충분했다. 그러나 그는 이러한 두려움을 극복하고 원주민들과의 친밀함을 유지하였다. 따라서 원주민들은 찰머스 선교사에게 '타메이트' 라는 칭호를 붙여주었다. 이는 '권위적인 다른 선교사와는 달리 모든 사람과 어울리며 존경을 받는다.' 라는 뜻을 가진 말이다. 그러나 존경받았던 찰머스 선교사도 1901년 봄, 젊은 동역자 톰킨즈(Tomkins)와 함께 사나운 식인 마을이 위치한 플라이강(Fly River)을 정탐하던 중에 원주민들에 의해 살해되고, 시신은 갈기갈기 찢겨 발견됨으로 생을 마감하게 되었다. 세계는 찰머스의 순교 앞에 경악했지만 찰머스 선교사 자신은 항상 그것을 준비하며 살았던 강한 선교사였다.

찰머스와 같은 강한 선교의 마음은 분명한 소명에서 나온다. 결국 선교사를 모집하고 훈련시켜 선교지로 보내는 과정에서 하나님의 부르심에 분명한 사명감을 가지고 있는지 최종 점검하고 파송을 해야 중도 포기가 사라질 것이다.

2. 충분한 선교 후원

두 번째 이유는 재정적 요인이다. 한국 선교사들을 위한 후원 체계는 매우 빈약한 현실이다. 대부분의 선교사들은 본국의 직장인들에 비해 턱없이 낮은 비용으로 생활하는 경우가 많다. 이러한 부족하고 연약한 보수마저도 후원 체계가 원활하지 못할 경우에는 제대로 지급받지 못하는 경향이 있다.

교단과 파송 기관이 든든하여 선교사들을 위한 정책이 잘되어 있는 경우에는 그래도 비교적 원활한 후원 체계를 가지고 있다. 대부분의 대형 선교 단체에는 선교 지원자가 그의 모금 활동을 지속화할 수 있도록 도와주는 부서장이 있다. 그들은 사역자들을 돕는데 적극적으로 헌신되어 있기 때문에 교회와 동역자들에게 도전을 주면서 지속적으로 선교사를 돕도록 만든다. 그들은 "주는 것이 받는 것보다 복이 있다"(행 20:35)라는 말씀을 도전의 무기로 활용한다.

그러나 대부분의 선교사들은 이와 같은 후원 체계를 갖추지 못한 채 사역지로 파송받거나, 믿음으로 도전하는 선교의 길을 선택해 나간다. 이러한 신앙선교(faith mission)를 통해서 사역하는 선교사들에게 후원금이 원활하게 공급되지 않을 때, 선교 현지에서 매우 어려운 상황에 처하게 된다. 선교지에서는 재정적인 어려움이 있을 때에 이웃의 누구에게도 필요한 재원을 차용할 수 없다. 결국 최악의 경우 재정적인 어려움은 선교를 포기하게 만들어 버리는 요소로 작용하기도 한다.

현대 선교에 있어서 재정 정책이 반드시 필요하다. 헤셀그레이브(David J. Hesselgrave)는 그의 저서 『현대선교의 도전과 전망』에서 두 가지의 선교 재정에 관한 이야기를 하고 있다. 첫째로 선교비는 앞으로도 계속 치솟게 될 것이라는 사실이다. 이는 선교지의 인플레이션이 상황을 그렇게 만든다는 것이다. 둘째는 이러한 선교비의 인플레이션을 위해 교회 지도자들은 더욱 열심히 청지기직을 수행하고 있으며, 또한 선교 지도자들은 보다 높은 책임감으로 응답하고 있다는 것이다. 헤셀그레이브의 말을 빌리자면, 선교 인플레이션은 선교 현장에서 발생될 수 있는 문제로 이를 해결하기 위해서는 보다 적극적인 선교 재정 정책을 교회가 세워야 한다. 그러나 현실적으로 교회가 해외선교를 위한 사역비를 전적으로 책임진다는 것은 쉽지 않는 과제임이 분명하다.

허버트 케인은 선교 후원금을 모금해 주는 교단을 기독교연합선교회(Christians and Missionary Alliance)라고 말했다. 따라서 필자가 연구한 심슨(A. B. Simpson)의 기독교연합선교회의 재정 정책은 철저한 신앙선교의 지침을 따르고 있었다. 즉, '하나님의 일은 하나님의 방법에 의해서 후원되어진다.'라는 원리이다. 하나님의 방법은 성도가 십일조나 기타 헌금을 기쁨으로 드려야 한다는 것을 강조한다. 이러한 일은 지역 교회의 목사님에 의해서 설교시간이나 강의 시간을 통해서 지속적으로 강조되어져야 함을 주장한다. 그는 이와 같은 일이 성경적인 방법일 뿐만이 아니라 금전 사용에 대한 영적 원리라고 언급하고 있다. 따라서 이러한 강조점은 믿음에 의한 헌금 작정으로 이어진다. 심슨은 선교 헌금을 '믿음의 서원'

(faith pledge)이라고 불렀다. 이는 하나님을 위해서 헌금을 드린 사람들에게 축복을 해주신다는 절대적인 믿음에 의해서 출발된 신앙이다.

선교사 바울은 선교비가 충당되지 않을 때에 자비량을 통해서 궁핍의 문제를 해결하였다. 따라서 그는 "부하고 궁핍한 경우에 처해보는 삶의 일체의 비결을 배웠노라."(빌 4:12)고 고백한다. 이러한 바울의 삶의 비결은 모든 사람들이 존경하는 결과를 만들어 내었다. 일전에 이탈리아의 로마에 들렀을 때에 바울교회를 방문한 적이 있었다. 수많은 순례객들은 그가 순교한 지 2000년이 지난 지금도 여전히 존경과 사랑을 표현하고 있다. 선교사에게 선교비를 충당하게 만드는 선교적인 교회는 자신의 이기적인 욕망을 비우는 것이다. 사실 이런 교회야말로 소외되고 영적으로 공허하고 삶에 지쳐서 금방이라도 넘어질 것 같은 위기의 상황 속에서 선교사로 하여금 소망을 갖게 만드는 기독교 최대의 과업이다.

3. 선교사의 건강

세 번째 요소는 선교사들의 건강 문제를 들 수 있다. 대부분의 선교사들은 선교지로 출발할 때에 신체검사를 받고 최선의 건강을 유지한 채 나아간다. 그러나 선교지는 선교사가 태어나 자란 곳이 아니기 때문에 기후나 삶의 조건들이 다를 수밖에 없다. 또한 이로 인한 신체적인 문제, 건강 문제가 중요한 이슈로 대두된다.

선교사 자신은 물론 가족들의 건강이 나빠질 때 참으로 당황스러운 상황에 직면하게 된다. 사역지는 대부분 한국보다 뒤떨어진 의료 체계를 갖고 있다. 따라서 몸이 불편하거나 아픈 곳이 있어도 쉽사리 병원에 가지 못한 채 참는 경우가 많다. 이러한 상황이 병을 키우게 되어서 돌이킬 수 없는 결과를 초래하기도 한다. 필자의 지인 중에도 건강 문제로 인해 중도에 사역을 포기하고 귀국하는 경우가 적지 않았다.

현대 선교의 영웅이라 할 수 있는 인도 선교의 아버지 윌리엄 케리(William Carrey)나 미얀마 선교 대부인 아도니람 저드슨(Adoniram Judson) 같은 분도 선교지에서 사랑하는 아내를 둘씩이나 잃었던 아픔이 있다. 또한 중국 선교를 감당했던 허드슨 테일러(Hudson Taylor) 역시 가족의 건강 문제로 인해 어려움을 겪었다. 선교사 가족이 건강을 유지하기 위해서는 믿을 만한 의료 기관을 통해서 정기적인 검진은 물론 치료를 받도록 하는 제도적 뒷받침이 필요하다.

건강에 있어서 또 하나의 주의를 기울여야 할 부분은 영적 건강이다. 선교지에서 치열한 영적 전쟁을 하는 동안 성령의 역동적 삶을 잃어버리는 경우가 찾아오기도 한다. 나약한 영적 관리는 신체적인 부분에까지 손상을 입혀 다른 길을 찾도록 만들어 버리기도 한다.

따라서 파송 교회와 파송 기관에서는 선교사들이 영적 건강을 유지할 수 있도록 부단한 노력을 쏟아야 한다. 바쁘고 분주한 사역 가운데서도 영적 필요를 채울 수 있는 신앙 서적, 음악(CD), 동영상 자료 등의 자료를 제공함으로써 그들이 충전될 수 있도록 도와줘야 한다. 또한 선교지나 제3국 등지에서 정기적인 만남과 세미나를 개최함으로써 자존감을 고취시키고 피로를 풀어주는 전략도 필요하다.

4. 선교사의 자녀 교육

네 번째 이유는 선교사 자녀들의 교육 문제이다. 사실 선교사 자녀들의 교육 문제는 심각하다. 사역을 하는 당사자인 선교사 부부는 선교적 사명감으로 인해서 고생하면서도 모든 상황들을 감내할 수 있지만 자녀들의 경우는 다르다. 또한 교육이란 한 번 기회를 놓쳐 버리면 다른 문제들을 초래함으로써 엄청난 희생의 대가를 치르게 된다.

서구 교회의 경우 선교부에서는 이러한 문제를 해결하기 위해서 선교지 거점마다 선교사 자녀들을 위한 학교를 세워 해결하기도 한다. 그러나 한국교회와 선교부에서는 아직까지도 이 문제를 시원스럽게 풀지 못하고 있다. 필자가 사역했던 필리핀에는 미국인을 중심으로 서구 선교사 자녀들이 다니는 페이스 아카데미(Faith Academy)가 있으며, 한국 선교사 자녀를 대상으로 운영되는 마닐라 한국 아카데미가 있다. 그러나 이러한 교육 기관들은 대부분 본국의 교육 환경과는 너무나 동떨어진 교과과정을 가지고 있다. 결국 타문화권에서의 교육이라는 제한된 요소들 속에서 비교 우위를 계산하다가 사역을 포기하고 철수하는 경우도 가끔 보게 된다.

특히 과거와는 달리 최근에는 자녀들을 한국에 보내 교육시키고자 하는 열망이 선교사들에게 많이 나타난다. 이는 자라나는 자녀들의 장래를 위한 관계성이 중요하다는 것을 알기 때문이다. 그러나 이러한 문제에 대해서 비교적 냉담한 것이 현실이다. 한국인들의 교육열과 자녀 교육에 대한 중요성을 고려했을 때, 파송 기관은 선교사들의 자녀 교육을 위한 재정도 고려해 주어야 한다고 생각한다.

필자의 첫 딸은 한동대학교를 졸업하고 현재 대전의 생명과학연구소에서 근무를 하고 있다. 그러나 몇 년 전 선교지에서 국내로 돌아온 자녀를 받아줄 학교가 없었을 때, 심한 좌절감을 겪으며 힘들어 하던 때가 있었다. 감사하게도 한동대학교에 선교사 자녀를 위한 특별 전형이 있었기에 필자의 딸이 학업을 계속할 수 있었다. 이처럼 학교의 재정과 환경이 열악한 가운데에서도 선교사 자녀들의 교육 문제를 함께 고민하는 한동대학교 같은 교육 기관이 있다는 것은 선교학자로서도 매우 기쁜 일이 아닐 수 없다. 앞으로 한동대학교와 같은 대학뿐만 아니라 중고등학생을 위한 과정과 학교들이 더욱 늘어났으면 하는 바람이 있다.

5. 파송 기관과의 불협화음 제거

다섯 번째는 파송 기관과의 관계 속에서 오는 불협화음이다. 선교사와 파송 기관과의 불협화음은 어제오늘의 일이 아니다. 현대 선교의 아버지라 일컬어진 윌리엄 케리와 허드슨 테일러도 파송 기관과 결별하고 신앙선교를 선택해 선교를 하였다. 이러한 선교사와 파송 기관과의 갈등 문제는 오늘날에도 상존함을 그 누구도 부인할 수 없다.

사실 파송 기관은 선교사의 모든 사역을 본부의 정책에 따라 움직여 주기를 희망한다. 그러나 선교지와 파송 기관 책임자의 선교 전략 사이클이 불일치하는 데서 오는 불협화음은 어쩔 수 없이 선교사와 파송 기관을 갈라서게 만든다. 그리고 파송 기관은 선교사의 퇴출이라는 극단적인 결정을 하기도 한다. 오래전, 필자가 아는 한 태국 선교사는 파송 기관인 본국 교회의 목회 정책에 따라 귀국할 것을 종용받았다. 그러나 이 선교사는 사역의 지속성과 효율성 문제로 당장 귀국을 하지 못했고, 교회는 불복종을 이유로 교회의 선교사 직임을 박탈했다. 이러한 안타까운 일은 선교지에서 가끔이지만 경험하게 되는 현실이다.

선교사를 해외선교 사역자로 파송했다면 파송 기관은 장기적 안목에서 선교 기회를 제공해야 한다. 선교사가 현지에 적응을 마치기까지는 개인의 노력은 물론 선교 본부의 후원이 뒷받침되어야 하기 때문이다. 특히 해외선교 사역을 위해 파송된 선교사를 국내 사역을 위해 철수시킨다면, 아예 애초부터 파송하지 않는 것이 정당하다고 생각된다.

6. 주변 지인들로 오는 부정적인 요인들 해소

마지막 여섯 번째 경우는 가족이나 친척, 그리고 주위 사람들로 인해서 오는 갈등이다. 특히 사모님들은 선교의 소명이나 마음을 점검하지 않은 채 남편을 따라 무작정 선교지로 나가는 경우가 종종 있다. 이런 경우 대부분 기나긴 갈등의 시간을 거쳐 심지어 사역을 포기하게 된다.

아내가 선교지의 환경이나 선교사의 사역에 대해 전적으로 동의하고 인정하지 못한다면 남편은 심한 갈등과 부담 가운데 사역을 할 수밖에 없다. 이것이 단회적인 불평으로 끝나면 다행이지만, 지속적인 반대로 이어진다면 남편의 마음도 따라서 흔들릴 수밖에 없다. 인생의 여정 가운데 가족과 함께 편안하고 행복한 삶을 꾸리고 싶은 마음은 당연한 것이다. 그러나 어려운 선교지로 떠나는 선교사는 가족들과 충분한 대화를 통해 선교사역의 길이 축복받는 길임을 먼저 인식시켜 나가야 할 것이다.

이런 갈등을 방지하기 위해서는 먼저 선교사 부부가 원활한 관계를 유지할 수 있도록 파송 기관이 노력해 주어야 한다. 그리고 주변 인물들 역시 선교사의 역할이 얼마나 중요하며 귀한 사역인지 공감하며, 선교사들이 자신의 사역에 자긍심을 느끼도록 격려해 주어야 한다.

여기까지 단편적이나마 선교사들이 사역을 중도 포기하는 이유를 몇 가지 살펴보았다. 물론 여기에 언급한 것들 외에도 많은 이유들이 있을 수 있다. 이러한 중도 포기를 줄이기 위해서는 먼저 한국교회의 전체적인 차원에서 선교에 대한 마인드 점검이 선행되어야 한다. 파송 기관과 교회는 선교사들을 선교지로 파송하기 이전에는 충분한 사명 확인과 훈련을 통해 사역에 임할 수 있도록 하고, 파송 이후에는 충분한 후원과 관리를 제공함으로써 지속적인 사역을 이끌어 나가야 할 것이다.

Chapter 4 🍃

교회의 선교와
재정 정책 *

선교에 있어서 재정 정책을 잘 세우는 것은 대단히 중요하다. 그럼에도 불구하고 재정은 신앙의 기조와 상반된다는 관념을 가진 성도도 있는 것이 사실이다. 즉, 그들은 '돈은 일만 악의 뿌리가 된다.' 라는 생각을 가지고 있다는 것이다. 그러나 위대한 신학자인 칼빈(John Calvin)은 "많이 벌어라. 그리고 주님을 위해 사용하라!"는 말을 남겼다. 이처럼 선교와 재정 역시 철로의 두 레일과 같이 동시적인 기능을 가지고 있음을 알아야 한다. 잘 알려져 있듯 현재 한국의 선교사 파송 현황은 세계 2위이다. 복음이 들어온 지 200년도 채 안된 점을 고려한다면 충분히 자축할 일이기도 하지만 그에 비례하여 선교비 지출 또한 만만치 않다. 그러므로 효과적인 재정 정책은 한국 선교를 풍성하게 만들 수 있을 것이라고 생각한다.

이에 교회의 선교와 재정을 위해 성경의 재정 정책, 교회가 선교를 위한 재정 모금과 활용의 정책, 선교사역을 위한 재정 정책, 그리고 마지막으로 선교지 재산권 운영에 대한 정책을 기술하고자 한다.

＊이 글은 월간 『교회와 성장』 2011년 7월호 106–112페이지에 기고된 글이다.

1. 재정 정책의 성경적 배경

성경은 성도가 재정을 다루는 효과적인 방법에 대해 많은 곳에서 언급하고 있다. 즉, 예수님이 말씀하신 38가지의 비유 가운데에서 16가지는 돈과 재물이 어떻게 다루어져야 하는가에 대해서 언급하신 것이다. 성경은 기도에 대해서는 500구절이, 믿음에 대해서도 500구절이 채 안 되게 언급한다. 그러나 돈과 재물에 대해서는 2,000구절이 넘는다. 따라서 삶의 중요한 부분이 재정과 관련되어 있음을 예수님이 가르쳐주고 있는 것이다. 하나님의 선교 명령을 받드는 선교사들에게도 사역과 삶을 위해서 재정이 충족되어야 한다는 의미이다.

선교 재정을 위한 성경적 배경은 바울이 고린도교회에게 하는 말 가운데에서 찾아볼 수 있다. 바울은 고린도교회를 통해서 예루살렘에 있는 빈민들을 위한 자선기금(갈 2:10; 롬 15:25-28)을 모으기를 원했다. 그러나 고린도교회 교인들이 바울에게 헌금을 하려고 했음에도 불구하고(고전 16:1) 효과적인 결실을 맺지 못했다. 이러한 이유는 거짓 선지자들 때문으로, 이들이 교회의 헌금을 강요하거나 착취했기 때문이다(고후 2:17, 11:20). 이 사실을 알고 있는 바울은 불필요한 오해의 소지가 있는 고린도교회의 헌금을 거부하게 된다(고후 11:7-12, 12:13-18). 그러나 시간이 지나 바울과 디도는 고린도교회 성도들에게 믿음으로 드리는 헌금의 용기를 북돋워줄 필요가 있음을 깨달았다. 사도 바울이 이것을 실천에 옮기는 모습을 고린도후서 8장과 9장에서 보게 된다.

바울은 풍성한 연보에 대해서 언급하기를 "환난의 많은 시련 가운데서 그들의 넘치는 기쁨과 극심한 가난이 그들의 풍성한 연보를 넘치도록 하게 하였느니라"(고후 8:2)고 말했다. 결국 바울은 고린도에서 헌금을 모으는 일에 성공(롬 15:26; 행 24:17)했고 이로 인해 기근과 어려움에 있는 예루살렘교회를 도울 수 있었다.

사도 바울의 재정 사역이 우리에게 주는 교훈은 고통 가운데 있는 사람들을 도와야 한다는 것이며, 교회의 재정은 공명정대하게 집행되어야 하고 가난한 가운데에서도 헌금에 참여한 성도들의 믿음을 축복해 주어야 한다는 것이다.

2. 선교를 위한 교회의 재정 모금

'모금'이란 선교비를 충당하기 위해서 교회나 개인, 그리고 각종 기관으로부터 받는 재정수입을 말한다. 선교비의 모금은 일차적으로 파송 교회 및 후원 교회, 그리고 파송 기관이 지원하며 담당한다. 그러나 재정이 부족할 경우 파송 선교사가 개인을 통해서 모금하거나 알고 있는 교회에 홍보하여 모금이 이루어진다. 참고로 한국 교단의 선교 단체 책임자들이 논의하여 만들어 놓은 각 지역별 사역에 필요한 선교비 목표액은 기준 목표액의 80%가 넘어야 출국하여 사역할 수 있다는 원칙을 가지고 있다.

모금된 후원금은 해당 선교사에게 직간접적으로 전달이 된다. 이러한 일련의 과정을 통해서 선교비가 투명하게 전달되고 관리된다. 이렇게 하는 것은 선교사가 모금한 돈을 다른 목적으로 사용하지 않도록 관리하는 것이다. 특히 파송 기관이나 교회의 회장, 총무도 선교사들과 똑같이 모금을 하고 공무로 선교지를 방문할 때에도 항공료 등은 자비량이나 모금을 통해서 주어진 일을 감당하게 하고 있다. 결국 이러한 사역의 패턴 가운데 필요한 재정은 모금에 의해서 진행되는 것임을 알아야 한다. 때문에 선교를 사랑하는 교회나 성도들에게 동력을 불어넣는 것이 참으로 중요하다.

1) 선교 헌금은 축복의 통로

먼저 선교 헌금은 자신의 것을 억지로 허비하는 것이 아니라 축복의 통로가 된다는 것을 알아야 한다. 바울은 마게도냐 성도들을 매우 칭찬하였는데, 그들은 어려움 가운데에도 하나님의 선교사역을 위해서 헌신의 모본을 보였기 때문이다. 바울은 이들을 '축복의 통로'라고 부르고 있다(고후 8:5).

자신이 가진 것들을 나누는 삶은 아름다운 것이다. 세상의 소유를 좇는 결과는 이전투구적인 적자생존의 동물적인 삶으로 이어질 수밖에 없다. 그러나 다른 사람에 대한 관대한 마음은 더욱 많은 사람들로 하여금 하나님께 감사하게 된다. 바울이 활동하던 당시에 예루살렘의 성도들은 고린도의 성도들이 보내온 헌금을 통해서 재정의 부족함을 채울 뿐만 아니라 하나님께 감사하게 되고 영광을 돌렸다.

사실 바울은 억지로 헌금하도록 강요하지를 않았다. 오히려 그들의 신앙에 따라서 결단하도록 하였다. 즉, 주님께 대한 내적인 헌신의 동기에 따라서 행하기를 원한 것이다. 바울은 헌신의 동기를 그리스도의 도성인신(道成人身, 말씀이 육신이 되시다)에서 찾았다. 예수 그리스도는 천지를 가지신 분이셨지만 부요함을 버리고 친히 인간이 되신 사건 가운데에서 섬김의 삶에 대한 모범을 보여주셨다. 따라서 우리는 예수님이야말로 최고의 선교사라고 부르기도 한다. 선교 헌금은 바로 자발적인 동기에 의해서 행해져야 한다. 선교사가 되어 문화와 지리, 정치적 제도가 전혀 다른 지역에서 복음을 증거하는 일이 결코 쉬운 사역이 아니다. 이러한 선교사를 위해서 비록 본인은 그러한 헌신을 하지 못해도 헌금을 통해서 선교의 기쁨을 함께 누릴 수 있게 된다.

선교사의 파송 기관은 이러한 기쁨이 함께 누려질 수 있는 기회가 선교 헌금의 기회를 통해서 주어진다는 사실을 교육해야 하겠다. 이러한 경험은 축복의 통로가 되어 신앙의 성숙을 위한 내적 동기를 갖게 된다는 사실을 주지시켜야 할 것이다.

2) 성도의 자발적인 선교 헌금

바울은 선교 헌금을 작정할 때에 "인색함으로나 억지로 하지 말지니 하나님은 즐겨 내는 자를 사랑하시느니라"(고후 9:7)고 말하고 있다. 우리는 선교사역을 위한 선교 헌금의 모금을 시작할 때에 자발적인 헌금이 되도록 교훈할 필요가 있다. 필자의 경험에 의하면 선교를 위해서 자발적인 헌금을 강조한 대표적인 미국의 교단 가운데 하나는 기독교연합선교교회(C&MA)라고 본다. 20세기 초에 미국의 선교를 이끌었던 선교 지도자인 심슨(A. B. Simpson)에 의해서 창설된 이 교회는 선교사를 돕는 기관으로서의 교회의 역할을 충성스럽게 감당하고 있다. 필자가 인터뷰를 한 그 교단의 주요 인사는 다음과 같이 선교 헌금에 대해서 말하였다.

> "선교사들을 후원하는 방법은 아주 다양합니다. 무엇보다도 현지 선교사들이 가장 원하는 것은 큰 물질적인 지원보다는 기도와 지속적인 관심입니다. 계속해서 잊지 않고 기도하고 있다는 한 장의 편지나 작은 선물은 (크리스마스나 생일 때) 그 무엇보다도 기쁜 소식이 될 수 있습니다. 그러나 물질적으로도 도울 수 있습니다. 사실 교단으로 보내는 선교 헌금의 종류는 아주 다양합니다. 가장 보편적이고 중요한 헌금이 GCF(Great Commission Fund)입니다. 이 GCF 헌금은 C&MA 소속 선교사 약 1,100여 명을 지원하는데 주로 쓰이는 헌금입니다. 해마다 각 교회에서 C&MA 선교사를 모시고 선교대회를 실시할 때 전 교인으로 하여금 주일학교까지 약정토록 하는 믿음의 약정 헌금(faith promise)을 통해 이루어집니다."

이들 C&MA 교단의 선교 헌금은 대부분 자발적인 헌금을 통해서 선교사들을 후원하고 있음을 알 수 있다. 이러한 자발적인 헌금을 통해서 선교에 연결시키는 대표적인 교회가 전주안디옥교회라고 본다. 사실 그 교회의 재정 정책은 한국교회의 선교에 귀감이 될 만하다. 이 교회는 흔히들 '깡통교회'로 알려져 있는데 구역원을 중심으로 선교사의 후원이 자발적으로 모금될 뿐만 아니라 교회 재정의 60%를 타문화 선교사역을 위해서 집행하고 있다.

3) 선교 헌금의 투명한 관리

선교 헌금은 투명하게 관리되어야 한다. 바울은 헌금을 수납하는 과정과 함께 예루살렘교회에 전달하는 일련의 과정들 속에 투명한 방법을 선택하였다. 바울은 헌금을 전달하는 일에 디도와 함께 갈 다른 형제를 보냈는데 그는 복음으로써 그곳 주위의 교회들로부터도 널리 알려진 참신한 성도였다(고후 8:18). 이러한 바울의 의도는 헌금을 개인적으로 사용하고 있다는 비난으로부터 벗어날 뿐만이 아니라, 헌금을 한 성도들에게도 투명한 관리를 인지시키는 작업이라고 할 수 있다. 사실 바울 당시에도 잘못된 선지자들에 의해서 하나님께 드린 헌금이 잘못 집행된 예들이 있다. 바울은 이들을 '탈취한 자들'이라고 표현하고 있다.

한국교회와 선교 기관은 투명한 재정 관리를 통해서 선교를 사랑하는 성도들로 하여금 신망을 얻도록 해야 하겠다. 따라서 선교사를 위한 선교 헌금의 모금액을 공개하고, 선교위원회의 의사결정을 통해서 집행하고, 필요한 경우 감사를 두어서 평가를 받는 절차가 있어야 하겠다.

이와 같은 투명한 재정 정책은 파송 기관의 투명성뿐만이 아니라 현지에서 선교하고 있는 선교사들의 재정 집행 과정에도 적용되어져야 한다. 즉 보낸 헌금이 계획한 대로 집행되면서 사역이 이루어지고 열매를 맺고 있는지에 대한 관리가 중요하다는 것이다.

3. 선교사 사역을 위한 재정 정책

지출 관리란 선교사가 사역을 진행함에 있어서 요구되는 지출을 교단의 선교 본부에서 관리해 주는 사역을 말한다. 선교사 개인별로 접수된 선교비는 반드시 선교회에 입금 또는 보고되어 선교회의 관리를 받아야 한다. 사용된 모든 선교비는 그 사용 내역을 영수증과 함께 기록하여야 하며 매월 파송 기관에 보고하여야 한다. 선교사역을 위해서 지출되는 항목을 살펴보면 다음과 같다.

1) 선교사 가정의 기초생활비

기초생활비란 선교사가 선교 현지에서 생활하는 비용을 말한다. 비용은 사역지의 경제적 사정에 따라서 다르게 산출될 수 있다. 한편 이들 항목은 생활비, 주택비, 휴양비, 상금, 교육비, 근속 수당으로 분류하여 지급이 된다.

선교사의 기초생활비의 산정은 선교 현지의 중산층의 생활을 기준으로 편성하는 것이 좋다. 필자의 견해로는 생활비가 상류층 또는 하류층에 맞추어졌을 때에는 현지의 사람들로 하여금 위화감 내지 비하감을 갖게 하므로 복음증거에 역효과가 나타나기 쉽기 때문이다.

선교사의 기초생활비 가운데 반드시 필요한 재정은 자녀 교육비이다. 선교지에서의 교육은 참으로 힘든 부분이 많다. 우선 교육 기관의 문제, 언어 극복의 문제, 교육 환경의 문제들이다. 국내의 교육비도 많이 들지만 선교지에서의 교육비는 천차만별이다.

즉, 교육의 질이 높은 학교는 많은 재정이 필요하고, 지역 학교에 보낼 경우에는 보다 적은 비용이 들지만 교육의 질이 너무 떨어져서 향후 진로에 많은 문제점이 생길 수 있다. 따라서 선교사 가정의 기초생활비에는 자녀 교육이 효과적으로 진행될 수 있도록 좋은 재정 정책을 수립하는 것이 필요하다.

2) 선교사역 및 행정 관리비

'사역비' 란 선교사가 사역에 필요한 경비를 말한다. 구체적으로 사역비는 사역을 위한 언어 교육비, 주택비, 활동비, 차량 유지비, 의료비 등 선교사가 사역에 필요한 제반 비용이다. 물론 사역 비용은 사역지의 특성에 따라서 달라질 수 있다.

사역비 가운데 특수한 프로젝트를 실행할 경우 선교사는 반드시 선교 본부와 협의하여 진행하는 것이 효과적인 재정 정책을 세우는데 도움이 된다. 이러한 과정에 파송 본부와 선교사의 의견이 불일치할 경우에는 당위성을 설득하고 허용하는 기간이 필요함을 인지해야 한다.

왜냐하면 프로젝트는 많은 재정 지출이 요구되기 때문에 좋은 결정을 위해서 사업의 타당성과 향후 선교 증진의 효과성을 보아야 하기 때문이다.

사역을 위한 행정비란 선교사의 사역을 원활히 하기 위해서 선교사의 후원 구좌에 입금된 금액 중에서 일정 비율의 재정을 공제하여 선교사들을 관리함과 동시에 물론 후원자들을 관리하는 일에 사용되는 재정을 말한다. 일반적으로 이 비용은 선교사들을 위해서 영수증 발송, 지로 용지 제작 및 발송, 홍보 및 통신 등 선교 업무의 전반적인 비용으로 충당되고 있다.

3) 복리후생비

복리후생비란 선교사의 의료기금, 은퇴 적립금, 안식년 여행 경비 등의 항목 속에 지출되는 경비를 말한다. 복리후생비의 지출 내역은 각주에 표기한다. 기독교대한감리교의 경우에 선교사의 복지 항목을 '국외선교사의 관리규정' 에 명시해 두고 있다.

이 조항에 따르면 첫째, 교역자 선교사의 은급과 퇴직금 혜택은 국내 교역자와 동일하다. 단 평신도 선교사의 경우에는 선교 후원자가 매년 정한 액수의 퇴직금을 적립하여야 한다.

둘째, 선교사와 가족은 선교국과 후원 교회의 협조를 얻어서 보험 가입, 건강진단, 수련회 재교육, 퇴직금 수혜와 같은 복지 혜택을 받을 권리가 있다.

셋째, 선교사는 일정 기간의 사역 이후에 안식년을 갖는다. 기간은 기본 임기 4년 이후에는 6개월 이내, 6년 후에는 1년 이내로 한다. 안식년 기간에도 후원 교회는 선교 활동비를 제외한 후 후원비를 지급한다.

4. 선교지의 재산권

해외 현지법인의 설립은 지역 선교부나 지부는 현지 사역에 필요한 합법적 기관으로 파송된 기관을 현지법인으로 등록하는 것을 원칙으로 하는 것이 좋다. 그러나 제한 접근 지역 등에서는 본부의 지도를 따라 다른 이름으로 등록할 수 있다.

선교지에서 구입하는 건물(교회, 사택, 선교센터, 신학교, 기숙사, 교육관, 훈련원) 및 건물 대지와 이에 관련되기 때문에 매입된 땅과 기타 건물은 지역 선교부나 지부, 파송 기관이 인정하는 법인명으로 등록해야 하며 개인명으로 등록하는 것을 피해야 한다. 단 사정상 개인 명의가 불가피할 경우에는 각서를 써서 본부와 지부에 제출해야 한다.

특히 선교지의 부동산은 구입 시 본부와 현지 선교 지회의 관리를 받아야 하고 현지에서 법적으로 하자가 없도록 하며 현지 교단 혹은 현지 교회에게 이양할 경우에는 본회의 허락을 받아 진행하여야 한다.

그런데 필자는 종종 이러한 절차와 방법을 무시함으로 파송 기관과 선교사와의 갈등은 물론, 현지의 사역자들과 문제가 생기는 등의 덕스럽지 못한 결과를 많이 보아왔다. 따라서 명확한 재정 정책이 수립될 수 있도록 자료를 공개하여 법적인 자문을 받아서 처리를 해야 하겠다.

허버트 케인(Herbert J. Kane)은 '후원자 모집'에서의 다섯 가지 목적에 대해서 다음과 같이 언급하고 있다. 첫째는 재정 후원의 안전을 위해서, 둘째는 기도의 지원을 부탁하기 위해서, 셋째는 선교의 동인(動因)을 증진시키기 위해서, 넷째는 교회의 덕을 세우기 위해서, 다섯째는 다른 사람을 선교에 참여시키기 위함이다.

결론적으로 풍성한 선교 헌금은 성공적인 선교사역의 통로가 된다. 한국 선교의 장점은 누가 뭐래도 불타는 열정으로 아무리 어려운 상황도 그저 몸으로 부딪히면서도 길을 열어가는 놀라운 능력이 있다. 그런데 동시에 사전 준비 부족으로 인해 쓸데없이 겪지 않아도 될 많은 어려움을 현지에서 자초하기도 한다. 그러나 진정한 한국 선교의 문제점은 뒤를 이을 젊은 선교사들이 나와 주지 않는다는 데에 있다. 그것은 바로 선교에서 기본 구조(infra structure)의 차이인 것이다. 즉, 선교사와 선교를 할 수 있는 자원의 차이이다. 여기서 언급한 선교의 재정 정책이 앞으로 한국교회가 세워야 할 선교 구조를 튼튼하게 만드는데 기여할 지침이 되었으면 한다.

Chapter 5

한국교회 교육선교의 과제와 대안*

교육은 선교를 위한 필수 도구이다. 주님의 지상명령에서도 '가르쳐 지키도록' 요구하고 있음을 볼 때 교육의 중요성은 매우 높다고 할 수 있다 (마 28:19-20). 교육선교는 크게 두 가지 유형으로 나눌 수 있다.

첫째는 미션 스쿨(Mission School)이다. 이는 학교의 설립 목적이 교육의 측면보다는 전도라는 지상명령을 수행하기 위한 것이라고 할 수 있다. 대부분의 미션 스쿨은 선교사들에 의해서 세워진 것으로 커리큘럼은 채플 (예배), 부흥회, 성경 과목, 전도대, 선교회 등의 프로그램으로 이루어져 있다. 그리고 교단에 소속된 교목이 있으며 교단 소속 지도자들로 이사진이 구성되어 있다. 둘째는 기독교 학교(Christian School)이다. 기독교 학교의 범주는 '교회와 관련을 맺고 있는 학교'(church related school)와 '교회의 지원을 받고 있는 학교'(church supported school), 그리고 '교회가 세운 학교'(church founded school) 모두가 포함된다.

＊이 글은 월간 「교회와 성장」 2011년 12월호 114-120페이지에 기고된 글이다.

교육선교를 통해서 교회가 부흥하게 된 대표적인 사례가 바로 한국교회이다. 한국에서 사역했던 초창기 선교사들은 영어와 과학, 수학과 물리학 등의 새로운 학문을 교육함으로써 대중들의 사랑을 받을 수 있었다. 그러나 최근 들어 교육선교는 많은 위기에 직면하고 있다. 따라서 이 장에서는 한국교회의 교육선교에 대한 과제와 대책을 선교적인 측면에서 살펴보고자 한다.

1. 한국의 교육선교의 역사

조선 말엽부터 현대에 이르기까지 한국의 교회성장에 크게 공헌한 교육선교를 단계별로 기술하면 다음과 같다.

1) 근대 교육 창설 시대(1885-1910)

첫째로 교육선교는 한국에 현대식 교육을 도입하는 계기를 마련하였다. 한국의 현대식 교육은 서구의 선교사들이 한국으로 건너오면서 시작되었다. 조선의 마지막 왕인 고종은 주변국들의 개방정책과 선교사들에 의해 소개된 외국 제도에서 교훈을 얻어 1895년 2월에 '교육인서'를 공포하여 학교의 설립과 교육을 장려하였다. 이 시기의 기독교 학교의 재정은 대부분 서구, 특히 미국 교회의 선교비에 의존하고 있었고 학교 행정은 선교사들에 의해 운영되었다. 배타성이 강한 민족임에도 불구하고 조선의 민중들은 신문물의 수혈자로서 교육적 욕구의 충족 및 양적 성장을 거듭하였다. 말하자면 기독교의 유입과 더불어 민족의식을 배양함으로써 혼란한 시대에 조선 민중의 교육적 욕구를 적절히 채워주었던 시기였다. 이 시기의 교육적 특징은 선교사들의 선교 열정이 교육을 통해서 이루고자 하는 열망과 맞물려 기독교 교육이 활발하게 시작될 수 있었다는 점이다.

2) 수난과 저항의 일제강점기(1911-1945)

1910년 한일합방(韓日合邦) 이후 우리나라는 일제강점기를 거치게 된다. 한일합방 이전인 1906년부터 일제에 의해 한민족의 우민화를 위한 학제 개편과 관·공립 보통학교의 확장, 친일 교육 강행, '사립학교령'을 통한 간섭과 규제 등 소극적인 방법으로 행해지던 기독교 학교 탄압은 한일합방 이후 더욱 노골적인 양상으로 변모해 갔다.

1911년 일제는 전문 30조로 이루어진 '조선교육령'과 '사립학교규칙'을 공포하여 기독교 학교에 대한 총독부의 간섭을 더욱 본격화하며 기독교 교육을 탄압하였다. 이에 선교사들은 본국으로 속속 귀환하게 되었고 한국의 기독교 학교는 커다란 위기를 맞게 되었다. 1936년 10월에는 수많은 무장 경찰들이 전국의 기독교 학교에 난입하여 신사참배를 강요하였고 결국 1937년 9월에 미국 북장로회선교회는 8개교, 남장로교선교회는 10개교를 폐쇄하기에 이르렀다. 이런 어려운 상황 가운데서도 신학교(Mission School)를 졸업한 민족의 지도자들은 1919년 3·1운동을 통해서 '독립선언'을 하게 된다. 이와 같은 민족정신은 기독교 교육을 통해 훈련받은 결과라고 평가할 수 있다.

3) 미(美)군정과 제1공화국의 교육 재건기(1945-1960)

이 시기에는 일제강점기 후 폐쇄되었던 교회들이 다시 문을 열었으며 전도 운동으로 교세가 급격히 확장되었다. 해방과 함께 파도처럼 밀려온 존 듀이(John Dewey)의 진보주의 교육 사상과 홍익인간의 이념은 일반 교육을 더욱 확대시켰다. 당시 기독교 학교가 재건되기는 하였으나 교육계 저변에 확대되는 일반 교육과 진보주의 교육론에 대항할 만한 이론적이며 실천적인 대안이 준비되어 있지 않은 상태였다. 물론 기독교 학교는 종교의식이나 성경 과목, 교목의 활동이나 자격 문제 등을 문제시하지 않는 분위기 속에서 학교의 재건과 승격, 신설 과목 등을 활용하여 발전해 나갔다. 그러나 이 시기가 비교적 자유롭고 안전한 활동을 전개할 수 있었던 시기임을 감안할 때 기독교 학교의 영향력이 상대적으로 미미했던 것은 아쉬운 점으로 남는다.

4) 기독교 학교의 정체성 위기 시대(1961-1979)

1961년 5월 16일 박정희에 의해 쿠데타가 일어났고 1963년에 제3공화국 정부가 수립되었다. 제3공화국에서 부르짖던 교육은 공고한 국가 주도적 교육체계의 확립으로써 '교육평준화'의 시도가 이루어졌다.

이러한 교육의 변화는 기독교 학교의 종교교육에 큰 영향을 미쳤다. 추첨을 통해서 기독교 학교에 들어온 학생들의 부모들이 기독교 학교의 종교교육에 반발하는 일이 빈번해지자 당시의 문교부는 1970년 4월 4일 각급 기독교 학교에 '정규교육과정 이수를 위한 수업 시간에는 어떠한 종교교육 또는 종교 행사도 해서는 안된다.'라는 지시를 내렸다.

5) 기독교 학교의 정체성 상실 시대(1980- 현재)

이 시기에는 정치적·사회적으로 대변혁이 일어났다. 1979년 10월 26일 박정희 대통령의 서거 이후로 오늘에 이르기까지 일어나고 있는 숱한 정치적 변화는 교육에도 많은 영향을 미치게 되었다.

1990년대의 한국의 종교교육 정책에 의하면 종교교육을 단독 선택과목으로 선정할 수 없도록 하고 있다. 즉, 1992년에 고시된 제6차 교육과정에 명시된 '종교 교과서 요목'에서 보면, 종교 교과서를 종단의 의도대로 편집할 수 없도록 통제하고 있는 것을 알 수 있다. 이러한 규정은 특수한 목적으로 설립된 사립학교의 종교교육에 지대한 영향을 미침과 아울러 기독교 교육에 많은 제약이 된다. 또한 물량주의로 인한 가치관의 혼란은 기독교적 가치로 세계를 변화시키기보다는 세속적인 문화 가치가 교회를 세속화시키는 기현상이 이어지고 있다. 여기서 주목해야 하는 점은 크리스천 부모의 자녀 교육이다. 부모들은 자녀들의 신앙 교육보다는 오히려 세속적인 성공에 더 큰 관심을 보이고 있는 것이 오늘의 현실이다.

2. 한국교회 교육선교의 과제

앞서 살펴보았듯 교육선교는 당초 기독교의 전파를 위해서 시작되었으나 시간이 지날수록 정부 주도의 공교육으로 변질됨에 따라 기독교 교육의 정체성이 훼손되는 현상을 겪고 있다. 다음의 몇 가지 경우를 살펴보고자 한다.

1) 교육의 우선순위의 문제

대부분의 기독교 대학들이 '하나님의 복음을 증거하는 목적으로서의 교육'을 지향하고 있다. 그러나 기독교 학교들이 선교 초창기의 순수한 목적과는 달리 점차 목적을 상실하고 있음을 보게 된다. 다양한 학문의 도입, 다양한 교수 공동체의 의견, 실용적 지식을 요구하는 학생들로 말미암아 기독교 대학들은 교육 목적의 우선순위를 바꿀 수밖에 없게 되었기 때문이다. 정리하자면 기독교 대학들은 초창기에는 설립 목적인 기독교 교육을 강화한 커리큘럼을 시행했으나 시간이 흐르면서 여러 가지 이유로 그 정체성을 상실하게 되었다.

2) 교육과정의 문제

교육과정이란 커리큘럼 운영과 교육 방법을 포괄한 개념이다. 먼저 명목적인 기관을 살펴보면, 기독교 대학은 설립 초기에 교양 필수과목으로 '기독교개론'이나 '채플'을 의무화하는 방향으로 선도하고자 하였다. 그러나 수강 신청에 관한 학생들의 자유로운 선택 가능성을 존중하는 추세가 널리 퍼짐으로 인해 당초 설립 목적과는 달리 그 영향력을 점차 잃어가고 있다. 실제로 몇 년 전 한국의 대표적인 미션 스쿨인 대광고등학교에서 당시 학생회장이었던 강의석 군이 이른바 '채플 거부 운동'을 일으키며 농성한 결과를 인정받아 한국의 최고 대학교인 서울대학교에 입학해서 기독교인들의 마음에 경각심을 일깨운 사례가 있었다. 또한 이화여자대학교에서도 채플 거부 운동이 일어남으로 말미암아 기독교 교육 본연의 목적을 위한 노력이 벽에 부딪치기도 하였다. 명목적인 기독교 학교에서의 '채플'이나 '기독교 개론' 등의 교과과정은 이미 필수가 아닌 선택으로 밀려났다.

3) 교육 재정의 문제

재정은 양질의 교육을 위한 중요한 요소임을 누구도 부인할 수 없을 것이다. 일반 국·공립대학들은 정부의 지원 아래 운영되지만 기독교 사학의 경우는 학교 재단에서 모든 것들을 수급해야 한다. 최근 교육인적자원부는 앞으로 대학의 구조조정을 통해 대학의 수를 30%로 축소하겠다고 발표하였다. 꾸준한 저출산으로 말미암아 급속한 인구의 감소를 겪고 있는 요즘 급기야 지방의 일부 대학들이 모집 정원을 채우지 못하는 일이 벌어지기도 한다. 학생 수의 감소는 사립학교에게는 치명적인 어려움이 되었다. 이런 추이가 계속된다면 등록금으로 운영되던 기독교 대학들은 교육 재정을 충당할 수 없게 된다. 기독교 사학은 종교 단체로부터 일부분의 재정 지원을 받지만 대부분 등록금에 의존하면서 학교를 운영하고 있다. 그러나 이마저도 정부의 통제 아래 놓여 있기 때문에 학교의 자율로 인상할 수 없는 것이 현재의 심각한 고민이다.

3. 한국교회 교육선교의 대안

지금껏 한국교회의 교육선교의 세 가지 문제점들을 열거하였다. 이제 이러한 문제점을 극복하고 21세기에도 한국 기독교 교육의 지속적인 발전을 모색하기 위한 대안들을 제언하고자 한다.

1) 정체성을 살릴 특성화된 교육

기독교 대학은 그 학문의 전통과 특수성을 부각시키는 연구 분야 이외에 기독교 정신의 구현과 관련된 연구 주제를 거시적인 차원에서 지원함으로써 그 정체성을 재확인할 수 있을 것이다. 이는 대부분의 비기독교적인 대학들이 가치중립적 연구라는 명목 아래 은근히 이기주의적 효율성이나 실용성만을 추구하게 하는 연구 형태와는 분명히 구별되므로 그 정체성을 유지할 수 있게 된다.

그러나 한국에서의 기독교 교육은 초창기의 열정적인 선교적 교육에서 벗어나 시대의 조류 속에서 세속화의 길을 걷고 있다. 물론 변화하는 문화들의 요소를 거부할 수 있는 힘은 누구에게도 없다. 그렇지만 불변의 진리인 성경으로 세속의 문화를 극복해야 하는 사명 또한 기독교 교육 안에 담겨야 한다. 특히 기독교 학교들은 세속화의 물결 속에서도 학교의 설립 목적 속에서 기독교의 진리를 특성화한 방법으로 가르쳐야 하겠다. 특히 신학을 통해서 교단의 인재를 양성하는 신학대학이나 신학대학원에서는 기독교 중심 진리를 끝까지 사수할 전략이 필요하리라고 본다.

2) 교회와의 유기적 관계로서의 교육

교육선교를 위해서는 하나님의 종을 양성하는 교육기관을 적극 후원해야 한다. 즉, 신학대학교와 신학대학원을 살려야 한다. 이를 위해서는 산학협력 차원에서 교회와의 유기적 관계를 돈독히 다져야 한다. 신학교는 양질의 사역자를 공급하는 기관이라는 사명감을 가지고 최선을 다해 교육해야 한다. 산학협력 활동은 교수들에게는 일선 목회자들과의 공동연구를 통한 목회 현장에서의 실제적인 프로그램 개발이나 문제 해결에 참여할 수 있는 기회를 제공할 수 있다. 또한 학생들에게는 목회 실습 교육의 산 현장을 제공하여 우수한 목회자로 성장할 수 있는 능력과 자질을 계발하는데 큰 도움이 된다.

그러나 이러한 당위성에도 불구하고 신학 교육의 산학협력은 유기적인 관계를 갖지 못했다. 첫째는 현 신학대학교 및 신학대학원의 시스템이 아직 교회의 인적 자원 교육 및 양성 체제를 구축하기 위한 '현장 적합성'을 갖추지 못했기 때문이다. 둘째는 교회가 인력 양성에 대한 참여 및 투자에 소극적이라는 문제가 있다. 셋째는 산학협력을 지원하는 신학대학교와 교회간의 전문적 연계 체제가 미흡한 탓이다.

이와 같은 문제들을 극복하기 위해서는 첫째, 신학대학 및 신학대학원 기구 내에 '산학협력단', '협력연구소' 등이 설치되어야 한다. 둘째, 협력 교회와의 계약에 의한 학과 및 직업교육 훈련 과정의 운영이 필요하다. 셋째, 신학 교육과정의 현장 수요에 대한 반영 정도를 평가하고 인정하는 교육 인증 제도를 확대 운영하는 것이 필요하다. 또한 산학협력을 통한 인턴제도를 활용하면 졸업 이전에 교회에서의 사역 훈련을 통해 그동안 교육받았던 부분을 체계적으로 훈련할 수 있는 과정을 거칠 수 있다.

3) 해외선교를 위한 교육선교의 활성화

한국의 기독교 교육 가운데 '선교' 분야에서는 내국인뿐만 아니라 외국인들도 학생으로 입학시켜서 교육하고 있다. 대표적인 교육기관이 아세아연합신학대학교와 횃불트리니티신학대학원이다. 이 두 곳에서는 세계 17개국에서 온 학생들을 장학금 지급과 함께 교육하고 있으며 철학박사

(Ph.D), 신학박사(Th.D) 학위를 수여하고 있는 만큼 학문의 전문성 또한 갖추었다. 필자가 속해 있는 한세대학교의 대학원에서도 아프리카의 카메룬, 동유럽의 우크라이나, 아시아의 중국과 네팔, 그리고 베트남 등지에서 공부하러 온 신학생들을 장학금으로 교육하고 있다.

교육선교를 위해서 강조되어야 할 학문은 '선교학' 이다. 비록 대부분의 신학대학교에서 선교학 교육이 이루어지고 있지만 더욱 발전해야 한다고 본다. 이태웅 박사는 한국 선교학이 나아가야 할 방향에 대해서 다음의 세 가지를 이야기한다. 첫째, 우리는 서구로부터 배우고 서구가 경험하고 연구한 사실들과 실수들을 잘 파악해야 한다. 둘째, 우리는 선교학의 독특한 방향성, 즉 선교와 영성과의 좀 더 깊은 결합을 시도할 필요가 있으며 그 외에도 우리가 가지고 있는 활동성, 즉 실천적인 면을 강화하여 문화인류학적인 면을 첨가시키는 것이 필요하다. 셋째, 성경이 주요시하고 있는 회심, 교회 등의 개념에 대한 신학적인 재발견이다. 한국민은 단일 문화 속에서 성장했기 때문에 복합 문화 내지 타문화에 대해서 배타성을 가지고 있다. 따라서 선교학을 수강하는 학생들로 하여금 타문화에 대한 이해뿐만 아니라 현장을 직접 체험해 보게 한다면 타문화 사역이 효과적으로 진행될 수 있으리라 판단된다.

4. 사이버 교육의 활성화

사이버 영역에서의 커뮤니케이션이 활발한 이때에 우리는 사이버 영역을 새로운 선교의 영역으로 인식해야 한다. 사이버 영역의 자유로움과 새로움, 그리고 다양함으로 인해 기존의 교회들이 쉽게 영역을 확보하기 어려운 점도 있겠지만 사이버 영역은 결코 포기할 수 없는 블루오션이다.

일반적인 선교 현장과 사이버 영역이 가지고 있는 개념과 양태는 확연히 다르므로 사이버 선교와 전도에 대한 전문 목회자와 사역자를 세워야 할 필요성이 높아지고 있다. 현장에서의 선교 대상으로 보는 것과 가상에서의 선교 대상으로 보는 것은 분명 차이가 있기 때문이다. 그러므로 선교는 선교지의 양태에 따라 그 방법 및 전략 또한 달라져야 한다. 이를 위하여 인터넷 선교를 위한 전문 기관과 신학대학교가 공동으로 운영하는 인터넷 선교를 위한 전문 목회자와 사역자의 양성이 이루어져야 하겠다.

초창기의 교육선교는 대중들로부터 많은 사랑을 받았다. 그러나 공교육이 강화되면서 교육선교는 많은 문제점을 안게 되었다. 따라서 교육선교의 본래적인 사명이 약화된 듯한 느낌마저 든다. 그러나 최근에 나타난 세 가지 현상은 우리에게 희망을 안겨주고 있다. 하나는 일반 학교에서 근무하는 기독교인 교사들이 '교사선교회'를 조직하여 강의 시간을 통해서 복음을 증거하고자 노력하는 모습이 여러 곳에서 나타나고 있다는 점이다. 둘째는 기독교 세계관 속에서 모든 학문을 가르치고자 설립한 '한동대학교'가 기독교 대학의 특성화를 최대한 살리고 있는 점이다. 마지막으로 셋째는 공교육의 붕괴로 말미암아 교회와 크리스천들에 의한 대안 교육기관이 많이 세워지고 있다는 사실이다. 이러한 흐름 속에서 한국교회는 교육선교의 방향을 잘 설정하여 하나님 나라의 확장이 증대되도록 노력해야 할 것이다.

Chapter 6

교회의
선교 교육*

선교의 지상명령인 마태복음 28장 20절에는 "내가 너희에게 분부한 모든 것을 가르쳐 지키게 하라"고 기록이 되어있다. 이는 주님의 지상 사역의 대미를 장식하면서 제자들에게 위임하신 중요한 말씀이다. 이로 보건데 주님의 말씀이 증거되는 모든 곳에서는 '가르치는 선교'가 있어야 한다는 논리가 성립된다. 이들 중에서도 하나님의 선교사역을 수임받은 교회는 선교 교육을 통해서 온 천하에 복음을 증거할 인재들을 양성해야 한다. 이 장에서는 교회의 선교 교육의 목적과 방법들을 제시하고자 한다.

1. 선교 교육의 어원적 정의

교육(敎育)은 보편적인 의미로 가르치는 것이다. '가르치다'라는 말은 '가리키다'라는 말과 동의어로 볼 수 있다. 더 나아가 '가리키는 일'은 '가리

＊이 글은 월간 『교회와 성장』 2012년 9월호 92-98페이지에 기고된 글이다.

는 일'이며 또한 '기르는 일'이다. 이를 동물의 세계에 접목해 보면 '가축을 치는 일'에 비유해 볼 수 있다. 그리고 '치는 일'에는 '낳는 일'과 '기르는 일'이 포함되어 있다. 즉, '가르치다'란 말은 '가리키는 일'과 '낳고 기르는 일'과 관계되어 이것이 교육의 본질적 의미를 나타낸다고 하겠다.

한편 영어로는 교육(education)과 교육학(pedagogy)의 어원을 살펴보면 '이끌어 낸다'라는 뜻이다. 교육적 해석으로는 사람이 선천적으로 가진 가능성, 능력을 이끌어 내며 잘 키워 준다는 의미이다. 또 다른 용어로 영어에는 'to nourish'에 해당하는 낱말인데, 우리말로는 '훈육한다, 기른다'라는 뜻이다. 기독교 교육에서 많이 사용되고 있는 'to train', 'to stimulate', 'to guide'란 단어도 이상적인 교사가 가지는 특색으로서 사용된 낱말이라 하겠다.

그러므로 '교육'이란 의미를 정의해 보면 첫째, 채워주는(infilling) 과정을 나타내는 사랑의 계발이다. 이는 이념의 형성을 나타내는 것이며 피교육자에게 문화적 유산과 조직된 경험을 접촉시키는 것을 뜻한다. 둘째, 교육은 이끌어 내는(drawing out) 과정으로 피교육자의 선천적 재질과 흥미를 재발견하여 활동, 유희, 실험을 통하여 창조적, 독자적 생활양식을 수립하는 것을 뜻한다.

이상의 용어들을 종합하여 선교 교육에 적용하면 "복음 사역을 위해서 사람들을 가르침과 아울러 그들의 잠재적 능력을 하나님의 영광을 위해서 사용하도록 훈련시키는 과정"이라 할 수 있겠다.

2. 선교 교육의 성경 신학적 배경

하나님은 교육자이시다. 하나님은 첫째, 성육신을 통해서 인간과의 커뮤니케이션 원리를 통한 교육을 실시하였다. 사실 하나님은 피조물을 통해서 말씀하셨고, 지금도 말씀하고 계신다. 시편 기자는 "하늘이 하나님의 영광을 선포하고"(시 19:1)라고 선언하였다. 즉, 자연계시를 통해서 하나님은 인간들에게 말씀하신다. 하나님의 인간 교육의 최고의 지침서는 성경이다. 성경이 교과서라면 성령님은 인간과의 커뮤니케이션을 위한 교사의 역할을 하고 있다. 그가 인간에 대한 커뮤니케이션이 보전되고, 해석되고, 전수되는 현장으로 교회를 만드셨다. 그러므로 교회는 세상을 향한 하나님의 살아 있는 음성이다. 교회가 다른 사람들을 가르치지 않는다면 성육신을 통한 하나님의 인간 교육은 행해질 수 없다. 따라서 교회는 하나님의 선교 기관으로서 교육을 감당해야 한다.

둘째, 예수 그리스도는 선한 목자의 교사상을 보여주었다(요 10:10-11). 그의 교육 방법은 만남과 대화 중심의 원리를 실천적인 모범을 통해 보여주었다. 예수님의 가르침은 서기관과 바리새인과 같지 않았다. 또한 아무리 어려운 말씀이라도 어렵게 다루시지 않음으로써 대중들이 쉽게 이해하는 교육을 가르치셨다. 무엇보다 그의 가르침의 사역이 진리에 관한 단순한 가르침만이 아니었다. 가르치려는 진리 그 자체는 자신의 구체적인 삶을 통해 몸소 보여주시는 실천적인 교육의 방법을 사용하셨다. 단순한 '말로 된 언어'(language of words)의 기교만이 아니라 예수님 자신이 가르치려는 내용 그대로를 보여 주시는 '관계의 언어'(language of relationship)를 사용하셨다.

셋째, 도제식 교육의 사례를 사도 바울의 사역을 통해서 볼 수 있다. 바울은 이방인 선교를 위해서 철저하게 훈련받은 사람이었다. 헬라 문화 속에서 성장하면서 당시에 지중해 연안에서 통용되는 모든 사상들을 익혔다. 또한 기독교 교리를 정립하고 위대한 인물로 성장하기 위해서 당시 명망 있는 율법학자인 가말리엘 문하에서 공부하였다. 바울의 교육을 통해서 우리가 교훈을 얻어야 할 것은 "하나님의 선교적 과업을 성취시키는 사명자가 되기 위해서는 교육되지 않으면 안된다."라는 것이다. 바울은 자신이 철저한 교육을 받았을 뿐만 아니라 제자들을 효과적으로 교육시켰다. 더욱 놀라운 것은 선교지를 동행하면서 도제식 교육을 통해 제자인 디모데를 위대한 교회의 감독으로 세웠던 점이다.

3. 선교 교육의 목적

교육은 인간의 모든 연령기를 동반해 주는 가치 교육이 되어야 한다. 인간을 죄와 무지로부터 해방하고 진리 안에서 자유롭게 하는 복음과의 관련 아래서 인간의 내면으로부터 잠재 능력이 솟아나도록 하는 교육이다. "배운다는 것은 자신을 낮추는 것이고, 가르친다는 것은 함께 희망을 이야기하는 것이다"라는 말은 참 단순하면서도 배움과 가르침의 본질을 꿰뚫고 있다. 즉, '함께 희망을 이야기하는 것'이 교육이라는 말이다.

선교 교육의 목적은 첫째, 세상의 모든 자원을 활용하여 복음을 증거하고 하나님 나라를 이루는 데에 목적이 있다. 만약 돈을 벌어서 잘살아 보겠다는 경제적인 희망이 지상과업일 경우에는 교육의 모든 포커스가 경영에 맞추어져 있을 것이다. 또한 전쟁을 수행하는 군인의 경우에는 상대방의 공격을 무력화시킴으로 승리를 얻는 교육을 지향할 것이다. 한국 선교 수용사 속에 나타난 서구 선교사들은 조선왕조 말기에 개화를 위해서 서구의 발전된 교육을 조선에 이식시켰다. 즉, 교회의 선교 자원들을 활용하여 조선에 배재학당과 이화학당을 세우고 서구식 커리큘럼인 영어, 수학, 과학, 그리고 성경 같은 고등학문들을 전수하였다. 따라서 신교육은 선교 교육을 위한 교량 역할을 하였다.

둘째, 예수님에 의해서 선포된 삶의 원리들을 믿게 하고 실천하도록 훈련하는 것이다. 이러한 일들을 성취하기 위해서 기독교 교육기관인 교회가 도구로 사용되었다. 기독교 교육은 크게 두 가지로 분류할 수 있다. 먼저는 교회교육이다. 이 교육은 교회 안에서 일어나는 문답학교가 모체였다. 문답학교는 세례 받을 자들을 준비시키는 교육과정이다. 성직자가 교사가 되어 문답식으로 교리를 가르친 것이다. 주일학교는 주일에 실시되는 교육과정으로 어린이 교육으로 시작되었으나 오늘에 와서는 청년과 장년을 위한 공과 공부도 강화되고 있다. 때로는 교인 확보와 교회성장이라는 전도적 차원에서 교회교육은 더욱 교파주의가 강화되기도 한다. 다음으로는 기독교 학교교육이다. 기독교 학교교육은 본래 선교를 위한 수단으로 시작되었다. 그래서 선교 학교(Mission-School)라고 불렀다. 초기 선교사들이 기독교 학교를 세운 목적은 교육을 통하여 사람들에게 예수를 믿게 만든다는 계획에서 출발했다.

셋째, 선교 교육을 위해서 하나님은 교회를 사용하셨다. 교회는 복음의 씨앗을 통해 믿음(신앙)을 생산하는 '생명의 산실'(L. Richards)임과 동시에 하나님이 백성으로서 하늘나라 문화양식(cultura-style)을 경험하고 형성토록 지원하는 '신앙-문화화'(faith-enculturation)의 공동체요(J. Westerhoff III), 세상의 소금으로의 사명 수행을 위해 바른 삶의 실천적 기술을 배우는 '선교 훈련장'(L. M. Russell)이다.

결국 선교 교육의 목적은 각 세대 모든 사람들로 하여금 교회의 사역을 통해서 예수 그리스도를 구원의 주로 고백하여 하나님의 자녀가 되도록 돕는 일이다. 또한 그리스도를 머리로 한 신앙 공동체와의 관계 안에서 가정과 이웃과 자연 및 세계와의 생동적인 관계를 유지하면서 하나님 나라의 새 질서를 신앙의 눈으로 식별하고, 세상 속에서 그리스도의 증인으로서 선교적 사명을 감당하도록 돕는 일이다.

4. 교회의 선교 교육 방법

선교 교육은 세상에 속한 대중들을 예수님께 인도하기 위한 전략적 요소를 지니고 있다. 교육을 통해서 그리스도를 닮아 가는 삶을 살아 세상에 봉사해야 한다. 이러한 목적을 달성하는 것이 곧 선교이다.

1) 선교를 위한 평생교육기관의 활용

교회가 선교를 위한 자원을 지속적으로 공급받기 위해서는 부흥하고 성장해야 한다. 이렇게 하기 위해서 사람을 얻는 일이 선행되어야 한다. 이를 위해 지역 주민을 교회에 발을 들여 놓게 만드는 교육적 전략이 평생교육원의 활용이다.

평생교육은 '요람에서 무덤까지' 라는 말에서 볼 수 있듯이 평생에 걸쳐서 배움을 실현해 가는 것을 말한다. 배움을 통해서 인간의 삶의 질을 개선하기 위한 작업이다. 1965년 유네스코(UNESCO)의 성인교육추진위원회에서 폴 랑그랑(Paul Lengrand)이 처음으로 제시한 개념이다. 그는 "교육이란 한 개인의 학교라는 형식 기관에 들어서면서 시작되고 졸업함으로써 끝나는 것이 아니라 일생을 통해서 계속 되어져야 한다."라고 주장하였다.

최근에는 '평생교육원' 이라는 간판을 길거리에서 종종 볼 수 있다. 이곳은 정규 교육기관인 학교와 사회단체의 부속기관으로서 구성원들에게 다양한 과목들을 가르치고 있다. 한국 평생교육 프로그램의 6진 분류에 의하면 평생교육의 분류를 기초문해교육, 학력보완교육, 직업능력교육, 문화예술교육, 인문교양교육, 시민사회참여교육 등으로 나누고 있다. 이는 교육적 불이익 계층이나 교육 문화적 결손 집단에게 교육 기회를 보장하고 확대시켜 줌으로써 학교교육에서 다하지 못한 교육적 불평등을 해소시키는 역할이라고 볼 수 있다.

이와 같은 입장에서 사회의 영적이고 육적인 통합적 기관인 교회는 이러한 제도적인 교육 기회를 활용하여 지역사회 주민들에게 삶의 질의 향상을 위해서 교육으로 봉사할 수 있어야 한다고 주장하고 싶다. 몇몇 대형교회에서는 이미 실시하고 있는 프로그램이지만 더욱 확대되어 실행할 만한 가치가 충분하다. 평생교육기관의 중요성은 지역사회의 주민들을 대상으로 교육 기회를 제공함으로써 선교의 접촉점을 찾을 수 있고 활용할 수 있다는 장점이 있다.

평생교육 프로그램 중 흔히 볼 수 있는 제목 하나는 '부부화목교육'이다. 성경 속에서 참된 부부상을 도출하여 지역사회 학습자들을 대상으로 교육한다면 선교의 도구로 활용되는 기회를 가져올 것이다.

2) 청소년을 위한 선교 교육

청소년은 미래의 선교 자원이다. 청소년을 위한 선교 교육은 하나님 나라의 확장과 내일을 대비하는 중요한 선교 전략이다. 최근에는 방학을 맞이하여 청소년들을 대상으로 다양한 신앙 프로그램들을 준비하고 또 이를 홍보하는 것은 참으로 바람직한 일이다. 특히 해외의 선교 현장을 방문하는 단기선교 프로그램은 선교 교육에 있어서 중요한 부분을 차지한다. 타문화권에서의 생활은 젊은이들이 다른 민족을 가슴에 품을 수 있는 기회를 줄 수 있기 때문이다.

청년들의 가슴 속에 선교의 불이 점화되면 엄청난 헌신을 주님이 받으신다. 단적인 예로, 중남미 에콰도르에서 아우카족(族)의 개종을 위해서 몸을 던진 젊은이들을 살펴볼 수 있다. 아우카 프로젝트는 남미 에콰도르의 식인종을 변화시키려는 선교사들의 선교 전략이다. 이 프로젝트를 주도했던 사람은 피트 플레밍(Pete Fleming)이었다. 그는 1928년 워싱턴 시애틀에서 출생하였다. 10대 때에 회심하고, 고등학교에서는 운동선수로도 이름을 날렸다. 그는 특기인 농구와 골프로 수많은 여성 팬들을 확보하기도 한 재원으로, 워싱턴 대학에서 학사와 석사 학위를 받았다. 그의 계획은 풀러 신학교에 들어가서 성경을 가르치는 사역자가 되는 것이었다. 그러나 그는 후에 아우카 계획으로 유명해진 짐 엘리엇(Jim Elliot)을 만났다. 짐은 1949년 휘튼 대학을 졸업하고 에콰도르 선교사를 준비하는 중이었다. 플레밍은 짐의 에콰도르에 대한 선교 열정에 감명을 받고, 결국 1952년 독신으로 함께 남미의 선교사가 되어 현장으로 달려갔다.

물론 두 사람 모두 아우카족(族)에게 희생당해 일찍 하나님의 부름을 받았다. 그러나 그들의 헌신은 선교 역사의 한 페이지를 장식하고 있다. 젊은 이들이 아니고는 이러한 용기를 낼 수 있는 경우는 흔치 않다.

3) 교회의 선교 교육의 토대 구축

교회의 신앙 교육 체계를 선교 교육에 초점을 맞출 시간이 되었다. 그동안 한국교회는 신앙 교육의 방향을 너무 개인적인 관점에서만 바라보았다. 즉, 아버지 학교, 어머니 학교, 상담 학교 등이 그것이다. 물론 이러한 교육도 중요하다. 그러나 한 차원 높게 생각할 시간이 되었다. 이것을 교회의 선교 교육이라고 본다. 선교 교육의 장점은 먼저 자기 자신만을 바라보는 소극적인 사고의 신앙으로 자족하지 않고 세계의 모든 지역과 사람들에게 관심을 갖도록 하는 것이다. 한국교회의 선교 교육을 위해 다음과 같은 포괄적인 관점의 제언을 하고자 한다.

첫째, 선교신학의 확실한 정립의 교육이다. 계몽주의 이후 신학의 혼돈은 계속되고 있다. 인본주의와 혼합주의 심지어 종교다원주의 같은 사조들은 교회를 괴롭히고 선교의 정형을 무력화시키고 있다. 따라서 이러한 잘못된 이론들을 성경적 관점에서 바로잡는 신학적 작업들이 선행되어야 하겠다. 둘째, 선교 역사관의 정립이 필요하다. 하나님은 선교의 하나님이시다. 인류의 구속사를 통해 외아들인 예수님을 초림하게 하셔서 십자가 사건을 통해서 구원의 길을 여셨다. 초대교회로부터 시작된 선교역사는 지금도 진행형이다. 이러한 거대한 물줄기를 통해서 주어진 하나님의 의도를 역사의 흐름 속에 내재화시키는 작업이 우리에게 부여된 사명이다. 셋째, 선교, 문화, 인류학에의 접목적 교육이 필요하다. 인간은 홀로 존재하지 않고 종족과 종족의 상호 관계를 통해서 지금까지 왔다. 결국 상호 관계 속에 나타난 관습과 사고들과 정신들을 종합적 체계 속에서 분석하고 평가하여 삶의 본질을 밝혀냄으로써 미래를 준비하는 작업이 있어야 한다. 넷째, 선교 현장에서 일어나고 있는 각종 선교 이슈들을 선교학적인 측면에서 평가해 보고 더 좋은 방향이 무엇인지 구체적으로 연구해 보는 교육이 필요하다. 이를 위해서 현장을 방문하여 체험하는 교육이 있어야 한다.

4) 선교 교육의 실천 방안

선교 교육이 자리 잡기 위해서는 구체적인 전략이 필요하다. 첫째, 담임 교역자의 교육 철학이 선교에 포커스를 맞추는 작업이 선행되어야 한다. 이때 담임 목회자의 선교 교육에 대한 관심의 동기는 세계선교를 위한 순수한 동기여야 할 것이다. 둘째, 수강 대상자들을 선정하는 작업이다. 수강자들이 헌신의 마음이 없을 경우에는 교육의 효과를 기대할 수 없다. 셋째, 선교 교육의 원활한 진행을 위해 관리 부서를 두어야 한다. 담임 목회자가 모든 일들을 하기에는 현대의 목회 상황이 녹록치 않다. 넷째, 커리큘럼을 효과적으로 만들어야 하겠다. 교육의 기간과 요일, 그리고 시간과 강사 같은 부분이다. 이때 강사는 교육의 질을 높이기 위해서 가능하면 전문적인 지식과 선교 현장을 잘 아는 인력으로 선정해야 할 것이다. 다섯째, 선교 교육의 현장성이 있어야 하겠다. 국내외의 선교 현장을 돌아보면서 강의실에서 배웠던 내용들이 실제화되도록 하는 교육이다.

지금까지 교회의 선교 교육의 일반적인 요소들을 살펴보았다. 교육(敎育)은 보편적인 의미로 '가르치는 것'이라고 보았다. 그리고 선교 교육은 "복음 사역을 위해서 사람들을 가르침과 아울러 그들의 잠재적 능력을 하나님의 영광을 위해서 사용하도록 훈련시키는 과정"이라고 정의하였다.

선교를 위한 교육기관의 육성을 위해 가톨릭에서는 수도원을 만들고 15세기 이후로는 대학들을 세워서 후진을 양성하였다. 개신교의 선교 전략 가운데 중요한 것 중 하나가 교육선교였다. 종교개혁가 칼빈(John Calvin)은 제네바대학을 세워 복음을 전할 인재를 양성하였다. 현대 선교의 아버지인 윌리엄 캐리(William Carrey)도 인도에 세람포대학을 설립하여 복음 전도자를 양성하였다.

선교를 위한 교육은 한국 선교 초기에 서양의 선교사들에 의해서 추진되었다. 그리고 놀라운 결과를 낳았다. 그러나 국가의 공적 교육의 실천 방향에 의해서 기독교 교육은 큰 어려움을 겪고 있다. 결국 선교 교육은 교회가 감당해야 함을 보여 주고 있다.

그동안 다양한 주제들을 가지고 교회교육이 이루어져 왔다. 예를 들면 크로스웨이 성경공부, 아버지 학교 등이다. 이러한 교육의 목표가 우리의 내면과 가정을 다루는 이기적인 요소라면 이제는 이타적이고 세계적인 관점에서 교회교육이 실행되어져야 한다. 바로 이러한 교육이 교회의 선교 교육이라고 말할 수 있을 것이다.

Chapter 7 🍃

한류의
선교 적용*

최근 한류(韓流)가 아시아를 넘어 유럽으로까지 확산되고 있다. 프랑스에서는 '제1회 한국문화축제 코리언 커넥션 2011'이 개최되었고, 케이팝(K-pop) 공연을 연장해 달라는 이색적인 시위가 벌어지기까지 했다. 소셜네트워크(social network)의 발달과 함께 인터넷은 한류의 확산에 원동력이 되고 있다. 유투브(You Tube)나 인터넷 다시보기 등을 통해 한국의 드라마, 영화 등을 전 세계 어디에서나 쉽게 접할 수 있게 되었기 때문이다.

한류란 다양한 한국의 문화가 해외의 모든 지역에서 사람들의 마음을 사로잡아 나가는 흐름을 말한다. 한류는 다양한 삶의 양태를 지니고 있는 지구촌 사람들에게 호기심을 불러 한국을 주목하게 만들었다. 이제 한국교회는 이를 통해서 선교 전략을 만들어 내어야 할 것이다. 한국교회가 이러한 한류 열풍을 선교적 도구로 삼을 것을 제언하고자 한다.

---

* 이 글은 월간 『교회와 성장』 2011년 6월호 102-108페이지에 기고된 글이다.

1. 한류의 확산

한류의 확산은 특히 우리나라의 주변 국가인 일본과 중화권 속에 파고들고 있다. 이것은 일종의 국가적 행운이자 문화가 경제와 사회를 선도하는 21세기 문명의 새로운 흐름이다. 문화평론가 김수이씨는 이에 대해서 "한류는 세계화의 격랑 속에서 한국이 문화강국으로 성장할 수 있는 훌륭한 디딤돌로서 우리 앞에 선물로 도착했다. 한류의 확산은 우리 문화가 장기간 간직하고 있었던 항상심(恒常心)의 결과이다. 드라마 〈대장금〉에서 볼 수 있듯이 삶의 태도 가운데 나타난 신념을 대입해서 장인 정신과 지조, 의리, 불굴의 의지 같은 요소들이 나타난다. 따라서 어떠한 경우에도 초심을 잃지 않고 묵묵히 자신의 길을 걷는 결과로 목적하는 것들을 성취하는 승화된 길을 제시한다. 이러한 것들이 타자를 파괴함으로 얻어낸 정복욕으로 쾌감을 찾는 할리우드식 영상과는 대조를 이루어 내는 한국적 패러다임의 재발견을 조명하였다."라고 평하고 있다.

드라마 〈대장금〉은 중국에서 1억 8천만 명이 시청하였다는 기록이 있다. 중국사회과학원의 쟌샤오홍은 "〈대장금〉은 유교 전통문화의 정수가 진열된 박물관을 참관하는 느낌이며, 이 드라마는 동아시아에서 한국의 궐기를 뜻하는 정치적 선언문일 뿐 아니라 한국이 자랑스럽게 세계로 나아가는 문화적 신분을 의미한다."라고 극찬하였다. 〈대장금〉의 성공은 한류의 한 축인 음식 문화를 확산시켰다. 중국인들은 〈대장금〉을 본 뒤 한국의 궁중 음식에 대해서 생각하게 되고, 그 맛을 찾기 위에 자국의 한국 식당은 물론 직접 한국을 찾기도 한다. 심지어 한식에 대한 요리를 익히기 위해서 한국 음식 요리학원에 등록하여 직접 조리하는 열성적인 모습까지도 보게 된다.

〈대장금〉은 현대화 속에서 감추어졌던 복식 문화도 재현하는 기회를 갖게 되었다. 박물관 구석에서나 볼 수 있는 궁중 의상들을 21세기를 사는 우리에게 드러내 보였다. 장금이가 입었던 옷을 입고 사진을 찍으면서 즐거워하는 중국인들을 중화권 관광지에서 흔히 볼 수 있는 광경이 되었다.

〈대장금〉은 한류를 즐기는 사람들에게 한국인의 성실함과 의지적인 모습을 투영시켰다. 이렇게 함으로써 합리주의적 사고의 틀 속에서 약육강식의 세계관에 찌들어 있는 서구 사상의 모순과 덕목을 중시한 동양 정신의 강점을 대비시켰다. 특히 장금이가 가진 올바른 신념, 정직한 노력, 성실한 자기 단련, 정갈한 마음과 행동들은 현대화 속에서 사라져버린 인성을 회복하는 계기를 마련하기도 했다.

이제 눈을 돌려서 이웃 일본에서 일어났던 한류를 살펴보자. 필자의 생각으로는 대표적인 작품이 〈겨울연가〉일 것이다. 2003년 4월 일본 NHK 위성방송의 '후유노 소나타(冬のソナタ, 겨울연가)'라는 이름으로 방영되어 대성공과 함께 주인공 '준상' 역인 배우 배용준의 인기가 급상승하고 '욘사마' 열풍과 함께 한류 열풍이 시작됐다. 욘사마란 배용준의 이름자 '용'에 일본어 극존칭 '사마(樣)'를 붙인 신조어로 2004년 일본 최고의 유행어이자 트렌드가 되었다. 최근에는 욘플루엔자(욘사마와 인플루엔자의 합성어)라고도 불리고 있다. 주인공인 준상은 일본인의 전통적인 미학과 일치하는 따뜻함, 상냥함, 예의바름, 강함, 성실함을 두루 갖춘 인물로서 일본 여성의 한국 표준 남성상으로 인식되고 있다. 최근 일본의 산업구조의 고도화, 여성의 산업 현장에의 진출 증가, 가족에 대한 가치관의 변화 등에 의해 욘사마가 보여주는 남성상은 일본의 중년 여인들로부터 많은 팬을 확보하는 계기가 되었다.

한류의 열풍은 한국인을 보는 관점이 달라지는 계기를 마련했다. 욘사마 효과는 한국인에 대한 친밀감 형성, 가족 유대감 조성, 한국의 국가적 이미지 상승, 일본 내 재일 교포의 위상 증대 등 일본 사회 및 정치 전반에 걸쳐 영향을 주었다. 또한 NHK 여론조사에서는 응답자의 26%가 한국에 대한 이미지에 변화가 있었다고 말하는 등 한국의 국가적 이미지가 상승되었다. 30대 전반의 일본 여성들 사이에서 결혼 상대자로 한국 남성의 인기가 높아지기도 하였다.

1995년까지 한국학 강좌가 개설된 대학은 143개 대학이었으나, 2001년에는 285개, 2004년에는 335개 대학으로 증가하였다. 더불어 한국어능력시험 응시자가 급증하는 등 한국학 열풍도 심화되었다.

2. 한류와 국가 브랜드 향상

이 글을 쓰고 있는 기간에 해외 매체 BBC 방송사에서 한류에 대한 내용이 소개되었다. 최근 영국의 국영방송인 BBC는 한류 열풍에 대해 세계의 언론이 대단히 긍정적으로 평가하며 한국의 국가 브랜드가 '재벌 경제'에서 '한류 열풍'으로 바뀌고 있다고 보도했다. 즉, 한국의 국가 브랜드가 삼성이나 현대와 같은 대기업에서 케이팝(K-pop)을 주축으로 한 한류로 바뀌고 있다는 것이다.

BBC는 "한국 케이팝(K-pop)의 인기가 팬들을 매료시키고 경제적 부가가치를 창출하고 있다."라는 제하의 서울발 인터넷판 뉴스에서 "아시아 전역뿐 아니라 유럽과 미국 지역에서도 점점 늘고 있는 젊은 한류 팬들에게 오늘날의 한국은 자동차와 반도체를 넘어 가요와 드라마의 이미지로 더 잘 알려지고 있다."라고 밝혔다. 또한 한류를 보고 즐기기 위해 직접 한국을 찾은 관광객들로 인해 전 세계적으로 불고 있는 한류 열풍이 단순히 국가 이미지를 넘어 경제효과에도 영향을 미치고 있다고 설명했다.

영국 방송국인 BBC를 통해서 소개된 한류 열풍의 평가는 한국인과 한국적 문화의 세계화에 긍정적 요인이 있음을 확증시켜 주는 계기가 될 것으로 판단된다.

3. 한류와 한국 기독교

개신교 선교사들을 통해서 한국에 예수 그리스도의 복음이 소개되기 시작한 것은 독일인 선교사인 귀츨라프(Karl F. A. Gützlaff)가 1832년 고대도에 복음을 전한 것부터였다. 이후 토마스(Robert J. Thomas) 선교사의 순교, 언더우드(Horace G. Underwood)와 아펜젤러(Henry G. Appenzeller) 같은 미국 선교사들의 사역에 힘입어 급속도로 복음화되었다.

한국교회의 성장 요소를 다양한 관점에서 평할 수 있겠지만 세 가지 관점에서 살펴보면 다음과 같다.

첫째는 한국민의 서구 선교사에 대한 긍정적 수용성을 들 수 있다. 서구의 선교사들은 한국에서의 선교 초기에 병원을 설립하여 인술을 베풀었고, 학교를 세워서 훌륭한 인재를 양성함으로써 과학 정신을 배양하였다. 또한 선교 초창기부터 자립, 자치, 자력 전파의 네비우스 선교 전략에 따라 외세에 의존하지 않고 독립적인 교회 체제를 갖출 수 있었다.

두 번째 요소는 한국인이 갖고 있는 종교적 요소이다. 한국에서의 종교는 샤머니즘(Shamanism)에서 불교로, 불교에서 도교로, 도교에서 유교로 변화되었다. 유교는 사회적으로 조화와 질서의 개념을 강조하였고, 불교는 현실보다 내세관을 정립시켜 주며, 도교는 현실의 삶에 대해 나름대로의 방향을 제시한다. 이러한 종교적 심성이 기독교를 쉽게 받아 드리게 된 요인 중의 하나이다. 팔머(Spencer J. Palmer)는 샤머니즘을 기독교의 준비 종교로 보는 오류를 범했지만 토착화로 인해 선교가 활발해졌다는 그의 이론을 부정할 수만은 없다. 한국은 이 토착 원리가 강한 민족주의로 발전한 셈이고 교회에서 일어난 민족주의는 한국교회의 성장에 큰 도움이 되었다는 것이 맥가브란(Donald A. McGavran) 교수의 설명이다.

세 번째는 영적 부흥운동을 들 수 있다. 한국교회의 성장 원인을 분석함에 있어서, 부흥운동을 빼놓을 수 없다. 부흥운동은 한국교회의 기반을 다지는 계기가 되었거니와 한국교회의 신앙을 형성하는 데 중요한 역할을 하였다. 즉, 새벽기도, 말씀에 대한 전념, 정열적인 봉사 등은 부흥운동의 결과이다. 부흥운동의 목격자요 인도자 중의 한 사람인 방위량(William Blair) 선교사는 부흥운동은 회개 운동, 정화 운동, 선교 운동을 가져왔다고 지적한다. 한국판 부흥운동이 참 '성령운동'이라면 한국교회의 성장은 불가피한 결과일 것이라고 말하기도 했다.

한국의 기독교 부흥은 세계에 엄청난 영향력을 끼치고 있다. 어쩌면 영적인 제사장 역할을 하고 있다고 해도 틀린 말은 아닐 것이다. 한국의 영적 영향력은 세계의 지구촌 어디에서나 경험할 수 있다. 현재 디아스포라 한인들을 통해서 교회가 수없이 많이 설립되고 신앙생활을 통해서 영향력을 지역사회에 미치고 있다. 우스갯소리 같지만 "중국 사람이 모이면 식당을 만들고, 일본 사람이 모이면 회사를 만들고, 한국 사람이 모이면 교회를 만든다."라는 말도 있을 정도이다.

4. 한류를 활용한 선교 전략

여기까지 한류의 의미와 현상, 그리고 우리의 문화 속에 상황화되어 세계에 큰 영향력을 미치고 있는 한국 기독교에 대해 소개하였다. 우리에게 주어진 한류라는 보물은 분명 뜻이 있을 것이라고 판단된다. 이러한 현상들은 선교를 위한 준비라고 여겨진다. 결국 한류를 선교로 연결하기 위해서는 어떠한 전략이 요구되는 것일까? 다음 몇 가지를 제시하고자 한다.

1) 한국어 교육 활용을 통한 선교

한류의 본질은 문화적 요소이다. 한국의 문화를 이해하고 싶어하고, 배우고 싶어하고, 경험하고 싶은 것이 그들의 요구이다. 한류를 통해서 화면 속에서 한국을 이해하도록 했다면 이제는 교육을 통해서 배우게 해야 함과 아울러 직접 경험하게 만들어야 한다.

한류의 첫 번째는 한글 교육이라고 본다. 언어는 문화의 깊은 것들을 담고 있다. 언어교육을 통해서 한국 문화를 더욱 깊이 체험하도록 만들어야 한다. 세계의 많은 곳에서 한류 열풍과 함께 한국어를 배우려는 사람들이 많은 것을 알 수 있다. 일례로 캄보디아나 네팔 같은 곳에서는 한국에서의 취업을 위해서 한국어 시험을 통과하는 것이 크나큰 자랑이라고 한다.

아래의 글은 인터넷에 소개된 내용이다.

> 북동유럽 발트해 인구 320만 명의 나라 리투아니아에도 최근 한류를 한 눈에 느낄 수 있는 행사가 열렸다. 빌뉴스대학교에서는 한국어 강좌를 수강하고 있는 학생들이 '한빌뉴스'(HANVilnius) 동아리를 결성해 한국 문화 배우기와 알리기에 앞장서고 있다.
> 빌뉴스대학교는 1579년 설립된 동유럽에 설립된 유서 깊은 대학교 중 하나이다. 15년 전 부터 여러 해 동안 한국어 강좌가 열렸으나 한동안 중단되었다. 그런데 2010년 9월부터 주말학교 프로그램으로 한국어를 다시 가르치고 있다. 빌뉴스대학교는 향후 2-3년 내에 선택과목이 아니라 학사과정 프로그램으로 한국 관련 학문이 자리 잡길 기대하고 있다. 한국어 수강생들은 함께 정보를 공유하면서 한국을 더 많이 알고, 한국 문화를 익히고 이를 대중들에게 알리기 위해 동아리를 결성했다. 최근에 동아리 결성식이 열린 빌뉴스대학교 동양학센터 강의실은 100여 명의 사람들로 가득 찼다. 태극기를 벽에 걸고, 또한 스크린에 띄우면서 열심히 준비했다.
> 창립 회원들은 리투아니아어와 직접 배운 한국어를 사용해 연극적 요소

와 함께 다양한 한국 문화를 소개해 참석자들로부터 큰 호응을 받았다. 특히 스크린을 통해 한국의 대중 가수나 그룹이 등장할 때에는 사방에서 환호가 터져 나왔다. 이들 가수들의 실제 공연장에 온 열혈 지지자들을 보는 것 같았다. 함께 아리랑을 부르면서 행사를 마쳤는데 어느 한인회 모임에서보다 더 한국적인 분위기가 느껴졌다.

현재 인터넷을 통해 한국 드라마, 영화, 대중가요 등이 주로 리투아니아 젊은이들 사이에 널리 퍼져 있다는 것을 실제로 체감할 수 있었다. 동아리 창립 회원이기도 한 리투아니아인 외교관은 한국 드라마는 짧고, 상황 전개가 빠르며 서양과는 다른 가치관을 지니고 있어 매우 좋아한다고 말했다. 그는 앞으로 자막 없이 한국 드라마를 보는 것을 목표로 삼고 한국어를 열심히 공부하고 있다.

위에서 소개된 내용처럼 리투아니아에서 한글 교육을 원하는 학생들의 기대 심리를 선교 전략으로 연결시켜야 하겠다. 필자는 젊은 시절에 한국 선교를 위해서 외국에서 파송된 선교사에 의해서 영어를 습득하였다. 선교사들의 섬세함과 봉사 정신, 그리고 성결한 삶은 젊은 나에게 깊은 존경심을 갖게 해서 선교사의 삶을 살게 만들었고, 교수로서 선교의 도전을 주는 학문을 가르치는 계기가 되었던 것이다.

2) 요리 문화를 통한 존재 선교

존재 선교란 '선교지에서 자연스럽게 생활하면서 복음을 나타내는 사역' 이라고 말할 수 있다. 왜 선교 현장에서 존재 선교가 필요한가?

21세기 지구촌 상황 안에는 극단적 문명의 충돌이 상존한다. 특히 선교사 타이틀로서는 이슬람교 지역에서는 거주하기가 불가능하다. 이러한 상황 속에서 주 예수 그리스도의 복음을 증거하는 삶을 사는 선교의 전략은 생활을 통해서 그리스도의 향기를 나타내는 길 밖에 없다.

결국 존재 선교의 무기는 한류가 가진 장점을 활용하는 길이 최선이다. 생활 속에서 자연스럽게 만날 수 있는 것이 요리이다. 인간은 먹지 않고는 살 수 없다. 따라서 김치, 불고기, 떡볶이 같은 한국 요리를 가지고 접촉점을 삼는 계기를 마련해야 하겠다. 필자의 제자 가운데 서울의 이태원 골목에서 무슬림들을 위한 사역을 하고 있는 제자가 있다. 가끔 그곳을 방문할 때면, 다양한 음식을 마련해 놓고 한국 문화 체험을 유도하면서 선교하는 모습을 본다. 참으로 좋은 선교 전략이라고 생각된다.

한류와 함께 한국 음식은 주변국에서 이미 상품화되었다. 한국의 전통적인 식품인 김치는 상표권을 둘러싸고 법정 다툼까지도 가는 모습을 보게 된다. 서구인들이 한국을 찾을 때에 한결같이 주문하는 음식이 있는데 불고기를 먹고 싶다는 것이다.

3) 초청을 통한 한국교회 성장의 현장 체험

한류 열풍은 관광객을 한국으로 향하게 만든다. 이와 같은 예를 '욘사마'의 촬영지를 밟아보기 위해 찾아오는 일본인 관광객에서 볼 수 있다.

2005년 국가 통계에 의하면 한국을 찾는 관광객이 증가하였으며, 원인은 한류 때문이라고 말하고 있다. 즉, 한국 관광사업에서는 2004년 10월까지의 여행 수지가 전년대비 11.3% 증가하여 전년 동기의 15.1%에서 26.4% 증가한 이외에 추가적 관광 수입으로 8,400억 원, 국가 홍보 효과 330억 원에 달한다는 통계가 나오기도 했다.

한국을 체험하기 위해서 많은 관광객이 온다는 것은 선교에 중요한 전략을 제시할 수 있다. 이들에게 한국교회의 성장을 소개시키고, 경험하게 만드는 계기로 활용하자는 제언을 하고자 한다.

한국에서 토착화된 기독교의 긍정적 요소는 새벽기도와 철야예배 같은 영적인 요소와 담배와 술을 금하는 생활의 요소라고 분류해 볼 수 있다. 가끔 외국의 신학자들과 미팅을 갖는 자리에서 "한국 스타일로 기도합시다." 라는 말이 자연스럽게 나온다. 이러한 신앙의 유산도 영적 자원이라고 볼 수 있다.

세계의 교회들은 한국교회의 성장을 배우기 위해서 많은 노력을 기울이고 있다. 대표적인 교회가 여의도순복음교회의 조용기 목사의 사역이다. 세계교회성장연구소를 통해서 수없이 많은 교회성장에 관한 심포지엄과 방한성회 같은 집회를 개최하였다. 현존하는 세계의 많은 대형교회들이 조용기 목사의 교회성장 강의와 한국교회의 체험을 통해서 영적 힘을 얻어 성공적인 목회를 할 수 있었다고 고백하는 경우를 많이 본다.

오늘날도 오산리최자실기념금식기도원에는 세계의 수많은 영적 지도자들이 찾아와서 기도하고 있다. 특히 하계휴가를 맞이하여 세계의 중화권에 있는 성도들 5,000여 명이 매년 오산리최자실기념금식기도원을 찾아와 교회성장에 대한 강의와 기도회를 갖고 있다. 이와 같은 현상을 선교학적 용어로 '구심력과 원심력 선교의 조화' 라고 표현해 볼 수 있겠다.

이 장에서는 '한류' 라는 시대적 현상을 통해서 선교 전략을 모색해 보고자 하였다. 한류의 영향으로 지금 세계는 한국을 주목하고 있다. 한류라는 물결이 단순히 영상 매체나 음식에게만 있는 것이 아니다. 세계의 모든 삶의 현장에 한류 열풍이 불고 있다. 이러한 열풍을 선교의 도구로 활용하는 한국교회가 되어야 하겠다. 한류를 통해서 세계가 우리를 주목했다면, 이제 신령한 젖을 통해 세계를 먹이는 제사장 나라의 백성이 되어야 하겠다.

Chapter **8** ◀

세계관 변혁의
선교*

세계관이란 '세상을 보는 창문'이라고 말할 수 있다. 따라서 창문에 어떠한 색이 칠해져 있느냐에 따라서 실체가 달리 보일 수 있다. 선교학자 폴 히버트(Paul G. Hiebert)에 의하면 "세계관이란 어떤 문화의 신앙과 행동 이면에 있는 실재에 대한 기본적 가정이며, 인간 문화의 가장 깊은 곳에 세계관이 자리 잡고 있다."고 말했다. 즉, 세계관을 통해서 가치 체계가 형성되며, 가치 체계는 곧 행동 양식으로 나타난다는 것이다. 따라서 인간의 진정한 회심은 기독교 세계관이 형성될 때에 비로소 그리스도인이라고 볼 수 있다.

선교사는 문화가 다른 지역에서 전도 대상자를 만나 대화하면서 가장 먼저 분석해야 할 것이 그들의 세계관이다. 선교 지향적인 한국교회도 선교사의 파송과 함께 문화 적응 기간을 할애함과 아울러 세계관을 연구하는 시간을 갖도록 해야 한다. 세계관 변혁의 선교는 선교의 백년대계(百年大計)를

＊이 글은 월간 『교회와 성장』 2012년 12월호 96–102페이지에 기고된 글이다.

위한 핵심 과제라고 판단된다. 따라서 조금은 딱딱한 주제일지라도 선교의 핵심 쟁점 가운데 하나인 세계관의 변혁 문제를 다루어 보고자 한다.

1. 세계관의 정의

선교는 엄밀히 말해서 사람들의 문화 속에서 함께 생활하면서 그들을 주님의 말씀으로 변화시키는 것이다. 따라서 문화의 깊숙한 부분에 자리 잡은 채 사람들이 실재를 바라보는 방식인 세계관을 이해한다는 것은 참으로 중요하다. 로버트 레드필드(Robert Redfield)에 의하면 "문화가 인류학자에게 한 종족이 어떤 식으로 보이는가를 추정하는 것이라면, 세계관은 만물이 한 종족에게 어떤 식으로 보이는가, 즉 현존하는 것들이 하나의 총체로서 어떠한 구도를 갖는가를 추정하는 것이다."라고 말했다.

또한 마이클 커니(Michael Kearney)는 "한 종족의 세계관은 그들이 실재를 바라보는 방식이다. 세계관은 기본적인 가정들과 꼭 정확한 것은 아니지만, 세계에 대한 어느 정도 일치된 사고방식을 제공하는 이미지들로 구성된다."라고 말했다.

또 다른 선교학자인 찰스 크래프트(Charles Kraft)는 "세계관은 사람들이 실재에 대한 인식들과 그러한 인식들에 대해 반응할 때, 그것이 기초가 되는 문화적으로 구조화된 가정들, 가치들, 그리고 그러한 것들에 대한 헌신들을 일컫는 용어이다."라고 말했다. 이는 문화와는 별개의 것이 아니라 인간의 삶을 유지하는데 기초가 되는 깊은 차원에 존재하는 전제들의 구조로서, 문화에 포함되는 것이다. 따라서 크래프트는 문화 속에서 인간이 행동하기 위해서 필요로 하는 문화적 구조의 일부를 세 가지 관점에서 세계관이 제공한다고 말하고 있다. 첫째, 세계관은 문화적으로 구조화되어 있다. 둘째, 세계관은 가정들로(심상들을 포함하는) 구성되어 있다. 셋째, 이러한 가정들은 실재에 대한 사람들의 인식과 이에 대해 사람들이 반응하는 것을 기초로 이룬다.

결국 세계관이란 삶의 현장을 바라보는 관점을 문화 속에서 어떻게 형성하였는가에 대한 질문에 응답해야 하는 것이라고 볼 수 있다.

2. 세계관의 성격과 기능들

모든 문화의 세계관은 적어도 75개 이상의 공통된 요소가 있다는 것이 밝혀졌다. 그 속에는 인간성, 자아 개념, 핵가족, 인간과 비인간 사이의 주된 차이에 대한 개념, 자연, 시공간적 방향성, 출생, 죽음 등이 포함된다. 그러나 로버트 레드필드는 모든 세계관이 삼각관계의 요소들과 관계되어 있을 수 있다고 결론지었다. 이 삼각형은 소위 사람, 자연, 신 혹은 초자연으로 이루어졌다. 이러한 요소들과 아울러 세계관의 성격과 기능을 살펴보면 다음과 같다.

1) 세계관의 성격들

세계관의 성격들은 다양하게 생각해 볼 수 있다. 첫째, 세계관의 가정들 또는 전제들은 논리적으로 생각되어지는 것이 아니라 아무런 선례적 증거가 없더라도 참된 것이라고 받아들이는 것이다. 둘째, 한 민족의 세계관은 그 구성원들에게 실재(reality)를 인식하고 해석하게 하는 관점에서 볼 때, 안경, 모델 혹은 지도를 제공한다. 셋째, 사람들은 자신이 속한 사회의 세계관에 따라서 삶과 경험들을 조직적으로 설명할 수 있는 전체적 체계로 만든다. 넷째, 서로 다른 사회에 소속되어 있는 사람들이 접촉하게 되었을 때 나타나는 문제들 가운데 가장 다루기 어려운 문제는 세계관의 차이로 인해 발생하는 문제이다. 다섯째, 비록 우리가 사람들과 문화나 세계관적 구조를 서로 분리할 수 있는 실재로서 다룰 필요가 있기는 하지만, 이제까지는 논의를 통해 확실해진 것처럼 실제 삶에서는 사람들과 세계관이 함께 작용한다는 것 또한 명심해야 한다.

2) 세계관의 기능들

세계관의 첫 번째 기능은 개인적 성격의 기초가 되는 구조에 대한 것들이다. 즉, 세계관은 우리가 소유한 의지를 사용하는 방법의 경향화, 감정 표현에 대한 경향화, 논리와 추론에 대한 경향화, 세계관 가정들은 또한 동기에 영향을 끼쳐서 동기를 경향화한다. 그리고 심지어 세계관은 성향들까지 경향화한다. 세계관의 두 번째 기능은 의미 부여에 대한 경향화와 관련되어 있다. 즉, 해석하기, 평가하기가 있다. 세계관의 세 번째의 기능은 사람들이 스스로 부여한 의미에 반응하는 방식들과 관련되어 있다. 즉, 설명하는 경향, 충성심을 서약하는 경향들, 관계를 맺는 방법, 적응하는 태도, 규칙을 규정하는 경향들, 그리고 심리를 강화하는 경향들이 있다.

선교사가 선교지에서 사역할 때나 국내의 전도 현장에서 전도를 할 때에 그들이 지닌 세계관의 성격과 기능들을 잘 살펴서 대화의 가교를 연결하는 지혜가 필요하다. 이어서 선교지 현장에서 비기독교인들이 가진 세계관의 범주 몇 가지를 생각해 보고자 한다.

3. 비기독교 세계관의 범주와 선교

우리가 기독교 선교를 한다고 가정할 때에 복음의 접촉점을 발견하기 위해서 비기독교인들이 가진 세계관의 범주들을 알아야 한다.

첫 번째, 자연주의 세계관이다. 이는 무신론, 세속주의, 과학주의, 인본주의, 그리고 자기중심주의 등 모든 것이 기본적으로 이 범주에 속하는 것이다. 물론 공산주의 역시 이 범주에 속한다.

사실 자연주의 세계관은 일종의 깊은 비관주의, 절망, 무의미라는 결과를 낳았다. 과학은 우리를 멸망으로 위협한다. 교육은 가치를 배제한다. 소비에트 혁명과 그 이상이 낳은 모든 것은 가장 비인간적이며 야만적인 통치였음이 역사를 통해서 증명되었다.

자연주의자들에 대한 선교 전략은 다음과 같다. 먼저 자연주의자들의 입장과 상황을 이해시켜 줄 독서와 연구가 필요하다. 즉, 성경과 신학뿐만 아니라 철학과 변증학에 대해서도 공부를 해야 한다. 메시지의 내용은 복음이 진정한 복된 소식이 되게 하는 진리를 설명하기 위해 그 뒤에 숨겨진 참된 비밀을 캐내는 것이다. 복음증거를 위한 커뮤니케이션의 스타일에 대해서는 현대인의 상태에 대한 진실한 이해와 그의 딜레마에 대한 연민을 반영해야 한다.

두 번째, 부족적 세계관이다. 이는 종종 서구의 사고의 한 부분을 차지하고 있는 신적인 것과 세속적인 것의 구분을 초월한다. 그것은 하나이며 동시에 거룩하기도 하고 세속적이기도 하다. 그것은 제신과 영, 귀신에 집착하지만 대부분의 경우에 인간 중심적이다.

이 세계관은 자연과 초자연이 서로 심각하게 혼합되어 있다. 또한 공간과 시간이 서로 헤어나올 수 없을 만큼 혼합되어 있다. 이 세상과 저 세상이 하나의 체계로 얽혀 있다.

부족적 세계관을 지닌 사람들에게 선교사가 전해야 할 메시지는 바울이 말했던 것처럼 하나님의 창조사역, 흑암의 시대를 간과하시는 하나님의 참으심, 비와 계절과 음식과 축복을 공급하시는 하나님과 같은 주제들이다.

사실 그리스도의 대사들인 선교사는 그들이 말하는 대상에 대해서, 그리고 그 대상을 위해서 명확히 해야 한다. 참 신이 거짓 신들과 영들에 의해서 가리워질 때 선과 악과 같은 것에 대한 진정한 관점과 명령과 의무는 상실된다.

세 번째, 종교적 세계관이다. 예를 들면 불교의 세계관을 살펴보면 다음과 같다. 인간관은 세계는 단순한 인간관계가 아니라, 무수한 원인들과 조건들의 결과로서 존재한다. 동시에 세계는 그 결과에 영향을 미치는 원인이며 그 미래를 구성하도록 돕는다. 현재의 세계는 이전 원인의 결과이다. 미래의 세계는 현재 세계의 결과이다. 이를 다른 말로 하면 '인과응보'라고 표현할 수 있겠다.

불교도들에게 있어서 선교사들이 가져야 할 자세는 완전함과 신뢰성이다. 이러한 완전함은 불교도들에게 복음을 전하는 사람들은 종교에 정통하기를 기대한다. 왜냐하면 그들은 이미 종교적 사회의 현자들로부터 다양한 종교적 이론에 대해서 들어왔기 때문이다. 불교도들에게 증거할 메시지의 내용은 복음이다. 즉, 그리스도를 주는 것이다. 주님이 주신 죄 용서와 평화를 구속적 관점에서 설명해 주어야 할 필요가 있다.

네 번째, 공리주의적 세계관이다. 공리적인 사회개혁가인 공자는 종교적 의식을 집행하고, 돌아가신 부모를 위하여 자녀들이 3년 동안 애곡하도록 격려하였으며, 부모에 대한 자식의 효를 다한 신화적 통치자인 우(禹) 황제를 찬양하였다. 따라서 중국인들에 있어서 효 사상은 종교성을 띠고 있다고 보아야 한다. 중국인들에게 복음증거를 감당할 선교사는 개인과 사회적 윤리를 뛰어넘는 순전함과 선한 행위가 중요하다. 아울러 자신의 문화가 아닌 그리스도를 나타내어야 한다. 또한 성경을 진정을 아는 것뿐 아니라 종교적 사실들에 대해서도 철저한 공부가 필요하다.

비기독교 세계관을 지닌 사람들에게 복음을 증거하는데 있어서 세 가지

가설을 세운다면 다음과 같다.

첫째, 선교사는 비기독교 응답자들이 자기들의 고유의 세계관을 한쪽 옆에 치워놓고 메시지를 이해하기 위하여 일시적으로나마 기독교 세계관을 채용하도록 초청할 수 있다. 그러나 이러한 요구는 사실상 불가능하다. 둘째, 선교사들은 일시적으로 응답자들이 가진 비기독교 세계관을 채용할 수 있다. 그리고 나서 응답자 세계관의 조명 아래 그들의 메시지를 재구성함으로써 선교사들은 메시지를 상황화할 수 있게 되어 그 메시지가 응답자들에게 의미를 지니는 방식으로 암호화할 수 있게 된다. 셋째, 선교사들은 그들의 수신자들이 자기들을 만나러 중간까지 나오도록 초청할 수 있다. 즉, 한쪽 렌즈를 서로 교환하여 한 눈으로 바라보도록 애쓰며 말할 때도 그런 식으로 할 수 있다.

위에서 언급한 세 가지 방법들이 상황에 따라서 달리 적용될 수 있다. 사실 전통적으로 많은 선교사들은 비교 종교에 대한 연구에 착수해 왔는데 그것은 접촉점을 발견하고 종교적인 세계관들 사이에 공통된 기초를 세우고자 하는 의도에서였다. 결국 선교사는 복음과 문화 사이에서 상황화의 중요성을 인식해야 한다. 그러나 어떠한 상황 속에서라도 복음의 절대성을 양보하면 종교혼합주의에 빠진다는 사실 또한 직시해야 하겠다.

4. 세계관 변화의 선교 전략

세계관의 정의와 비기독교인들이 갖고 있는 세계관의 범주를 살펴보았다. 이제는 세계관 변화를 시도해야 할 요소들을 찾아보고자 한다.

1) 총체적 회복자인 그리스도를 알게 함

세계관은 삶의 실재이다. 그리고 삶의 방향을 결정짓는 것은 진리인 복음이다. 그러나 인간의 타락은 삶의 실재에 있어서 판단 능력을 상실하여 방향을 잃게 한다. 따라서 복음의 능력으로 인간은 회복되어야 한다.

총체적 회복의 역사는 예수 그리스도의 복음으로 가능하게 된다. 이와 관련해『세계관을 분별하라』의 저자 안점식은 세 가지 부분에서 인간이 회복된다고 주장하고 있다. 첫째, 존재의 회복이다. 인간은 하나님과 인간 자신과 사물에 대한 인식 능력과 지식들을 회복하게 될 것이다(사 11:9; 잠 9:10). 둘째, 도덕적 능력도 회복되어서 부당한 욕구들이 없어질 것이다. 성화의 삶을 그리스도를 통해서 얻을 수 있음과 아울러 언젠가는 영화로운 몸으로서 죄와는 상관없는 삶을 살게 될 것이다(고전 15:51-54). 셋째, 자연계의 회복은 새 하늘과 새 땅에서 천국 문화로 완성될 것이다(사 60:3-4).

사실 인간이 지닌 세계관을 변화시킨다는 것은 초자연적인 능력의 사역이 요구될 수 있다. 즉, 인간의 지혜나 말솜씨가 아니고(행 17:18), 하나님의 능력을 통해서 가능하다(고전 2:2-5). 진정한 선교의 열매는 세계관을 변화시켜야 한다. 그렇지 않았을 때는 명목적인 신자들만이 양산되어 기독교의 본질을 훼손시킴으로써 혼합주의를 만들어 버린다.

예를 들면 부자 청년의 물질주의 세계관(막 10:17-22), 아프리카의 기독교 혼합주의, 현대 젊은이의 세속주의 세계관을 벗어버리게 만들어서 성령의 아홉 가지 열매를 맺게 하는 작업이 중요하다.

2) 예수 제자화 운동 전개

세계관을 변화시키는 작업은 하루아침에 되는 것이 아니다. 많은 시간이 소요되기 때문에 제자화의 작업을 통해서만 효과적인 사역이 될 수 있다.

제자란 예수님께 헌신하여 따르는 사람이며, 순종하는 종이며, 배우는 학생이다. 또한 제자훈련은 예수님의 지상명령이다. 제자훈련이란 의식을 단순히 따르는 것이나, 프로그램을 실행하는 것이나, 관례를 자세히 가르치는 것이나, 규정된 규칙에 순종하는 것이나, 정규 커리큘럼을 가르치는 것이 아니다.

결국 제자훈련이란 구주(Saviour) 되시고, 주님(Lord) 되시고, 선생(Teacher) 되신 그리스도와의 올바른 관계성을 의미한다. 따라서 주님에 대해서는 의심 없는 추종자(follower)가 되어야 하며, 주인에 대해서는 자신의 유익을 구하지 않는 종의 자세가 필요하며, 훌륭한 스승의 가르침에 대해서는 행함으로 배우는 도제(apprentice)의 관계가 중요하다(눅 5:27; 마 11:28-29; 고전 11:1; 히 13:7; 딤전 4:12; 빌 4:9).

선교지의 사람들의 세계관을 바꾸기 기독교의 세계관으로 바꾸기 위한 제자훈련의 조건(눅 14:25-35)은 무엇인가? 첫째는 자기를 부인하고 그리스도를 좇는 자, 둘째는 사람에 대한 관계보다 그리스도에 대한 관계를 우선순위로 두는 자, 셋째는 세상 것들로부터 자신을 구별하는 자이다.

선교의 하나님은 모든 족속을 제자로 삼으라고 명령하셨다. 그러면 우리를 제자로 부르심의 목적은 무엇인가?

첫째는 사람을 낚는 어부가 되게 하며(마 4:19), 둘째는 다른 사람을 제자로 재생산하게 하며(딤후 2:1-2), 마지막 셋째는 주님과 선생 되신 그리스도를 닮게 하려는 것이다(눅 6:40).

결국 세계관의 변화를 위한 일련의 과정은 제자훈련을 통해서 진리의 복음을 이성적으로 발견하고, 신앙 속에서 경험되어지며, 성경 공부와 함께 현장의 실제적인 체험을 지속한다. 그러므로 자신이 가지고 있던 타세계관의 체질을 변화시킴과 아울러 끊임없는 가르침과 말씀을 옳게 분변하는 신앙을 지키게 한다.

또한 행동하게 함으로써 견고한 신앙으로 자리 잡는 과정을 통해서 타세계관을 변화시켜서 기독교의 세계관으로 자리 잡게 된다. 이렇게 하여 온전한 그리스도인이 되었다고 볼 수 있게 된다.

3) 내적 치유와 복음의 능력을 체험시킴

먼저는 인간의 내면세계에 자리 잡고 있는 잡다한 쓴 뿌리들을 치료해야한다. 인간의 자아 중심주의를 통한 방법이 아닌 '하나님이 누구신가?'에 분명한 깨달음을 통해서 믿음으로 은혜를 체험하며 자연적인 치유가 일어나야 한다. 즉, '치유'를 방해하는 쓴 뿌리, 상처(히 12:15) 등을 전능하신 하나님을 의지함으로 치유되는 것은 세계관의 변화 요인이라고 볼 수 있다.

인간의 내면세계가 치유되었다면 복음의 실재적인 능력을 체험하도록 해야 한다. 교회와 선교의 가장 기본적인 기능으로 "흑암의 권세에서 … 그의 사랑의 아들의 나라로" 옮기는 것이다(골 1:13). 티모시 워너(Timoth M. Warner)는 전도를 "항상 일종의 능력 대결이 된다. 그것은 하나의 능력의 영역으로부터 다른 영역의 능력으로 옮기는 것, 즉 사단의 영역으로부터 하나님의 영역으로 옮기는 것이다."라고 말했다. 전도를 통해서 진정한 회심이 나온다. 회심이란 어두운 마귀의 왕국에서 진리의 빛의 왕국으로 옮겨가는 것이다. 회심은 항상 영적 능력이 관계되므로 사단의 영토를 공격하기 위한 영적 대비를 미리 점검해야 할 것이다.

세계관은 인간이 성장하면서 문화 속에서 경험한 요소들이 하나로 묶여서 각인된 실재이다. 따라서 선교사가 비기독교 세계관을 지닌 지역에 들어가서 복음을 증거하는 것은 많은 노력이 필요하다. 사실 선교의 핵심 전략인 비그리스도인들의 세계관을 기독교 세계관으로 변화시킨다는 것은 오랜 시간에 달성될 수밖에 없다.

그러나 성경에 보면 '겨자씨'에 대한 예수님의 가르침이 나타나 있다.

"만일 너희에게 믿음이 겨자씨 한 알 만큼만 있어도 이 산을 명하여 여기서 저기로 옮겨지라 하면 옮겨질 것이요"(마 17:20)라고 하셨다. 이 말씀의 요지는 우리의 믿음이 중요하다는 것이다. 선교사가 작은 겨자씨 같은 믿음을 선교지에서 불어 넣으면 생명의 복음을 받는 그들의 생애는 산을 옮기고도 남는 큰 믿음으로 변혁된다고 해석할 수 있다.

Chapter 9

선교를 위한
멤버 케어 *

  하나님의 선교는 참여한 모든 사람들에게 큰 영광이 된다. 왜냐하면 선교는 하나님의 두 가지 명령인 '사랑'과 '지상명령'의 성취를 이어가는 귀중한 과업이기 때문이다. 그러나 이를 수행하는 모두에게는 참으로 힘든 일들이 많이 나타난다. 이와 같은 어려운 문제들을 함께 해결해 나가는 것이 선교를 위한 멤버 케어이다. 멤버 케어의 대상은 다양하다. 선교 일선에서 직접 뛰고 있는 선교사, 선교사를 파송하여 돕고 있는 파송자 그룹, 효율적인 선교를 돕기 위해서 모인 전문가 그룹, 그리고 선교를 촉진시키기 위해서 연구하고 대안을 제시하는 고문 그룹들이다.

  위에서 언급한 모든 그룹들이 원활한 역할을 감당할 때에 선교는 성공적인 작품을 마련할 수 있다. 그러나 이러한 바람은 다양한 상황들에 의해서 무너지게 된다. 선교에 헌신한 선교사는 물론 선교사를 도왔던 모든 이들이 힘써서 헌신했지만 결과가 잘못되었을 때에는 선교를 위한 마음들이 무

＊ 이 글은 월간 『교회와 성장』 2012년 4월호 91-97페이지에 기고된 글이다.

너지고, 심지어 탈진하게 된다.

필자는 이들 모두에게 효과적인 케어(doing member care well)가 필요하다고 본다. 따라서 다양한 영역별로 케어의 필요성을 제기하고자 한다.

1. 멤버 케어의 궁극적 공급자

가장 핵심적인 케어는 주님으로부터 받아야 한다. 사도 바울은 케어의 원천이 예수님으로부터 온 것임을 말하고 있다. 즉, "... 인내로써 우리 앞에 당한 경주를 하며 믿음의 주요 또 온전하게 하시는 이인 예수를 바라보자 그는 그 앞에 있는 기쁨을 위하여 십자가를 참으사 부끄러움을 개의치 아니하시더니 하나님 보좌 우편에 앉으셨느니라"(히 12:1-2)고 말하고 있다.

필자에게도 순교와 가난과 아픔이라는 선교의 흔적이 커다랗게 남아있다. 이러한 흔적들을 세상에서 보상받으려고 했을 때, 너무나 비참한 자신을 발견하게 되었다. 세상의 기준으로 선교를 보면 깊은 수렁으로 빠져들어 심한 경우 "하나님이 어디 있느냐?"라는 질문까지 하게 된다. 여기에서 우리는 케어의 공급원이 어디에서 오는가에 대해서 생각해야 한다. 이는 주님으로부터 오는 것이다. 우리의 모델은 주님이시다. 그는 영광의 보좌를 위해서 십자가를 참으신 분이기 때문이다.

또한 누구를 위해서 멤버 케어를 해야 하는가의 문제이다. 가끔 선교사의 생활 형편과 처지가 너무 불쌍해서 케어에 동참하는 경우가 있다. 그리고 주위 사람들과의 관계성 때문인 경우도 있다. 이러한 마음도 참으로 고귀하지만 궁극적인 것은 주님을 위해서이다. 바울은 "무슨 일을 하든지 마음을 다하여 주께 하듯 하고 사람에게 하듯 하지 말라 이는 기업의 상을 주께 받을 줄 아나니 너희는 주 그리스도를 섬기느니라"(골 3:23-24)고 말하고 있다. 결국 선교를 위한 멤버 케어에 동참하는 것은 주님을 위한 헌신임을 인지해야 하겠다.

2. 선교사 자신의 케어

선교사는 하나님의 선교 명령을 일선에서 직접 수행하는 직임이다. 영적전쟁의 전면에 서 있다는 말이다. 따라서 누구보다도 더 자신의 케어가 중요하다. 선교사 자신이 케어해야 할 다섯 가지 사항들을 정리하면 다음과 같다.

1) 건강 케어

건강을 잃어버리면 아무 사역도 할 수 없다. 이는 자신의 건강뿐 아니라 가족들의 건강도 챙겨야 한다. 따라서 가족들의 정기 검진 및 의료진과 상담할 수 있는 체계를 갖추어야 하겠다. 물론 선교 현장은 고국과 같지 않아서 의료진이 매우 열악한 경우가 많다. 그렇기 때문에 기회가 주어지는 대로 적극적으로 대처하는 것이 지혜라고 본다.

2) 가족 케어

가족 중에도 함께 사역하는 부부의 관계는 매우 중요하다. 선교사가 남편일 경우에는 배우자인 사모를 제쳐 놓고 혼자 사역에 너무 집중한 나머지 소외감을 갖게 하는 것은 바람직하지 않다. 따라서 부부간의 커뮤니케이션이 매우 중요하다. 즉, 사모가 집에서 선교사를 뒷바라지하며 가정을 꾸리고 자녀들을 돌보는 것이 참으로 귀한 사역임을 인지시키는 작업이 선행되어야 하겠다. 결국 선교사역의 기쁨을 함께 공유하는 지혜가 필요하다.

3) 자녀 교육 케어

선교의 아픔 가운데 하나는 자녀들이 모국의 교육을 받지 못하는 데서 오는 경우이다. 최근에는 선교사 자녀 학교(missionary kids school, MK School)가 몇 군데 개설되어 교육의 기회가 주어지기도 하지만 아직도 교육 환경이 매우 열악한 것이 사실이다. 따라서 각종 정보를 수집하여 가능한 좋은 환경 가운데 자녀 교육이 이루어질 수 있도록 해야 한다.

4) 현지인 공동체를 위한 케어

선교사의 문화와 현지 공동체의 문화가 다르다. 따라서 현지 공동체의 상황을 조사하고 접촉점을 찾아 대화를 시도해야 한다. 대화를 통해서 사랑의 공동체를 이루어 가는 작업이 매우 중요하다. 선교는 현지의 사람들을 다루는 작업이다. 때문에 사람을 도외시하고는 사역이 이루어지지 않는다. 특히 자민족 우월주의적 사고를 가지고는 절대로 아름다운 공동체를 이룰 수 없음을 알아야 하겠다.

5) 고국의 파송 기관, 후원자들과의 관계 케어

선교 현지에서 일어나고 있는 사역의 실제를 가감 없이 보고해야 한다. 필요할 경우에는 신속히 도움을 구하여 문제를 해결하는 것이 필요하다.

3. 파송자 그룹의 지지적 케어

파송자란 파송 교회의 목사, 동료들, 그리고 파송 단체와 회원들이다. 사실 파송자들은 선교사역을 위해 준비된 버팀목이다. 따라서 파송자들은 지지적 케어(supportive care)의 직임을 담당하면서 현지에 있는 선교사들을 케어해야 한다. 지지적 케어는 선교인들의 삶 속에 그들의 활동이 유입되어 효과적인 사역이 이루어지게 만듦으로써 활력이 넘치는 결과를 낳는다. 지지적 케어를 위한 3가지 요소들을 찾아보면 다음과 같다.

1) 파송 교회와 단체의 선교 구성원 케어

선교 구성원들을 위한 선교적 마음이 식지 않도록 도전을 주면서 현장에서 들려오는 선교사역의 기쁨을 공유하는 작업이 있어야 하겠다. 이를 위해서 선교 동원과 교육, 그리고 선교 헌금을 지속적으로 헌납할 수 있도록 해야 한다.

2) 파송 기관의 선교 헌금 관리를 위한 케어

선교 헌금은 사역 현장에서 사단의 세력을 몰아내는 총탄 역할을 한다. 현장의 선교사가 사역비와 생활비가 바닥날 경우에는 선교사역을 수행할 수 없게 된다. 헌금 관리의 케어는 선교 파송 기관의 구성원들이 선교의 열정이 식지 않고 지속적으로 헌금할 수 있도록 그들을 위한 도전과 격려, 그리고 관리가 있어야 한다. 이를 위해서 선교사로부터 오는 사역 보고를 함께 나눌 수 있는 시스템과 네트워크 체제가 준비될 필요가 있다. 필요할 경우에는 자원 봉사자들을 동원하여 케어에 동참하도록 만들어야 하겠다.

3) 파송된 선교사를 위한 케어

파송 그룹의 일차적인 작업은 선교사의 선발과 훈련, 파송, 현장 사역을 위한 후원, 재입국시 공급해야 할 요소들, 그리고 마지막으로 선교 은퇴 이후를 보장하는 케어를 시스템화 하는 작업이다. 결국 파송 단체들은 단체의 발전과 외부 지원과의 연계, 인력개발 프로그램과 행정의 효율성을 포함한 포괄적인 문제들을 다룰 수 있어야 한다.

4. 전문가 케어 그룹의 활동

전문가 그룹들은 각 분야에서 전문성을 가지고 일하는 사람들이다. 이러한 사람들이 그룹을 이루어 선교에 참여하는 것은 바람직한 일이다. 각 분야에서 일하는 전문가들은 선교사역을 위해서 자신의 전문성을 살려서 케어자로서 참여하도록 만들어야 한다. 참고적으로 8개의 전문가 그룹들이 실제적인 도구(tools)로서 참여할 분야들을 살펴보면 다음과 같다.

1) 목회적 케어 그룹

선교사역을 위한 영적 공급을 책임지고 수행하는 그룹이다. 예를 들면 선교를 위한 수련회를 기획하고, 진행하며 도전을 주어야 한다. 특히 선교사의 경건 생활과 사역을 위한 영적 요소들을 공급하는 직임이 주어진다.

2) 신체적 케어 그룹

의학적 소견과 영양의 공급을 위한 실제적 참여자로서 활동하는 케어자들이다. 필요시에는 선교 현장을 직접 방문하여 선교사와 가족, 그리고 선교사의 지역 공동체 일원들의 건강을 진단하고 치유하는 활동을 통해서 선교사역에 동참하는 기쁨을 얻도록 하여야 한다.

3) 선교 훈련 케어 그룹

파송자 기관의 구성원들은 물론 파송된 선교사들의 효과적인 사역을 위해서 훈련하는 그룹을 말한다. 필요시에는 선교사들에게 직업교육을 시킴으로써 자비량은 물론 현지의 지역 공동체들을 가르칠 수 있도록 해야 한다.

4) 팀 빌딩 케어 그룹

사랑의 삼겹줄은 누구도 끊을 수 없다고 한다. 선교사역도 팀으로 활동하는 것이 효과적이다. 이와 같은 사역의 효시는 사도 바울과 바나바, 바울과 누가, 그리고 바울과 디모데의 관계를 통해서 입증되었다. 팀 빌딩의 케어는 단체의 역동성을 활성화시키며, 조직과 사역자들 간에 내재된 갈등들은 소멸시키는데 일조하게 된다.

5) 가족 케어 그룹

선교사의 사모와 자녀들의 필요한 부분을 케어하는 일을 해야 한다. 만약 독신인 선교사일 경우에는 결혼을 돕는 후원 그룹을 결성하는 것도 좋은 가족 케어의 사역이라고 볼 수 있다.

6) 재정 케어 그룹

재정은 병참 지원으로 비교될 수 있음을 이미 밝혔다. 선교사의 사역비, 생활비, 자녀 교육비, 은퇴 준비비 등을 준비하는 케어 그룹이다. 특히 선교사들이 사역 중 탈진하여 안식년을 갖게 될 경우를 위해서 준비하는 것도 중요한 일이라고 판단된다.

7) 위기 대응 케어 그룹

선교지에서는 다양한 상황들에 의해서 우발적인 사건들이 많이 일어난다. 특히 종교적인 이슈와 정치적인 이유로 인해서 선교사들이 지속적으로 사역할 수 없을 때에는 철수를 해야 한다. 최근에 이집트 민주화 사건은 중동 정세를 봐도 알 수 있듯이 이슬람 국가들은 언제라도 선교사들을 핍박할 준비가 되어 있는 실정이다.

8) 상담 케어 그룹

심리적인 부분을 잘 진단하고 안정적인 상태에서 사역할 수 있도록 돕는 사역을 말한다. 다양한 문제점들을 평가하고, 간단한 심리치료를 통해서 문제를 해결함으로써 선교사역으로 인한 탈진을 미연에 방지하여 장기적으로 사역할 수 있게 만든다.

이러한 8가지의 케어 집단은 각 분야에서 전문성을 가진 자격이 구비된 전문가들로 하여금 수행하도록 하여야 한다. 그리고 케어 집단의 궁극적인 목표는 단순한 케어가 아니라 선교사의 역량을 증대시킴에 있다. 따라서 전문가의 일은 집합적으로 예방, 개발, 후원, 그리고 회복이라는 네 가지 차원의 케어가 포함됨을 알아야 한다.

5. 네트워크 케어 집단의 구성

선교 케어가 잘되기 위해서는 네트워크가 절실히 필요하다. 즉, 전략적, 후원적 자원들의 제공과 개발을 돕기 위해서 기관을 중심으로 국내는 물론 국제적 멤버 케어 네트워크의 프로그램 활용이 중요하다.

1) 네트워크 구축 필요

이는 촉매자, 자원 연계자, 사역 제공자들로서 봉사함으로 멤버 케어를 촉진하는 상호 연관된 동료들과 단체들의 성장 조직체들로 구성되어야 한다. 네트워크 구성을 위해서는 인터넷이나 SNS(social network service)와 같은 매체들이 적극 활용되어야 한다.

2) 파트너십을 통한 케어 네트워크 조성

파트너십의 국가나 인종을 초월한 범세계적인 관계 속에서 네트워킹 그룹들이 형성되어야 기능을 원활히 수행할 수 있다고 판단된다. 예를 들면 선교사들의 위기를 신속하게 세계에 알리는 '오픈 도어'(Open Door) 프로그램은 선교사의 위기를 국적을 초월하여 대처하는 파트너십이라고 해야 할 것 같다.

3) 자원 케어 네트워크

멤버 케어 제공자들은 관계를 맺고 함께 동역하며, 행사와 개발에 관한 정보를 갱신할 수 있다. 또한 멤버 케어 사역 안에서 얻어진 통합된 정보를 공유할 수 있다. 그들은 단순한 서비스 제공이 아닌 필요 영역에 중요한 자원들을 서로 연계하기 위해서 능동적으로 '네트를 짜는'(knitting a net) 일에 참여한다. 협력과 밀접한 사역 관계는 멤버 케어 사역자와 사역 단체, 파송 단체, 지역 연합체들 사이에서 요구된다. 회의와 협동 프로그램을 통한 여러 지역의 멤버 케어 사역자들 사이에서 이루어지는 상호 교류는 특히 중요하다.

6. 멤버 케어를 위한 제안들

한국 선교사의 숫자는 벌써 2만 2천 명을 넘고 있다. 이러한 양적 증가는 멤버 케어 제공자에 대한 요구가 증대되고 있다고 보아야 한다. 특히 오지와 정치적 혹은 종교적으로 민감한 지역에서 사역하고 있는 개인 선교사나 팀사역자들에게는 특히 케어가 절실히 필요하다. 멤버 케어를 잘 이루기 위해 몇 가지 제안을 하고자 한다.

1) 후속 훈련

선교사들은 종종 너무나 바쁜 나머지 개인적 평가의 시간들을 갖지 못한다. 또한 그렇게 할 재정적 여유가 없거나 혹은 파송 교회나 기관에서 이를 필요로 느끼지 못할 경우가 많다. 어떤 선교사는 파송 후 10년이 지났어도 안식년의 시간을 갖지 못했다고 한다. 이럴 경우 대부분의 선교사와 가족들은 탈진 상태에서 생활하게 된다. 사실 타문화권에서 휴식을 갖지 못하면 정신적으로나 육체적으로 참으로 힘이 든다. 이들을 위해 교육을 통한 후속 훈련을 시켜야 할 필요가 있다.

멤버 케어 제공자들은 선교사 가족이 더 나은 사역을 위해서 준비하는 과정의 훈련과 함께 다양한 것들을 제공해야 한다. 이는 선교사 가족들이 선교지를 잠시 떠나 재충전의 교육을 위한 훈련비, 체류비, 여행 경비 등을 말한다. 멤버 케어 제공자들은 정규적인 선교사의 재교육 시스템 도입을 통해서 선교사들의 사역이 극대화될 수 있음을 계산하여야 한다. 마치 기업들이 생산성 향상을 위해서 사원들을 훈련시키는 일에 비교해 볼 수 있다. 그러나 불행하게도 파송 기관이나 파송 교회에서는 이와 같은 재생산의 기회를 활용하지 못하고 있음이 안타깝다.

2) 지속적인 케어 활동

일회성으로 끝나는 케어는 그 효과가 최소화될 수밖에 없다. 그러나 아래와 같이 두 가지가 지속적으로 진행되었을 때에는 사역 가운데 나타난 문제점들을 개선할 수 있어서 많은 부분에서 긍정적으로 나타난다.

첫째는 선교지 방문을 권장해야 한다. 파송 기관이나 교회에서는 파송된 선교사를 방치하는 경우가 많다. 실제적으로 어느 선교사는 파송된 지 4년이 넘도록 누구도 찾아오지 않아서 생긴 외로움을 토로하기도 하였다.

둘째, CD나 DVD, 그리고 격려 편지나 생일 카드 같은 매체를 정기적으로 보내야 한다. 이러한 매체들로 선교사를 격려하는 것도 중요한 케어다. 선교지는 영적으로 메말라 있는 경우가 많다. 따라서 파송 교회의 설교 메시지나 한국의 문화적 시류가 담긴 매체들을 보내는 것이 소외된 마음들을 위로하는 케어가 될 수 있다.

3) 선교 케어 그룹의 파트너십의 극대화

선교 케어 그룹들은 정기적인 기도 시간을 가질 필요가 있다. 기도회를 통해서 일선 선교지에서 선교사가 영적전쟁에서 승리할 수 있도록 중보하는 것은 매우 중요하다. 이는 일선 선교사뿐 아니라 파송 기관이나 교회 멤버의 선교 참여 동기를 높일 수 있는 중요한 기회이다. 또한 선교 케어 그룹들 간에는 전략적 협의체를 구성하여 활동하는 것도 좋다. 파트너십은 국내를 넘어서 국제간으로 확대될 때에 하나님의 선교가 혼자 하는 것이 아닌 하나님의 백성 모두가 하고 있음을 알게 되는 중요한 계기가 될 것이다.

지금까지 선교의 멤버 케어의 의미를 살펴보았다. 멤버 케어는 다양한 분야의 전문가들이 하나의 목표인 선교를 위해서 상호작용을 해야 함을 기술하였다. 파송된 선교사는 본인 스스로 케어를 다하고, 파송자 그룹과 전문가 그룹은 멤버 케어를 활용하여 하나님의 선교를 극대화시키는 중요한 전략이 나올 수 있기를 기대해 본다.

Chapter **10**

구심력의
초청 선교*

'구심력의 초청 선교'란 해외의 선교 대상자들을 한국에 초청하여 우리의 신앙을 보여주면서 자연스럽게 복음에 접하게 하는 것을 말한다. 그동안 우리는 선교를 해외에 나가는 것으로만 생각하였다. 그러나 구심력의 선교는 구약성경에서 말하는 핵심적인 선교 사상임을 알아야 한다. 하나님은 이스라엘 백성을 선택하셨다. 그리고 그들을 통하여 열방이 축복을 받는 통로가 될 것임을 약속하셨다. 따라서 열방이 예루살렘으로 모여들면서 하나님을 경외하게 만드셨다. 오늘날 한국은 세계가 주목하는 나라가 되었다. 이는 단순히 경제적인 요소들이나, 한류의 열풍만이 아니라 영적 제사장 나라로서의 위치를 공고히 하고 있다. 즉, 한국을 통하여 신앙의 동역을 삼고자 하는 일들이 많이 일어나고 있다. 이러한 일들을 선교 전략으로 하여 살펴보고자 한다.

＊ 이 글은 월간 「교회와 성장」 2013년 4월호 101-106페이지에 기고된 글이다.

1. 구심력 선교의 성경적 배경

구심력 선교는 하나님께서 자신의 백성을 선택하셔서 그들을 선교적 존재들로 만드는 데에서 찾을 수 있다. 따라서 아브라함(창 12장)과 이스라엘 민족(신 7:6-8)을 선택하심은 중요한 의미를 갖는다. 사실 선택은 하나님의 은총이다. 이스라엘의 선택은 백성들이 특별한 방법으로 하나님을 섬기고 그의 영광과 주님 되심을 세상에 나타내시기를 원하실 뿐만 아니라 세상의 만민들로부터 구별하여 내시기 위함이었다.

하나님께서 이스라엘을 선택하심은 편애를 의미하는 것이 아니다. 선택은 사적인 즐거움을 위한 것이 아니라 직무를 감당케 하기 위함이다. 하나님을 알고 하나님이 아신 바 된 특전은 오직 열방 가운데에서 그를 영화롭게 하는 것뿐이다. 결국 선택은 특권이 아니라 책임이 우선시 된다. 이러한 책임은 봉사를 통해서 이방 민족들이 구원을 얻게 만드는 것이다. 엄밀하게 말하면 구원과 복의 통로로서의 이스라엘의 역할이다. 하나님은 아브라함에게 "네 자손을 하늘의 별과 같이 번성하게 하며 이 모든 땅을 네 자손에게 주리니 네 자손으로 말미암아 천하 만민이 복을 받으리라"(창 26:4)고 약속하셨다.

하나님은 자신의 백성에게 복을 주어 열방으로 하여금 구심력적 사고를 갖게 하셨다. 이는 하나님의 축복이 자신의 백성인 이스라엘 속에 있음을 열방으로 하여금 알게 하여 모여들게 만드는 작업이다. 대표적으로 솔로몬의 지혜를 통한 구심력의 예를 들 수 있다.

하나님은 자신의 백성인 솔로몬에게 놀라운 지혜를 주셨다. 소문을 듣고 스바 여왕이 솔로몬을 찾고 지혜를 얻음을 볼 수 있다(왕상 10장). 솔로몬을 만난 스바 여왕은 "복 되도다 당신의 사람들이여 복 되도다 당신의 이 신하들이여 항상 당신 앞에 서서 당신의 지혜를 들음이로다 당신의 하나님

여호와를 송축할지로다 여호와께서 당신을 기뻐하사 이스라엘 왕위에 올리셨고 여호와께서 영원히 이스라엘을 사랑하심으로 당신을 세워 왕으로 삼아 정의와 공의를 행하게 하셨도다 하고"(왕상 10:8-9)라고 고백하고 있다. 스바 여왕의 고백처럼 열방이 하나님의 백성인 이스라엘을 보고 여호와의 전능성과 전지성을 깨닫게 하였다. 여기에서 우리는 구심력의 선교의 의미를 알 수 있다.

2. 구심력 선교의 의무

하나님은 구심력 선교를 위해서 이스라엘을 자신의 백성으로 만민들 가운데에서 선택하셨다. 하나님의 선택은 적어도 세 가지 면에서 자신의 백성인 이스라엘에게 선교적인 명령을 주셨다. 첫째는 하나님의 말씀을 수령하여 보존해야 할 책임을 주셨다. 하나님의 말씀은 선지자들을 통해서 그의 백성에게 주었다. 이 말씀은 보존되어야 한다. 바울은 말씀의 보존에 대한 조상들의 노력에 대해서 "옛적에 선지자들을 통하여 여러 부분과 여러 모양으로 우리 조상에게 말씀하신 하나님"(히 1:1)이라고 말하고 있다. 필자는 이스라엘을 방문하여 예루살렘 성을 둘러볼 때에 어린 소년이 성경을 외우는 모습을 볼 수 있었다. 오늘날도 그들은 여호와 하나님의 말씀을 철저히 외우고 묵상하는 모습을 보게 된다. 하나님의 축복과 선택은 오늘날 우리 한국 땅에도 임하였음을 누구도 부인할 수 없다. 따라서 어떠한 어려움이 있어도 하나님의 말씀을 살아있는 말씀이 되도록 철저히 보존해야 할 책임이 있음을 직시해야 하겠다.

둘째는 이스라엘은 인류의 구원자가 자신의 민족을 통해서 초림하실 것을 약속받았다. 창세기 49장 10절에 의하면 "... 통치자의 지팡이가 그 발

사이에서 떠나지 아니하기를 실로가 오시기까지 이르리니 그에게 모든 백성이 복종하리로다"라고 기록되어 있으며, 마태복음 1장에 보면 예수님의 족보가 자세히 기록되어 말씀이 성취된 것을 알 수 있다. 인류의 구원자이신 예수님은 선교의 중심이 된다. 비록 이스라엘 백성의 옷을 입고 오셨지만 예수님은 만민의 구원자이시다. 이는 우리 선교의 중심 주제도 바로 예수님이어야 함을 가르쳐 주고 있다.

셋째는 이스라엘은 열국 중에서 종(사 44:1-2)과 증인으로서의 사명을 부여받았다. 이사야는 "나 여호와가 말하노라 너희는 나의 증인, 나의 종으로 택함을 입었나니 이는 너희가 나를 알고 믿으며 내가 그 인줄 깨닫게 하려 함이라"(사 43:10)고 말했다. 이스라엘은 열방을 섬기며 하나님의 현존을 증언해야 한다.

이상에서 살펴본 바와 같이 하나님께서 이스라엘을 자신의 백성으로 만드신 것은 그들이 특별한 민족이기 때문이 아니라 자신의 인류 구원을 위한 복음의 빛을 이방 땅에 증거하는 도구로 만들기 위함임을 기술하였다.

이로 보건데 하나님은 자신의 복음증거를 위해서 만민 중에서 선택된 백성을 통해서 구원의 통로를 삼으시는 모습을 알 수 있다. 필자가 구심력의 선교를 한국교회와 연결시킨 의도는 우리 민족을 21세기에 부르셔서 선교의 도구로 쓸 수 있다는 것을 언급하기 위해서다.

3. 구심력의 한국교회

한국교회는 세계의 중심 교회가 되었다. 세계의 기독교 언론 매체와 채널들이 한국교회의 성장을 경이롭게 방영하는 모습을 많이 본다. 이는 우리 민족에게는 다시없는 축복의 기간임을 기쁘게 생각한다. 마치 베드로 사도가 기록한 "그러나 너희는 택하신 족속이요 왕 같은 제사장들이요 거룩한 나라요 그의 소유된 백성이니 이는 너희를 어두운 데서 불러내어 그의 기이한 빛에 들어가게 하신 이의 아름다운 덕을 선포하게 하려 하심이라"(벧전 2:9)는 말씀이 우리 민족 속에 이루어진 듯한 마음이다.

한국교회는 성장의 축복만큼이나 세계선교에 열심을 다하고 있다. 이러한 노력의 일환으로 그동안 많은 선교대회를 유치하여 하나님 나라의 동역자들을 격려하였다. 또한 각종 선교대회를 통해서 한국 기독교의 위상을 세계에 알리면서 동역하였다. 필자의 경험에 의한 특별한 대회는 '95 세계선교대회'(Global Consultation on World Evangelization, GCOWE)였다. 이 대회는 공식적으로 '기독교 21세기 운동본부'가 주최하였다. 세계의 217개국 4,700여 명의 대표와 한국 대학생 7만여 명 등 10만여 명이 등록한 가운데 "A. D. 2000년까지 지역마다 교회를 사람마다 복음을"이라는 주제로 서울에서 1995년 5월 17일부터 26일까지 횃불선교센터, 충현교회, 그리고 사랑의교회에서 동시에 열렸다. 5월 20일(토)에는 잠실 올림픽경기장으로 모여 '세계는 서울로, 서울은 세계로'라는 주제로 예수 한국과 북한, 그리고 세계를 위한 기도로 힘찬 발걸음을 시작하였다.

이 대회의 준비위원장이었던 김준곤 목사는 아프리카 국가에서 참여한 목사들의 경비를 지원하기 위해서 열심히 모금 운동을 하였다. 이러한 노력은 결국 훌륭하게 대회를 마무리하여 한국 기독교의 위상을 높이는 계기로 만들었다.

'95 세계선교대회 이후에 2007년 10월 15일부터 19일까지는 '세계여성리더선교대회'(WOGA Korea 2007)가 개최되었다. WOGA(Women of Global Action)는 서아프리카에서 동아시아까지의 국가 중에서 70여 개국의 기독 여성 리더자들 1,240여 명을 무료로 초청하였다. 이 대회를 통해서 한국교회는 기독 여성들의 창조적 리더십을 개발하고 자국에 복음을 적극적으로 증거하도록 독려하였다. 사실 이 지역은 세계에서 가장 복음화가 저조한 나라로 분류되었으며, 가난과 질병이 가시지 않을 뿐만이 아니라 여성의 인권도 취약한 지역이었다. 특히 종교적으로는 이슬람 국가들이 대부분이어서 구심력적 초청 집회는 의미를 더했다고 평가할 수 있다. 자료에 의하면 '세계여성리더선교대회'를 위해서 항공료만 11억 원이 집행되는 큰 재정을 위원장인 이형자 권사 및 500여 교회의 성도들의 기도와 자발적인 재정 헌납을 통하여 이루어졌다고 한다. 그들은 '아름다운 저금통' 캠페인을 통해서 50%의 재정을 충당하였다고 한다. 한국의 기독교 수용 100년을 통해 교회의 급속한 성장과 함께 이제는 미전도 종족의 여성 지도자들을 초청하여 선교의 꽃을 피우게 된 것은 구심력의 선교가 갖는 중요한 사례라고 볼 수 있다.

한창 논란이 되었던 '세계교회협의회'(World Council of Churches)의 제10차 부산총회도 구심력의 입장에서 다루어 보고자 한다. 1910년 에딘버러 세계선교대회 이후로 교회의 선교적 역할에 대해서 많은 노력을 기울였다. 이러한 노력들은 신학의 포괄적 사고들을 불러오면서 예수의 유일성과 구원론에 심각한 문제들을 불러오기도 하였다. 이러한 논쟁 속에서도 2013년 10월 부산에서 개최되었던 세계교회협의회(WCC) 제10차 총회에서는 한반도 문제와 생태 및 경제 정의의 문제 등이 집중적으로 다루어졌다. '에큐메니컬 대화'(Ecumenical Conversations) 문서에 따르면 부산총회에서 에이즈, 아동인권, 교회 일치 등 전 세계 교회가 사회 현장에서 직면한 21개 주제를 논의하였고, 이를 향후 8년간 '세계교회협의회'(WCC)의 정책에 반영하기로 하였다.

이번 부산 총회를 계기로 한국의 구심력 선교가 극대화될 수 있을 것이다. 세계의 교회 지도자들이 한국교회가 갖고 있는 순기능적인 요소인 신앙의 열심과 뜨거운 기도, 그리고 순수 복음과 세계선교를 향한 헌신된 정신을 배우는 계기가 되었다고 평가된다. 결국 이러한 경험을 통해서 세계 선교의 현장에 한국교회의 발자취를 새롭게 새길 수 있을 것이다.

4. 한국교회의 구심력적 선교 전략

앞서 한국교회의 구심력 초청 선교는 열성적인 선교 후원자들의 기도와 재정 후원에 힘입어 적극적으로 전개되었음을 기술하였다. 다음에는 몇 가지 사례를 통해서 구심력적 초청 선교의 사례를 살펴보고자 한다. 구심력의 초청 선교를 언급함에 있어서 필자의 주변에 일어나고 있는 적은 부분들을 다룰 것이다. 따라서 한국교회 전체를 대변한다고는 말할 수 없다.

1) 아세아 청소년 리더 선교대회

한세대학교에서는 연례적으로 아세아 청소년 리더들을 초청하여 선교대회를 가진다. 홍콩과 대만 등에서 온 중화권의 젊은 학생들 140여 명과 한국의 젊은 지도자들 160여 명 등으로 구성된 참석자들은 2013년 2월 20일부터 23일까지 3박 4일 동안 참으로 귀한 시간을 가졌다. 대회를 마치고 설문을 통해서 조사한 바로는 2014년에도 한국을 찾겠다고 응답한 경우가 2/3가 되었다. 이와 같은 통계는 한국교회가 갖는 영적 의미와 함께 구심력 선교의 현장이 되고 있음을 알 수 있다. '아세아 청소년 리더 선교대회'는 2014년에는 300여 명이 참석하였고, 2015년에는 적어도 500여 명 이상이 참여할 수 있도록 준비위원회에서 계획하고 있다.

2) 유학생 선교

한국을 찾는 유학생 수는 날이 갈수록 증가하고 있다. 2012년 통계에 의하면 가까운 중국으로부터 온 7만여 명을 포함하여 세계 각국에서 온 유학생의 유입은 대략 8만여 명에 이르고 있다. 이들 유학생들이 한국을 찾는 이유는 한류 열풍과 함께 높아진 한국의 기술력을 배우고자 함이다. 특이한 것은 이들 유학생들 가운데 한국에서 신학을 배울 결심으로 온 학생들이 많다는 것이다.

유학생 선교는 21세기의 중요한 선교 패러다임의 한 분야라고 생각한다. 특히 이슬람권에서 유학을 온 학생들에게는 너무나 좋은 복음선포의 기회이다. 아무리 훌륭한 선교사라고 할지라도 이슬람 지역에서 자유롭게 복음을 증거하기란 쉬운 일이 아니다. 몇 년 전 아프가니스탄에서 단기 선교 중에 피랍된 선교팀에서 볼 수 있듯이 환경적으로 너무 힘든 지역이 이슬람 종교 지역이다. 그러나 우리나라에서는 자유롭게 종교에 대해서 이야기할 수 있고, 그리스도의 제자화를 달성할 수 있다.

필자가 근무하는 한세대학교에도 많은 외국인 학생들이 신학 공부를 위해 한국에 와 있다. 이들을 가르칠 때마다 하나님의 축복이 우리 땅에 있음을 실감하면서 구심력의 선교적 의미를 더욱 깊이 생각하게 된다. 최근에는 '유학생 선교회'가 발족하여 학생들의 건강을 위해서 의사들이 재능 기부를 하는 것을 보았다. 참으로 놀라운 구심력의 선교적 전략이 아닐 수 없다.

3) 산업 선교

한국의 기술력은 세계적으로도 인정받고 있으며 이 기술력이 바탕이 된 뛰어난 제품들이 많다. 특히 삼성이나 현대가 갖는 브랜드는 세계 속의 일류 기업으로서 성장했음을 누구도 부인할 수 없다. 이러한 기술력의 발전은 자연히 구심력의 노동력을 끌어당기게 된다. 세계의 젊은이들이 기술력의 습득과 실습을 위해서 한국 땅을 찾게 된다.

기술력의 발전이 인구와 자본의 구심력을 이루는 것은 당연한 이치이다.

영국의 산업화와 경제력의 축적, 그리고 선교사의 파송은 하나님이 쓰신 방법이었다. 이러한 의미에서 구심력의 한국 현상은 참으로 선교를 위한 중요한 계기를 마련할 수 있다.

이들 첨단산업뿐 아니라 직업을 찾아 한국 땅에 오는 경우가 많다. 이러한 인력들이 선교의 대상이 됨을 우리는 알아야 하겠다. 외국인 노동자들을 위한 학교 건립과 병원 무료 진료, 그리고 상담소 운영 같은 일들이 중요한 선교 전략임을 읽을 수 있다.

4) 방한성회

방한성회란 세계 중화권 5,000여 명의 사람들이 매년 여름휴가를 이용하여 오산리최자실기념금식기도원을 방문하여 기도와 말씀을 통해서 신앙을 증진시키는 프로그램이다. 1986년부터 시작된 방한성회는 한국교회의 기도의 영성을 배우고, 교회성장의 비결을 전수받기 위해 참여하고 있다. 참가자들은 자신이 거주하는 국가에 돌아가더라도 네트워크를 통해서 상호 연결될 뿐만 아니라 한국교회의 성장이 갖는 순기능적 요소들을 자신의 목회와 선교사역에 접목시키고 있다.

방한성회의 특이점은 금식기도가 중심이라는 점이다. 금식기도는 주님이 우리에게 가르쳐준 기도이지만 현대인들에게는 생소한 신앙의 실천이다. 참가자들이 성회가 진행되는 며칠 동안 금식하면서 하나님을 만나고 영적 충전을 통해서 신앙의 체계를 다듬는다는 것은 놀라운 경험이라고 간증하고 있다. 이 성회의 진행을 주도하는 한 관계자는 방한성회에 참석한 대부분의 사람들은 한국 및 한국교회가 갖고 있는 기도 방법과 교회성장의 방법들을 자국에서 실제화한다고 말했다. 이는 구심력의 한국 선교가 세계의 영적 현장에 참으로 많은 기여를 하고 있음을 실증하는 계기가 된다고 본다.

여기까지 구심력의 선교가 성경에 어떻게 나타나고 있는가를 설명하였다. 구심력의 선교는 하나님의 선택된 백성인 이스라엘을 열방의 빛으로 삼아서 구원의 방법을 마련하신 것이다. 그래서 열방은 솔로몬이 가진 지혜를 배우기 위해서 달려온 스바 여왕처럼, 구심력을 통해서 이스라엘이 소유한 신앙을 자신의 것으로 만들어야 했었다.

21세기 한국교회는 이미 세계적인 교회가 되었다. 이는 한국교회가 갖고 있는 영적 위치와 재정, 그리고 리더십을 통해서 알 수 있다. 최근의 한류 열풍과 함께 세계로부터 많은 인력들이 모여들고 있다. 뿐만 아니라 교회와 개인의 영적 부흥을 위해서도 많은 크리스천들이 한국을 찾고 있다. 이러한 현상은 주님이 우리에게 주신 크나큰 선교의 기회이다. 이러한 호기를 절대 놓치지 않는 선교 전략이 있어야 하겠다.

결론적으로 구심력의 초청 선교에 대한 제언을 하고자 한다. 첫째, 한국교회가 축적된 힘을 과시하거나 보여주기 위한 선교를 하지 말아야 할 것이다. 특히 지나친 경쟁심으로 인해서 소중한 자원이 낭비되지 않는 지혜가 필요하다고 본다. 둘째, 초청하는 선교대회나 교육 프로그램을 단회적인 일로 그쳐서는 안된다. 차분하고 꾸준한 자세를 유지하면서 지속적인 계획을 추진할 때에 국제간의 신뢰를 통해서 아름다운 소문이 나고 더불어 기존의 방문자들이 한국을 다시 찾아오는 계기를 마련하게 될 것이다. 셋째, 구심력적 초청 선교를 통해서 파트너십 선교를 구축해야 하겠다. 세계는 타종교를 가진 땅들이 수없이 많다. 이들 지역에 골고루 복음이 확산되기 위해서는 국제간의 파트너십이 절대적으로 필요하다.

PART 2

교회의
선교 동력화
전략

Mission in Strategies

Chapter 11

교회의 선교 동력인
단기 선교*

해외 선교에 관심을 불러일으키는 효과적 프로그램 가운데 하나로 단기 선교를 꼽을 수 있다. 단기 선교를 통해서 선교적인 마인드를 가질 때 교회 부흥의 동력화를 얻을 수 있을 뿐 아니라, 교회 내의 잡다한 문제들 속에서 탈출할 수 있는 또 하나의 계기를 마련할 수도 있기 때문이다.

1. 단기 선교의 역사적 의미와 역할

개신교의 선교역사와 함께 시작된 모라비안 선교단의 선교 효과에서 볼 수 있듯이, 지금까지 평신도 선교사의 역할은 참으로 지대하였다. 영국에 있어서는 1877년에 캠브리지 기독대학생연합(Cambridge Inter-Colegiate Christian Union)의 탄생이 후일 캠브리지 7인의 선교사 탄생으로 이어졌

---

*이 글은 월간 『교회와 성장』 2010년 11월호 102-108페이지에 기고된 글이다.

고, 1806년 미국에서 4명의 학생으로 시작된 작은 모임인 "건초더미 그룹"(Haystack Group)은 1886년 헐몬 수양관의 선교 헌신 서약으로 이어졌다. 이 운동의 주역은 부흥사 무디와 로버트 윌터(Robert Wilder), 그리고 존 모트(John R. Mott)라고 볼 수 있다. 특히 모트는 기독학생 수련회(Christian Student Conference)에 참석한 후 삶의 방향을 바꾸어 전적으로 선교 지도자로 헌신하게 되었다. 우리가 흔히 말하는 '헐몬산의 100인'(Mount Hermon Hundred)은 당시 미국 전역에서 100개 대학, 250여 명의 학생들이 프린스턴 서약(Princeton Pledge)에 서명하면서 불이 붙은 것이다. 이 서약의 골자는 "하나님께서 원하시면 세계의 어느 곳이든 선교사로 가겠다."라는 것이다. 프린스턴 서약서는 훗날 학생자원운동(Student Volunteer Movement)로 발전하였다. 이 운동은 미국과 영국, 그리고 유럽 등지의 학생들로 하여금 자원하여 세계의 모든 지역에 봉사자로서 나가게 만들었는데, 50여 년 동안 20,500여 명이 해외에 나가서 단기 사역을 감당하게 되었다.

21세기에 접어들면서 선교의 패러다임이 바뀌어 가고 있다. 그동안 서구를 중심으로 이뤄졌던 선교사 파송은 제3세계로 확대되었고, 장기 선교에서 단기 선교로 방향이 선회하고 있다. 또한 목회자 선교사에서 평신도 전문 직업인 선교사로 그 경향이 변화되고 있다. 현재 개신교 전체 선교사 중 1/4 가량은 평신도 선교사이며, 단기 선교사가 1/4로 추정된다.

2. 한국교회의 단기 선교 운동

한국교회의 단기 선교 운동은 한국대학생선교회(KCCC)의 '새생명 2000 마닐라 대회'가 기폭제가 되었다고 본다. 이 대회는 국제대학생선교회(International Campus Crusade for Christ)에서 주관하였다. 이 단체의 사역 특징은 전도(win man), 육성(build man), 파송(send man)이며 이 사역을 뒷받침하고 있는 것은 훈련(train)이다. 훈련은 전문 사역자 양성의 지상명령을 수행할 사명자 훈련(Great Commission Training)과 타문화권 선교를 위한 아가페 훈련(Agape International Training), 그리고 대중전도 프로그램인 Here's Life Training이 있다.

새생명 2000 마닐라 대회는 1990년 4월부터 10월까지 세계 각국의 대학생들이 단기 선교에 참가하여 필리핀 마닐라를 복음화시키자는 선교 전략이었다. 마닐라 인구를 총 800만 명으로 잡고, 100만 명을 한 구획으로 나누어(MPTA: Million Poplation Target Area), 각 지역을 집중적으로 전도해 교회와 연결시키는 사역이다. 각국에서 도착한 학생들을 보름에서 한 달씩 각 가정을 방문하며 전도하였다.

한국에서는 3,000여 명의 대학생들이 15일에서 30일간의 단기 사역을 통해서 그리스도를 증거하였다. 필자는 이 프로젝트의 핵심 사무실에서 대회를 진행했던 경험이 있다. 당시 선교팀은 대학생을 비롯한 일반 목회자, 그리고 청년들로 구성되었다. 이들은 자신들이 할 수 있는 사역을 효과적으로 진행하였다. 사영리(Four Spiritual Laws)를 사용하여 개인 전도를 하였고, 필리핀의 국기나 다름없는 스포츠인 농구 대항전을 통하거나, 예수 영화를 통하거나, 선교 무용, 태권도 시범, 그리고 의료 활동 등을 통해서 복음을 증거하였다.

참고로 한국팀의 개인 접촉에 의한 전도 인원은 24,382명이었고, 결신자는 16,433명으로 예수님을 영접한 비율은 67.8%로 나타났다. 낙심하였다가 재결신을 하게 된 사람도 530명이었으며, 2,576명은 전도 후 지속적인 육성 모임에 참가했다. 한편 그룹 전도를 통해서 전도된 총수는 607회의 각종 만남을 통하여 132,232명이 참가하였고, 이를 통해서 얻어진 결신자는 36,806명이었다. 의료진에 의한 사역의 결과는 5,113명이 25회에 걸쳐서 진행된 진료를 받았다.

한국대학생선교회의 단기 선교 프로젝트는 다른 선교 단체들을 움직이는 하나의 계기가 되었다. 이후 YWAM 등의 선교 단체나, 실크로드를 따라서 예루살렘 회복을 기원하는 '예루살렘을 향한 대장정'(Back to Jerusalem) 같은 단기 선교팀이 유행처럼 번지기도 하였다. 이러한 단기 선교 운동은 이슬람과의 갈등과 아프가니스탄의 내전, 그리고 이라크의 전쟁으로 인하여 사회적 이슈를 불러오기도 하였다. 지울 수 없는 아픔은 2007년 아프가니스탄에서 발생한 피랍으로 인하여 단기 선교 목적의 의료봉사단 중에서 두 명의 남성이 피살되었던 것이었다.

그러나 이러한 사건들이 단기 선교를 막을 수는 없었다. 오히려 무슬림 땅을 비롯해, 광활한 대지의 중국과 몽골, 그리고 동남아시아를 향한 발걸음이 더욱 증대되는 것을 볼 수 있다.

3. 단기 선교의 유용성

"선교는 지리적 정치적 문화적 경계를 넘어서 하나님을 알지 못하는 사람들에게 복음을 증거하여 주님의 제자를 만드는 것이다."라고 정의할 때에, 단기 선교는 하나님의 선교를 성취하는 데에 대단히 중요한 역할을 한다고 생각한다. 필자는 다음의 몇 가지 단기 선교가 갖는 유용성에 대해서 논증해 보고자 한다.

첫째, 선교를 위한 동기부여를 위해서 필요하다. 선교사의 사역을 크게 단계별로 나누어 보면 선교에의 동기, 훈련, 파송, 사역에의 관리, 그리고 사역 이후의 대책으로 나누어 볼 수 있다. 이들 중에서 가장 먼저 선행되어야 할 부분이 선교에의 도전이다. 즉, 선교의 동기 유발이 어떻게 형성되느냐가 중요한 것이다. 선교학자 베르카일(J. Verkuyl)은 선교의 순수한 동기를 순종의 동기, 사랑과 자비의 동기, 열광의 동기, 종말론적인 동기, 화급을 다투는 동기, 개인적인 유익을 갖는 동기로 구분하였다. 단기 선교를 통해서 우리는 세계의 모든 지역에서 하나님의 자비와 사랑을 원하고 있다는 사실을 알게 되며, 힘없이 주저앉아서 도움을 구하는 손길들을 보면서 연민의 정을 품게 될 것이다. 결국 세계선교를 감당하기 위해서는 이와 같은 순수한 동기를 갖는 기회를 가져야 하겠다.

둘째, 자신의 사역 비전을 새롭게 하는 것이다. "비전이 없는 민족은 망한다."라는 말이 있다. 단기 선교는 하나님의 소명을 더욱 공고히 하게 만들어 가도록 돕는다.

초대교회의 위대한 선교사인 바울은 하나님께로부터 분명한 소명을 받았다. 바울은 "가라 이 사람은 내 이름을 위하여 이방인과 임금들과 이스라엘 자손들 앞에 전하기 위하여 택한 나의 그릇이라"(행 9:15)는 부름을 받았음을 고백하였다. 그 후 오랜 기간을 통해서 선교의 길을 준비하였다. 마침내 바나바의 동역 제의를 받아드리고 안디옥교회에서 사역하고 있는 동안, 성령님에 의해서 파송을 받게 된다. 그리고 세 차례의 선교여행과 로마에 잡혀가 순교를 하기까지 그의 소명은 흔들림이 없었다.

단기 선교는 자신이 해외 사역을 감당하는 계기를 만들게 하거나, 아니면 국내 사역을 통해 해외 파송 선교사를 돕는 선교 파트너로서의 사역을 하게 함으로써 비전을 새롭게 하는 계기가 된다.

셋째, 지구촌 시대에 국제화 감각을 익히는 기회를 제공한다. 지구촌이란 '세계의 모든 지역이 하나의 촌락과 같다.' 라는 뜻이다. 이제는 오대양 육대주의 개념이 멀리 느껴지지 않을 만큼 우리 가까이에 있다. 이러한 지구촌에 대한 실재는 경험을 통해서 얻어지는 것이다.

즉, TV 화면들을 통해서 접하던 지구촌의 문제들을 단기 선교를 통해서 실감하게 되는 계기를 마련할 수 있다는 것이다. 한국인들에게 따라다니는 꼬리표는 '우물 안 개구리'라는 것이다. 이는 우리가 지구촌 시대에 대비해서 준비되어 있지 못한 것에서 기인한 것이라고 판단된다.

넷째, 타문화의 경험의 계기를 제공한다. 문화란 공동체의 인간들이 오랫동안의 생활을 통해서 체계화되어 관습으로 나타난 것이다. 따라서 공동체마다 삶의 방식이 다르다. 즉, 동양과 서양의 문화가, 한국과 방글라데시의 문화가, 중국과 필리핀의 문화가 다르다. 단기 선교를 통해서 타문화를 경험함으로써 자기와 다른 삶의 방식들이 존재한다는 것을 깨닫게 될 것이다. 타문화를 경험하는 과정에서 우리는 타문화를 대하는 자신의 문화관이 얼마나 편향되어 있는가를 깨닫게 될 것이다.

많은 그리스도인들이 항상 자민족우월주의 속에서 생각하기 쉽다. 그러나 자민족우월주의가 선교에 얼마나 많은 폐단을 가져오는가에 대해서 알아야 할 필요가 있다.

다섯째, 인류학적 통찰력을 갖게 될 것이다. 세계는 24,000여 종족으로 구성되어 있다고 인류학자들은 말한다. 심지어 같은 나라 속에서도 수없이 많은 종족들이 공존하고 있다.

그러나 깊이 생각할 부분은 인간이란 피부색과 얼굴 모양이 다를지라도 본질적인 부분에서는 모두 동일하다. 즉, 인간은 본질적으로 타락한 본성을 지닌 죄인이라는 것이다. 단기 선교를 경험하면서 인류학적인 통찰력을 통해서 인간을 바라볼 때에 선교에의 중요성을 발견하게 될 것이다.

여섯째, 선교의 어려움을 알게 된다. 선교사들에 지워진 짐은 혼자서 감당하기에는 너무 막중하다. 즉, 건강의 문제, 영적 전쟁의 문제, 가정의 문제, 자녀 교육의 문제, 현지인들과의 갈등의 문제 등이다. 특히 단기 선교를 통해 경제적인 어려움에 직면한 선교사들의 사역을 보게 될 것이다.

많은 선교사들은 후원 체계를 갖지 못하고 사역지에 파송을 받거나, 믿음으로 도전하는 선교의 길을 선택해 나간다. 즉, 신앙선교(Faith Mission)를 통해서 사역하는 선교사들에게 후원금이 원활하게 공급이 되지 않을 때에는 선교 현지에서 매우 어려운 상황에 처하게 된다. 선교지에서는 재정적인 어려움이 있을 때에 이웃의 그 누구에게도 필요한 재원을 차용할 수 없다.

따라서 단기 선교를 마치고 귀국하게 되면 자동적으로 선교사들을 위해서 기도하게 되면서 파트너십의 선교가 이루어지게 될 것이다. 우리는 선교를 너무 환상적인 관점에서만 바라보는 경향이 있었다. 그러나 단기 선교를 통해서 선교사들이 힘들고 어려운 가운데에서 사역하는 모습을 보면서 현실감을 갖게 될 것이다.

일곱째, 선교 현장을 진단하는 안목을 갖게 된다. 해외 사역의 현장이란 항상 우리와 다른 여건들을 갖고 있다. 선교 초창기에는 바울과 같은 부르심으로 인해서 사역에 열정적으로 도전한다. 가족과 주위의 반대를 무릅쓰고 선교지로 달려가지만 어려움이 겹치고, 생각만큼 사역이 이루어지지 못할 때에는 갈등하게 된다. 그리고 점점 시간이 갈수록 선교의 목표가 흔들리기 쉽다.

특히 선교지에서 어려운 일을 겪게 되면 부르심과 그 일을 성취할 것이라는 확신이 점점 사라지면서 나중에는 포기하게 되는 경향이 있다. 따라서 정확한 리서치는 자신의 진로와 선교 전략에 크나큰 도움이 된다.

여덟째, 참여자 모두가 공동체 의식을 새롭게 하게 된다. 단기 선교에 참여한 모두는 자체의 인격을 가지고 있기 때문에 관점의 주관성에 따라서 쉽게 상처를 받게 된다. 그러나 인간 개체가 자신의 집을 벗어나 사회 공동체의 일원으로 살아가기 위해서는 나 아닌 다른 사람들을 이해해야 한다. 단기 선교는 이러한 이해의 폭을 넓혀준다. 자신의 안위뿐만 아니라 타인을 위해서 시간을 내고 기도와 봉사를 할 수 있는 기회는 참으로 행복한 자화상을 만들 수 있는 기회이다.

지금까지 단기 선교의 유용성에 대해서 언급하였다. 그러나 이 글을 읽는 독자들에게 부탁할 것이 있다. 먼저는 단기 선교에서 습득한 지식만으로 선교의 경험 전부를 체득했다고는 볼 수 없다는 점이다. 단기 선교는 선교의 상황을 짧게 단편적으로나마 경험하는 시간이다. 따라서 단기 선교를 통해서 얻게 된 짧은 경험을 장기 선교사들과 동일한 일을 했다고 오해하는 것은 심히 잘못된 생각이라 할 수 있다.

4. 단기 선교를 준비하는 여섯 가지 자세

그렇다면 효과적인 단기 선교를 위해서 교회는 무엇을, 어떻게 준비해야 하는가?

첫째는 선교지를 잘 선정해야 한다. 선교지는 다양한 요소를 지니고 있다. 정치적인 상황, 문화적인 상황, 그리고 심지어 경제적인 상황을 달리하고 있다. 다양한 상황 속에서 가장 먼저 신경을 써야 할 것이 '안전'일 것이다.

장기 선교사들은 이미 그 땅에 대한 정보와 사역 준비가 되어 있지만 단기 선교 프로그램은 한시적인 시간 사용을 해야 하기 때문에 안전이 최우선 순위가 되어야 한다. 이를 위해서는 교회에서 파송된 선교사가 활동하는 지역이 좋다. 왜냐하면 이미 그 지역에 대한 다양한 정보를 가지고 있기 때문에 효과적으로 단기 사역을 진행할 수 있는 조건이 갖추어져 있기 때문이다.

둘째는 단기 선교팀의 구성이다. 교회 내적으로 단기 선교를 추진할 때에는 장로들을 비롯한 교회의 지도자들과 타문화 사역에 기도로 준비하고 있는 성도, 그리고 청년들과 유소년들을 대상자로 팀을 구성할 수 있다. 교회 전체적으로 팀 구성이 어려울 경우는 단기 선교를 원하는 교회끼리 연대하여 팀을 구성하는 것도 하나의 방법이라고 본다.

셋째는 선교지 이해와 사역 방법을 논의할 수 있는 팀 훈련이 필수적이다. 팀 훈련의 필요성은 선교지에 도착하여 서로간의 불협화음을 미리 방지하고 상대방을 이해하는 훈련을 통해서 효과적인 협력 사역이 이루어지게 만들기 위함이다. 지금 우리는 핵가족화가 급진적으로 이루어지고 있는 세대를 살고 있다. 이전 세대만 하더라도 자녀를 많이 낳았고 가족 속에서 스스로 훈련하면서 성장하였지만, 핵가족화로 인해서 이와 같은 전통적인 미덕을 잃어버렸다. 또한 시멘트로 뒤덮인 아파트 문화는 이기적인 사고 형성으로 협력 정신이 소멸되는데 한몫을 하고 있다.

팀 훈련은 개인의 영성 훈련이 포함된다. 기도와 말씀 묵상 훈련은 자신의 신앙생활의 성공적인 전략이기 때문이다. 또한 팀 훈련은 예수 그리스도를 증거하는 개인 전도 훈련, 선교 무용, 태권도 시범, 문서 전도의 전달법과 같은 사역 훈련이 포함된다. 단기 선교는 보편적인 여행이 아닌 특수한 사명을 가지고 선교지에 투입되는 특공대와 같다. 따라서 복음 전도를 위한 영적 준비가 되어있지 않으면 비행기를 탈 자격이 없다고 본다.

넷째는 행정적인 요인이다. 행정적인 요인이란 여권을 만들고, 입국하고자 하는 나라의 대사관을 통해서 비자를 받는 일이다. 여권을 만들 때에는 출국 날짜를 감안하여 충분한 시간을 갖고 팀원들을 독려하는 것이 좋다. 너무 시간이 촉박해 여권을 발급받지 못하여 출국할 수 없는 경우도 종종 보게 된다. 또한 여권을 가지고 있는 경우에라도 여권 만료일을 확인해야 한다. 보통 출국 시 여권의 유효기간이 6개월 이상 남아 있어야 한다. 또한 비자를 받는 경우도 마찬가지이다. 외국 대사관은 우리와는 다르게 자신들의 국경일을 쉬는 경우가 많다. 따라서 미리 서둘러 비자를 받고 준비를 해 두는 것이 상책이다.

다섯째는 필요 경비의 출현이다. 참여 회비는 물론 사역비, 용돈까지 확보하여 준비해 두는 지혜가 있어야 한다. 교회에서는 선교 프로젝트를 위해 바자회, 모금 활동, 선교지의 필요 물품 헌납 등을 통해서 필요한 자원들을 준비해야 한다.

여섯째는 팀 리더자에게 순종하는 자세를 가져야 한다. 팀 리더는 전체를 아우를 수 있는 리더십을 발휘하는 지혜가 필요하다. 특히 리더는 타문화권 사역을 경험하였거나, 커뮤니케이션에 지장이 없을 정도의 어학을 갖추고 팀을 진두지휘하여야 한다. 현지에 도착하여서도 유사시에 한국 대사관과 도움을 구할 때에 보호해 줄 기관에 연락을 취할 수 있는 연락처를 확보해 두어야 하겠다.

앞에서 21세기에 들어서면서 선교의 패러다임이 바뀌어 가고 있음을 언급하였다. 장기 선교사 대신에 단기 선교사 내지 비거주 선교사들이 더욱 증대되고 있다. 이러한 추세에 발맞춰 우리는 단기 선교를 계속해야 한다. 단기 선교는 선교의 이해와 경험, 그리고 봉사를 통해서 장기 선교사로 이어지는 초석을 마련하기 때문이다. 한국교회는 방학을 맞이할 때면 수많은 단기 선교 프로젝트를 실시하고 있다. 이는 선교를 위한 자원의 재생산에 크게 기여하는 사역이라고 본다.

역사적으로 볼 때에 미국의 학생 자원봉사 운동은 해외의 단기 사역을 불러와 미국 교회를 선교적인 교회로 만들어 위대한 세기를 창조하였다. 이를 통해서 급속도의 교회성장이 이룩되어졌다. 이 장을 통해 역동적인 '선교한국'을 만들기 위해서 바람직한 단기 선교의 전략에 대해서 다시 한번 생각해 보았다. 이 글이 선교를 사랑하는 한국교회의 단기 선교의 지침이 되어 교회성장을 크게 이룰 수 있기를 기대해 본다.

Chapter 12

비거주 선교*

현대 선교를 수행하는데 있어서 새로운 선교 전략 가운데 하나가 비(非) 거주 선교사역이다. 비거주 선교사는 전임 해외 선교사이지만 어느 한 지역을 담당하기보다는 사역지의 특성에 따라서 자유롭게 이동하면서 하나님의 선교를 성취하는 역할을 감당한다. 특별한 사유인 사역지의 종교적 제약으로 인해 특성상 장기간 거주할 수 없거나, 정치적으로 장기간 비자를 받을 수 없거나, 사역 환경이 너무 열악하여 도저히 거주할 형편이 되지 못할 경우에 활용되는 전략적 선교이기도 하다. 비거주 선교의 특징은 미전도 종족의 복음화에 그 사역의 우선권을 두며, 다른 선교 기관과의 중복이나 차이를 피하여 사역한다는 점이다. 특히 이들 비거주 선교사는 사역지에서 법적인 거주 금지나 감시로 인하여 사역에 큰 제약을 받기 때문에 주어진 사역지 밖에서 거주하는데 한 곳을 중심축으로 하여 거점으로 삼고서 복음화에 관심 있는 지방이나 다른 지방에서 활동한다. 때문에 이들은

---

* 이 글은 월간 『교회와 성장』 2011년 10월호 122-128페이지에 기고된 글이다.

개인 단체, 교단 또는 선교 기관과의 긴밀한 협조 아래 하나의 조직망을 구성하고 협력 사역을 구사하고 있다.

1. 비거주 선교의 필요성

비거주 선교사의 도래는 세 가지로 나뉜다. 첫째로 전통적 선교사들의 거주를 금하는 국가들이 점차 늘어나면서부터이다. 일례로 중동 지역을 여행하다 보면 기독교 선교사의 비자로는 입국 자체가 불가한 현실을 들 수 있다. 둘째는 민족국가들의 발전을 들 수 있다. 현대 선교의 아버지라고 할 수 있는 윌리엄 케리(William Carrey)의 인도 사역 때는 사역지 대부분이 서구의 식민지로 있었기 때문에 입국에는 아무런 문제가 없었을 것이다. 그러나 1950년대 이후에 민족자결주의가 팽배해지면서 자국의 국가들이 민족주의를 형성하면서 자주권을 행사하게 되었다. 통계에 의하면 1988년 45개국, 26억 명이 외부와의 관계를 단절하면서 폐쇄된 지역에 거하고 있다. 이들 국가들은 점차 개방이 되어 가는 추세지만 아직도 인도네시아, 우즈베키스탄 같은 국가들은 기독교에 대해서 개방되어 있지 않다. 오히려 이전보다 더 닫혀가는 국가가 되었다. 셋째는 정보, 전자통신, 교통 기술의 새로운 발전이다. 이 기술들은 인류의 엄청난 발전의 보고로서 선교에도 직접적인 영향을 주었으며 선교 재정의 절감에도 가장 큰 도움을 주고 있다. 즉, 선교지에 거주하는 기간을 줄여주며 선교사의 원격지도가 가능하다는 것을 보여주고 있다.

결국 비거주 선교사역자는 정착할 수 없는 한계의 환경 속에서 전략적인 측면의 선교 교두보가 될 수 있는 곳을 선정하여 선교 기지로 삼고 특정한 지역과 미전도 종족을 선택하여 복음화하기까지 선교 기지를 중심으로 총체적인 선교를 수행하는 선교사를 의미한다.

2. 비거주 선교의 역사

20세기 중반을 지나면서 미전도 종족의 복음화에 대한 관심이 높아졌다. 이를 주도한 사람이 랄프 윈터(Ralph Winter)였다. 그는 데이빗 바레트(David Barrett, 세계기독교 백과사전의 편집자)와 연관해 미전도 종족들을 심층 연구하는 중에 대부분의 미전도 종족들이 선교사가 정착해 자유롭게 활동할 수 없는 제한된 지역에 위치하거나 금지된 지역에 있는 것을 발견하였다. 데이빗 바레트는 "미전도 종족을 위한 비거주 선교는 마치 1608년에 각각 따로 연구하던 여섯 사람에 의해서 동시에 나타난 광학 망원경의 발명과도 같은 것이다. 그 당시 렌즈 연마술은 새로운 기술적 단계에 도달해 있었고 일반 대중의 천문학에 대한 관심은 높아져 있었다. 이 두 요인의 결합이 결국 필연적으로 광학 망원경의 발명을 낳았던 것이다."라고 언급하면서 그것은 시대의 요청에 의한 발명품임을 주장하였다.

미전도 종족 복음화에 대한 남침례교 해외선교부 지도자들의 반응은 열정적이었다. 이를 계기로 비거주 선교를 위한 선교 전략의 시원은 미국의 남침례교 선교부의 미전도 종족 복음화에 대한 관심에서 시작되었다. 미국 남침례교의 선교 본부는 막대한 자금을 통해서 세계선교 현장에서 활약해 온 단체이다.

이러한 남침례교회의 1986년 남침례교 해외선교부는 비거주선교분과를 신설하였고 데이빗 개리슨(David Garrison)을 책임자로 임명하였다. 이후 1989년 로잔 II 마닐라 대회에서 비거주 선교사의 개념이 소개되었다. 이어서 1990년 『비거주 선교사』라는 책을 발간하고 비거주 선교사(strategy coordinator) 훈련을 시작하였다. 특히 에릭 브리지즈는 비거주 선교 전략이 필요한 천여 개의 대도시들을 열거하며 비거주 선교 운동은 더욱 확산되었다.

3. 비거주 선교사역의 특징

비거주 선교의 특징을 살펴보면 다음과 같다. 첫째는 대상 종족의 여러 상황을 면밀히 조사 연구하여 복음화를 필요로 하는 그 지역에 관한 전문가가 된다. 이를 다른 말로 하면 연구(research) 전문가이다. 둘째는 언어 습득자이다. 대상 종족의 언어를 유창하게 구사하여야 한다. 셋째는 현지의 교회개척 운동가이다. 대상 종족의 복음화를 위한 폭넓은 복음화 전략들을 개발하고 세계의 여러 동역자들에게 지속적으로 그 종족의 복음화를 주장하여 계획된 전략들이 잘 이행되도록 한다. 넷째는 선교를 위한 현지 조사의 정보 제공자이다. 대상 종족의 복음화 진전 과정을 관찰 기록하며 필요한 지원을 얻기 위하여 선교 본부에 사역 과정을 정기적으로 보고한다. 다섯째는 정보 네트워크를 통한 세계선교 파트너십의 구축자이다. 즉, 세계복음화를 위해 데이터베이스를 구축하는 단체의 역할을 감당하는 것이다. 예를 들어 한국의 비거주 선교사 혹은 비거주 선교 단체는 AAP 정보 교환소로서 다른 단체들과 협력하여 정보를 교환하고 이를 활용한다. 여섯째는 비거주 선교사와의 협력을 도모하는 것이다. 어느 국가에 귀속되지 않고 세계선교팀의 한 일원으로서 미전도 종족들의 복음화를 위하여 헌신하는 또 다른 비거주 선교사들과 상호 긴밀한 관계를 유지한다.

비거주 선교 전략은 21세기 상황에 적절한 전략으로 보인다. 사실 비거주 선교가 성경에 나타난 초대교회의 전략과 일치하는 것인지에 대한 논쟁이 있다. 그러나 현대 기독교 선교에 있어서 많은 것들이 성경으로부터 문자적으로 파생되어 나온 것은 아니다. 컴퓨터, 비행기, 라디오와 같은 것은 성경에 없다. 구체적인 방법이나 전략을 성경에서 직접적으로 도출하지 않더라도 그 방법이나 전략이 성경적인 원리나 정신에 기반을 두고 있거나 성경에서 반대하는 것이 없을 때 적극적으로 사용할 수 있다. 이와 같은 사역의 성경적 근거는 사도 바울의 상황화 전략에서 찾아볼 수 있다.

4. 비거주 선교사역의 종류

한국교회의 선교 전략은 아직까지도 비거주 선교사에 대한 역량이 준비되어 있지 않다고 볼 수 있다. 우리의 한계에도 불구하고 몇몇 선교 전문 기관을 통해서 아래와 같은 사역들이 비거주 선교의 범주에서 활동하고 있다. 대표적으로 미전도 종족과 성경번역 선교와 같은 사역의 예를 통해서 알 수 있다.

1) 미전도 종족 복음화 사역

1974년 로잔 세계복음화 대회를 통해 당시 랄프 윈터(Ralph D. Winter) 박사에 의해서 '미전도 종족'(unreached people)이라는 용어와 함께 복음화 운동이 전개되기 시작하였다. 이후 윈터 박사는 미전도 종족의 복음화를 돕기 위한 US 센터(US Center for World Mission and William International University)를 설립하였다. 미전도 종족 복음화 운동의 주된 사역 목표는 세계선교를 위한 정보와 전략, 선교의 효율적 배분, 미전도 종족을 위한 입양 운동(adopt - a people)을 전개하고 있다. 이후 1989년 마닐라에서 있었던 로잔 세계복음화 대회에서 토머스 왕(Thomas Wang)과 루이스 부시(Luis Bush)가 중심이 되어서 'A. D. 2000 운동'을 주창하였는데, 이는 1만 2천여 미전도 종족을 복음화하자는 전략이다.

특히 이러한 미전도 종족 복음화 운동은 '10/40 창'(10/40 window)운동과 맞물리면서 이제는 세계적인 선교 전략의 이슈가 되었다. 현재 한국 선교사가 2만 명을 상회하여 파송되어 있다고 하지만 대부분의 경우가 이미 복음이 들어가 있거나, 심지어 미국에까지 선교사란 이름으로 파송된 실정임을 볼 때에 미전도 종족을 위한 선교 전략은 매우 중요하다.

최근 한국 선교사들에게 보여지는 선교는 미전도 종족에게 가서 그들의 언어로 성경을 번역해 주고 말씀을 가르치며 교회를 세워 나가는 것이다. 위험을 무릅쓰고 북한 지역에까지 들어가서 복음을 증거하는 선교사들의 용기는 존경심을 자아낸다. 아직 한 번도 복음을 접하지 못한 종족이 세계에 아직도 1만 2천여 종족이나 있다. 우리의 선교 단위는 이제 국가가 아니라 종족임을 알아둘 필요가 있다.

필자는 필리핀 사역을 하는 동안에 미전도 종족 사역을 위해서 열심히 노력하는 선교사들을 만난 적이 있다. 사역지가 열악하기 때문에 며칠간 외부로 나올 수밖에 없는 경우를 많이 보았다. 예를 들면 가족들은 마닐라와 같은 대도시에서 생활하게 하고 선교사는 미전도 지역을 순회하면서 현지 교회들을 지도하는 형식이다. 비록 현지에서 생활을 하는 것은 아니지만 선교지 교회들은 매우 활기차게 성장해 가는 모습을 보면서 의미 있는 사역이라고 판단한 적이 있었다.

2) 성경번역 사역

성경번역 선교사들은 같은 곳에 지속적으로 거주할 수 없는 특성을 지니고 있다. 왜냐하면 대부분의 사역지에는 언어는 있지만 글자가 없는 곳이 많기 때문이다. 그래서 성경번역을 위해서는 현지 주민들과 생활을 같이 하면서 커뮤니케이션을 통해 언어를 습득하고, 습득한 언어를 기호화하여 글자를 만들고, 만들어진 글자를 통해서 성경을 번역하는 과정이 필요하다. 이러한 순환 구조는 반드시 필요하기에 성경번역은 결코 쉽지 않은 과정이기도 하다.

성경번역 선교사들은 현지 주민들이 생활하는 곳에 오랫동안 머물 수 없다. 풍토병을 포함한 질병과 종교적 갈등에서 오는 위험성은 선교사들로 하여금 현지에 오랫동안 머물 수 없는 것이 현실이기 때문이다. 뿐만 아니라 성경번역 선교 활동은 독단적으로 할 수 없으며 반드시 팀 사역이 필요하다. 한 팀이 사역지에 들어가 있는 동안에는 다른 팀은 영적이나 육적인 회복을 위해서 쉼을 가져야 하기 때문이다. 이러한 성경번역 사역의 독특한 과정에도 비거주적인 선교사역은 선교 전략으로서 적용된다. 성경번역 선교사 역시 장기 체류보다는 비거주 선교 전략이 필요하기 때문이다.

성경번역은 혼자서는 할 수 없는 사역이다. 하나님의 말씀을 번역하는데 팀 사역이 필요하다. 각 사람은 하나님의 큰 계획의 주요한 부분이며 성경이 없는 민족에게 말씀을 능률적으로 전하는데 다양한 전문가들이 필요하다.

인터넷 하나로 지구촌 곳곳의 소식을 실시간으로 접하는 시대에 아직도 3억 이상의 사람들이 언어의 장벽 때문에 하나님의 복음으로부터 격리되어 있다는 사실은 믿기 어려운 일이다. 기록된 말씀이 없이는 복음의 진리가 뿌리를 내리고 싹을 내어 결실할 수 없기 때문이다. 성경을 번역하는 과정을 통해서 많은 사람들이 예수님을 믿게 된다. 선교사가 선교지에 영원히 머무를 수는 없으며, 또 그렇게 하는 것은 바람직하지도 않다. 성경번역은 교회의 설립과 성장에 필수적인 요소이다. 교회는 선교사 없이도 성장할 수 있을지 모르나 성경은 꼭 있어야 한다.

성경번역선교회(GBT)는 아직도 자신들의 언어로 기록된 성경을 갖지 못한 사람들에게 찾아가 그들의 문자로 하나님의 말씀이 번역되도록 하는 일을 감당하고 있다. 이 임무를 완수하기 위해서 성경번역 선교사는 해당 종족의 말을 배우고 분석하여 문자를 만들어 주고, 그들에게 글을 읽고 쓰는 법을 가르치고 있다. 그래서 마침내 성경을 번역하여 하나님의 말씀 안에서 토착 교회가 스스로 든든히 서도록 도와주거나 현지인들이 성경을 번역할 수 있도록 협력하고 지원하는 일을 감당하고 있다. 성경번역선교회는 위클리프 성경번역선교회(WBT)의 한국지부로서 실 국제언어학연구소(SIL), 항공지원단체(JAARS)와 협력하여 사역하는 단체로 지난 1984년부터 초교파적으로 사역을 해오고 있다. 감사한 것은 한국 선교사들에 의해서 10개 이상의 언어로 신구약 성경이 번역되었다는 점이다. 이러한 사역의 열매는 한국 선교의 위상을 말해 준다.

5. 한국교회의 비거주 선교사 육성 전략

비거주 선교사 양성을 위한 한국교회의 일차적인 과제는 선교 지도자를 많이 양성해야 한다는 것이다. 이는 평신도의 선교 자원화의 일환일 수도 있다. 교회에서는 선교 강좌나 선교를 위한 믿을 수 있는 기관에 의뢰하여 선교신학과 선교의 원리와 방법 및 선교 정책 등에 대한 교육을 통해 훈련시키는 것이 중요하다. 이를 위해서는 교회의 당회장부터 철저한 선교 의식이 세워져 있어야 한다. 한국교회의 특성상 대부분의 의사 결정은 당회장의 주도 아래 행해지기 때문에 일반 성도들이 아무리 선교 의식을 가졌다 하더라도 당회장의 결정 없이는 꽃을 피울 수가 없다. 한국교회의 비거주 선교사 육성 전략을 두 가지 관점에서 살펴보고자 한다.

1) 비거주 선교사 동원 및 훈련
한국교회의 비거주 선교사역의 활성화에는 매우 중요한 의미가 있다. 왜냐하면 한국인이 가진 근면성과 봉사 정신, 그리고 타국을 한 번도 침범하지 않는 국가적 이미지는 선교 요청을 받기에 합당하기 때문이다. 이제 우리 한국교회는 비거주 선교사들을 양성하기 위하여 하나님의 엄숙한 선교 명령 앞에서 순종하는 모습으로 동원에 임해야 한다.

비거주 선교사의 육성을 위한 훈련은 2주 과정의 단기 훈련과 8주 과정의 장기 훈련을 들 수 있다. 특히 장기 훈련 기간에는 사역하고자 하는 현장을 직접 경험해 보는 1주간의 지역 현장 답사가 필수적이다.

특히 훈련 과정에서 필요한 다섯 가지의 구성 요소는 첫째는 기독교 사회가 가진 자원(자금, 정보, 기술)에 대한 연구 조사이다. 두 번째는 부름받은 선교지에 대한 실상 파악 및 연구와 조사이다. 세 번째는 부름받는 선교지를 위한 자원 동원이다. 네 번째는 컴퓨터와 전자 통신망의 사용 훈련이다. 다섯째는 경영과 기호 논리학의 습득 훈련이다.

2) 비거주 선교사 파송 및 관리

비거주 선교사를 파송하고 관리하는데 있어서 점검해야 할 사항은 다음과 같다. 첫째는 '사역을 위한 정보의 입수와 교환이 자유로운 지역인가?'이다. 이는 컴퓨터, 전산 통신망, 전화, 우편 등의 연락 체계를 칭한다. 둘째는 '선교 활동에 관련된 후원자나 주요 선교 기관이 있는 지역인가?'이다. 셋째는 '선교 대상 종족 중 고국을 떠난 자들의 공동체가 가까운 지역에 있는가?'이다. 즉, 피난민들 혹은 해외 노동자들을 지칭한다. 넷째는 '선교지와 연결할 수 있는 항공이나 철도 노선이 위치한 지역인가?'이다.

비거주 선교사의 파송 지역을 세계의 분쟁 지역이나 전쟁 이민자들이 많이 모인 곳 혹은 내전 등으로 인하여 어려움을 겪고 있는 특수 지역에까지 확대해 나가야 하겠다. 특히 21세기에 접어들면서 중동 및 아프리카 지역을 중심으로 분출된 민주화의 열망은 수없이 많은 난민들을 만들어 국제적인 문제로 자리 잡고 있다. 어쩌면 선교하기에 좋은 기회라고 말할 수 있겠다.

3) 선교 자원 봉사자의 활용 방안

한국의 경제성장 역사는 세계의 부러움을 사고 있다. 해외자원봉사단과 같은 기관은 정부 예산을 통해서 수없이 많은 젊은이들이 해외 봉사에 전력하고 있다. 심지어 젊은 일자리 창출과 같은 정부 정책에 의해서도 해외 봉사 현장으로 달려가게끔 만들고 있다. 이는 교회가 활용해야 할 좋은 기회라고 본다. 약간은 모순된 부분도 있지만, 활동비는 정부를 통해서 받으면서 봉사와 함께 복음을 증거하는 일석이조의 조건들이 우리에게 있다. 따라서 정부 기관과 교회와의 협약 관계를 통해서 젊은이들을 세계의 사역 현장으로 내보내야 하겠다.

마지막 때가 다가올수록 선교 현지의 문은 좁아지고 있는 형국이다. 이전에 열려져 있었던 문들이 점점 닫히고 있는 현실에서 선교지에 장기간 머물지 않으면서도 효과를 극대화할 수 있는 방안으로 비거주 선교사의 사역과 전략을 소개하였다. 이러한 선교 전략은 20세기의 선교 주도국이라고 할 수 있는 미국의 교회들에 의해서 주도되었다. 이제 우리의 선교 위상이 점점 높아지는 만큼 한국교회의 선교 의식 상향과 함께 검토할 중요한 전략이라고 본다. 특히 교회의 사역 속에 선교적 자원을 확보한 목사님들이 활용해 볼 만한 전략이라고 판단된다.

Chapter 13

교회의
다문화 선교*

지구촌 시대라 할 수 있는 오늘날 인구의 유동은 피할 수 없는 추세가 되었다. 특히 일자리를 찾는 노동시장은 국경을 허물어 버렸다 해도 과언이 아니다. 한국의 유입 노동자는 1980년대 후반부터 시작되었다. 이주 노동을 설명하는 용어는 소위 '끌어당기는 요소(pull factor)로서의 인구 유입이었다. 한국은 사회 기반 시설 공사 등 대형 프로젝트, 서비스 부분, 수출용 농작물 생산 공장 및 산업 구조 조정으로 말미암아 자국인이 기피하는 3D 업종에 따라 다른 나라들의 노동력을 불러들이고 있다.

두 번째 요인으로 다문화간의 결혼을 꼽을 수 있다. 전 세계적으로 다문화 결혼은 확산되는 추세이다. 우리나라 역시 이러한 다문화 결혼의 추세에서 예외는 아니다. 1990년의 한국 남성과 결혼한 외국인 여성은 619건이었으나, 지난 2006년도의 통계에 의하면 무려 49배나 증가한 30,286건에 이르고 있다. 이들 이주 여성의 국가도 초기에는 중국, 일본, 그리고 필

---

* 이 글은 월간 『교회와 성장』 2011년 1월 106-112페이지에 기고된 글이다.

리핀이 주를 이뤘으나 이제는 베트남, 태국, 몽골, 우즈베키스탄, 러시아 등으로 다양해졌음을 볼 수 있다.

세 번째 요인으로 한국을 찾는 유학생들과 사업을 위한 이동을 꼽을 수 있다. 필자가 재직하고 있는 한세대학교에도 중국인은 물론 동남아시아와 유럽에서 온 학생들 수백 명이 학업에 열중하고 있다. 법무부의 통계에 의하면 2010년 12월을 기준으로 한국에 들어와 있는 유학생들의 수가 120만 명을 넘어가고 있다.

정도는 다르지만 이들 모두 고향을 등지고 살아간다는 아픔이 내재되어 있다. 들어내 놓고 신음 소리를 낼 수 없는 응어리진 상처가 있다. 마치 유대인들이 중간기에 자신의 나라를 빼앗기고 지중해 연안으로 흩어졌던 것이나, 70년대 로마제국의 침공으로 황폐화되어 흩어졌던 것이나, 나치 정권의 유대인 말살 정책으로 인해 가스실에서 절규할 수밖에 없었던 것처럼, 이러한 절절한 '디아스포라'의 한(恨)이 우리 땅에도 있음을 알아야 한다.

이제 한국교회는 이들의 신음소리에 귀를 기울여야 한다. 그리고 진솔하게 응답해야 할 것이다. 필자는 한국 땅에 거주하고 있는 다문화인들을 향한 선교적 전략에 대해 함께 고민해 보고자 한다.

1. 다문화 거류에 따른 문제들

1) 노동 현장의 문제

첫째는 법적 문제를 들 수 있다. 이는 불법체류라는 이슈와 밀접한 연관을 맺고 있다. 2002년 27만 명에 이르던 불법체류자 수는 이듬해인 2003년에는 15만 명으로 줄었으나, 2006년 21만 명, 2007년 22만 명을 넘어 2010년에는 거의 23만 명을 넘었다. 몇 년 전 한 인터넷 신문에 게재된 기사는 불법체류의 심각성을 우리에게 일깨워준다.

베트남 출신인 불법체류자 웬반탄(30세, 2000년 입국)씨가 경기도 파주의 한 공장에서 자살했다. 그가 쓰러져 있던 종이 박스 위에는 한글로 "미안해요. 탕"이라고 적혀 있었다. '탕'은 공장에서 불리던 웬반탄의 이름이다. 그가 숨지기 한 달 전쯤, 공장에서 불법체류자 단속이 실시되면서 함께 일하던 외국인 노동자들이 강제 추방을 당했다. 웬반탄의 사망 사건을 조사한 시민 단체인 서울외국인노동자센터의 레황탕씨는 "웬반탄은 단속에 걸릴까봐 항상 두려워했다."라고 하며 "베트남으로 돌아가 봐도 직장을 구할 수 없다고 판단해 죽음을 선택한 것 같다."라고 이야기했다. 이처럼 불법체류를 단속하는 정부와 노동자들의 상황은 종종 예기치 못한 비극을 불러일으키곤 한다.

둘째는 근로기준법상의 문제이다. 2006년 1월 1일부터 '외국인 근로자의 고용 등에 관한 법률' 개정에 의거해 고용보험 가입 여부는 사업자와 근로자가 자율적으로 결정하도록 변경되었다. 그러나 외국인 근로자들이 근무하고 있는 작업장은 대부분 영세하기 때문에 사업주들이 외국인 근로자를 위하여 고용보험에 가입하고 있는 경우는 많지 않다. 따라서 이들이 부당 해고를 당했을 때에도 보험의 혜택을 받는 것이 쉽지 않다. 또한 손을 사용하지 못하게 되면 화장지가 없는 이슬람권에서는 치명적으로 생활의 불편을 겪게 된다.

셋째는 산업재해의 문제이다. 산업재해는 금전적으로 보상을 해준다고 해도 정신적인 요소와 종교적인 요소의 문제를 불러일으킨다. 하나의 예로 산업재해로 인해서 손을 잃었을 경우, 이슬람 문화권에서 온 근로자의 경우 자국의 문화에 비추어 보면 범죄자 취급을 받는 우려가 있다. 따라서 본국으로 돌아간다 해도 평생을 범죄자라는 의심을 받으며 살아가야 하는 아픔이 있다. 또한 손을 사용하지 못하게 되면 화장지가 없는 이슬람권에서는 치명적으로 생활의 불편을 갖게 된다.

넷째는 여성 이주민들의 성폭행 문제이다. 여성들을 성적 대상물로 여기는 일부 몰지각한 사업주와 종업원들에 의해 성적 학대를 받는다 해도 체류자격의 제한성과 불안정성으로 인해 문제를 제기하는 것이 어렵기 때문에 은폐하거나 폐쇄적으로 처리하는 경우가 대부분이다. 안타깝게도 인력 송출 과정에서 지게 된 채무의 부담, 고향으로의 송금 등의 경제적 요인은 큰 어려움에도 불구하고, 불안하고 불평등한 조건을 수용하면서 한국에 거주하게 만드는 원인이 된다.

2) 다문화 결혼 가정의 문제

최근 한국 남성과 동남아를 비롯한 외국인 여성과의 다문화 결혼이 증가하면서 한국 사회는 다문화 사회로 변화하고 있다. 다문화 결혼의 양적 증가 추세와 함께 사회적 관심이 높아지면서 문제점들도 드러나고 있다. 다문화 가정이 마주하게 되는 주요 문제점은 크게 다섯 가지로 정리해 볼 수 있다.

첫째는 인권 침해적인 요소이다. 배우자 여성들을 돈 주고 사왔다는 개념을 가지고 있는 남성들의 부적절한 행동으로 인해 여성들의 인권 유린이 문제가 되고 있다. 이는 결국 여러 가지 사회 문제 및 국가 위상 저하 등 국제 문제와 심각한 사회 통합의 장애 요인으로 작용하고 있다.

둘째는 이주 여성의 문화 적응이 어렵다는 것이다. 결혼으로 인해 대한민국에 발을 들여놓은 이주 여성은 한국 사회의 문화와 언어의 적응에 어려움을 겪고 있다. 또한 그들에 대한 사회의 인식도 아직까지는 긍정적이지 않은 것으로 확인된다.

셋째는 자녀들의 문제이다. 다문화 가정의 자녀들은 대인 관계가 소극적이며 자신의 특성이 드러나는 것을 꺼려하고 학교 수업에도 적극적으로 참여하지 않으며 학업 능력도 떨어지는 것으로 조사된다. 언어 학습, 정체성 형성, 대인 관계 형성의 과정이 일반 아동들에 비해 부족한 상황에서 정부와 학교의 준비 부족, 한국의 언어 · 문화에 적응하지 못한 어머니들의 영향으로 인해 이러한 문제는 더욱 심각해지고 있다.

다문화 가정의 자녀들이 학교나 또래 집단에서 따돌림을 당하는 경우를 종종 보게 된다. 발표된 자료를 통해 보면 다문화 가정 자녀들의 17.6%가 따돌림을 경험했으며, 이들이 따돌림을 당하는 이유는 '엄마가 외국인이라서'(34.1%), '의사소통이 불가능해서'(20.7%), '태도와 행동이 달라서' (13.4%) 등으로 나타났다.

이러한 문제점이 지속된다면 다문화 사회에서 새로운 소외계층이 형성될 수 있으며, 사회 양극화라는 또 다른 문제점이 제기될 수 있다. 특히 2세들이 겪게 되는 문제점들은 성장 과정에서 격차가 누적되면서 더 큰 사회문제를 유발할 수 있다. 따라서 새롭게 유입되는 이주 여성들과 그들의 자녀수가 점점 빠르게 증가하는 상황에서 본격적인 다문화 사회를 대비한 통합적 교육 대책이 마련되어야 한다.

넷째는 다문화 가정의 경제적 어려움이다. 박지영의 글에 의하면 "최저생계비 이하의 저소득층이 전체 다문화 가족의 52.9%를 차지"(법무부, 2007)할 정도로 심각하다. 이는 단순한 빈곤의 문제가 아니다. 생활의 안정을 기대하고 다문화 결혼을 선택한 이주 여성들에게 심리적인 건강을 위협하는 문제가 되기도 한다.

다섯째는 정서적인 문제다. 부부관계와 가족관계, 지역사회의 편견 등으로 인해서 많은 다문화 가정의 구성원들이 우울증에 시달리기도 한다. 특히 많은 이주 여성들이 가족들로부터 언어폭력(31%), 신체적 폭력 (26.5%), 성적 학대(23.1%), 그리고 여러 형태의 위협(18.4%) 등을 경험하고 있는 것으로 조사되었다.

2. 다문화 거류민을 위한 선교 전략

예수님은 가난한자들을 위해서 이 땅에 오셨다는 메시지를 가장 먼저 선포하셨다. 그분의 제자로서 살아간다는 것은 우리 사회의 가난한 자, 소외된 자들을 외면해서는 안될 것을 의미한다.

그렇다면 한국에 거주하고 있는 가난하고 소외된 수많은 이주민들을 어떠한 마음가짐, 어떠한 시각으로 돌아보아야 하는가?

필자는 지금 이 시대 한국교회가 도전해야 할 선교적 대안을 노동자 그룹과 다문화 이주 여성의 관점에서 살펴보고자 한다.

1) 세계관의 변화를 통한 복음 수용 유도

세계관이란 '세상을 보는 창'이라고 말할 수 있다. 세계관은 마치 안경처럼 우리의 몸에 밀착되어 있다. 철학이 의도적이고 의지적으로 고수하려고 하는 그 무엇인 반면, 세계관은 비의도적이고 비의지적으로 자연스럽게 형성된 것이며 전이론(前理論)적이다. 이처럼 무의식적으로 습득된 것이기 때문에 자신의 세계관을 상대화하지 못하고 절대화한다면 타문화권에서 생활할 때 많은 충격을 받을 수밖에 없다.

한국에 거주하는 외국인들은 각각 자신의 출신 배경에 따라 다양한 세계관을 가진 채 한국의 문화 적응을 하고 있다. 불교권이나 힌두교권에서 온 외국인은 업보(業報)의 개념이나 삼야신(samnyasin)의 개념을 가지고 있다. 이슬람권에서 온 사람들은 코란을 신앙과 삶의 중심에 놓고 무슬림 신도로서 살아가고 있다.

우리는 이처럼 각자 다른 세계관을 지니고 살아가는 사람들에게 맞는 선교의 방법을 찾아야 할 사명을 가지고 있다. 어떤 세계관을 가진 사람이든지 그 틀을 변형시키는 것이 곧 선교의 핵심이다. 따라서 이들의 세계관을 변화시킬 수 있는 노력 가운데에 필요한 것들을 살펴보자.

첫 번째는 타락한 인간을 향한 총체적 회복자가 그리스도이심을 인식시키는 작업이 선행되어야 한다. 두 번째는 내적 치유를 통한 변화를 가져오도록 해야 한다. 마지막 세 번째는 제자화를 통한 세계관의 변화를 가져오도록 해야 한다.

2) 포괄적 다문화의 상호 이해

세계관이 문화의 중심부에 있다면 문화는 세계관을 감싸고 있는 포괄적인 요소이다. 폴 히버트(Paul Hibert)는 문화를 "한 사회에서 습득된 행동과 사고의 양식들과 한 사회에 특징적인 생산품들의 종합적 시스템이다."라고 말하면서 다음과 같은 요소가 있다고 지적하였다. 즉, 문화는 정형화된 행동(patterned behavior)이며 습득되어진 것(learned)이며, 종합적 시스템(integrated system)이며 사고들(ideas)이며 생산품들(예술품들)이며 한 사회의 특징적인 요소이다. 아울러 문화에는 인식적 차원, 감상적 차원, 평가적 차원이 있다.

지금 이 시대 대한민국에 거주하고 있는 이주민들은 오랫동안 자신의 문화권에서 생활해 왔기 때문에 사회 체계와 문화 체계가 우리와는 완전히 다를 수밖에 없다. 인간의 삶에서 사회 체계와 문화 체계는 공생 관계를 이룬다. 둘 중 어느 하나라도 부재하면 다른 하나도 성립될 수 없다. 일반적으로 사회 체계는 사회적 행동의 경향들이며 문화 체계는 그 행동을 해석한다.

결국 사회는 문화를 형성하며 또한 문화는 사회를 형성한다. 포괄적인 문화 이해를 위해 먼저 다문화 센터 운영을 통해 문화 이해 강좌를 개설하는 것이 유효할 것이라 생각된다.

두 번째 생각해 볼 수 있는 것은 다문화 이해를 돕기 위한 자국 성도들의 교육 실시이다.

세 번째는 국내 거류자들로 하여금 자국의 문화 유입을 시도하도록 돕는 것이다. 그들의 도서, 영화, 음악, 예술 공연 등 다양한 문화가 유입된다면 인식의 변화가 좀 더 빠르고 손쉽게 일어날 수 있으리라 생각된다. 단, 이들의 노력이 한국에 자신들의 종교를 심어나가는 역선교로 나타나지 않도록 조심하고 경계해야 할 것이다.

3) 다문화 이주자 복지를 통한 가정 복음화

포괄적 문화 이해를 통해 한국 거주 외국인들이 마음의 문을 열었다면, 그 이후로는 복지를 통해 예수님이 그들의 삶에 들어가도록 만들어 나가는 것이 중요하다.

황홍렬은 "이주 노동자들에게는 감동을 주는 선교가 되어야 한다."라고 말하고 있다. 즉, 기독교인들이 자신의 물질이나 시간을 희생하고, 가난 속에서도 헌신하는 모습을 보여줌으로써 친구로서 그들에게 다가갈 때 그들이 감동을 받고 마음의 문을 열 것이다. 물질이 아닌 하나님의 사랑만이 그들의 마음을 돌려놓을 것이다.

본질적으로 이들에 대한 선교 전략은 전인 구원적인 접근이 필요하다. 이는 단편적인 부분으로의 접근이 아닌, 종합적인 차원에서의 선교 전략이 필요함을 의미한다. 영혼만이 구원을 받는 것이 아니라, 육신의 구원도 필요하다는 것이다. 필자는 교회가 이주자들을 위해 실행할 수 있는 복지 부분을 다음과 같이 정리해 보고자 한다.

첫째는 한글학교 운영을 통한 적응력 향상이다. 두 번째는 자녀 교육의 지원 전략이 필요하다. 셋째는 경제적 자립을 위한 기술 교육을 시켜줘야 한다. 넷째는 가정 단위의 복음화이다. 가정이 복음화되지 않는 상황에서 사회복지는 한계에 부딪칠 수밖에 없기 때문이다.

4) 사이버 공간의 활용과 네트워크 형성을 통한 위기 대처

사이버 공간은 제한된 공간을 최대 활용할 수 있는 곳이다. 국내 거주 노동자나 이주민들은 사회적 환경으로 인해서 자유로운 왕래가 힘들다. 그래서 1차적으로 온라인을 통한 커뮤니케이션은 이들의 국내 거주를 보다 안정적으로 만들어줄 것으로 생각된다.

오늘날 우리 사회는 전자 문화로 인하여 매우 빠르게 변화되고 있다. 이 문화는 다양한 영역에서 우리 사회의 변화를 가져왔다. 이는 커뮤니케이션의 형태에 변화는 물론, 산업사회에서 정보화 사회로 변화를 가져오게 되었다. 전자 문화는 멀티미디어 사회와 정보 기술의 창조를 만들어 내었다.

다문화인들을 위한 사이버 공간 활용의 선교 전략을 살펴보면 첫째는 온라인 공간을 활용한 정보 제공 및 상담이 필요하다. 둘째는 네트워크 형성을 통해서 위기 대처 능력의 향상을 가져와야 하겠다. 네트워크의 필요성에 대해 거류민을 위한 사역자들을 중심으로 많이 논의되어 왔다. 경기도 일산에 들어선 국제이주기구(International Organization for Migration, IOM) 산하 '이민정책연구원'은 이주민들을 제도적인 차원에서 돕는 기구가 될 것으로 기대된다.

5) 구심력을 통한 원심력의 선교 전략

구심력의 선교(centripetal mission)란 타락한 인간을 구원하실 하나님의 선교의 방법으로서 자기 백성 이스라엘의 선택을 통한 열방에의 복음증거를 말한다.

구약이 구심력의 선교였다면 신약의 선교는 원심력의 선교(centrifugal mission)이다. 이는 초림하신 주님을 통해서 하나님 나라를 시작하신 것이다. 구심력과 원심력의 선교적 함의를 한국에 주재하고 있는 외국인들에게 적용하고자 한다. 한국의 경제적 위상의 증대로 말미암아 많은 외국인들이

'코리안 드림'을 안고 한국을 찾아왔다.

　구심력적인 관점의 선교로서는 교회가 이러한 호기를 잘 활용하는 지혜가 있어야 하겠다. 사실 선교사 한 명을 파송하기 위해서는 선교사의 선발, 훈련, 파송, 사역비 송금, 안식년, 자녀 교육 문제 등 많은 비용과 노력이 필요하다. 그러나 많은 외국인들이 이미 우리 곁에서 복음을 기다리고 있다. 이제 단순히 그들에게 복음을 증거하는 수준을 벗어나 그들을 제자화하여 선교의 동역자로 만들어야 한다. 한걸음 더 나아가 동역자에서 선교의 지도자로 훈련시켜서 국내에 거주하는 그들의 동족들에 대한 사역뿐만이 아니라 자국에 돌아가서 교회의 지도력을 발휘하도록 훈련하는 전략을 가져야 하겠다.

　인간이라면 누구나 삶의 자리를 떠나 살아가는 것에 슬픔을 느낄 것이다. 그들의 아픔은 누구도 채워 줄 수 없다. 교회의 역할이 선교적 존재로서의 기구라면 우리는 그들을 외면만은 할 수 없을 것이다. 하나님은 한국교회를 사랑하시고 세계선교를 감당하도록 시대적인 사명을 주셨다고 믿는다. 한국교회에 기회를 주고 계신다. 5천 년의 역사 속에서 지금처럼 한국사회 속에서 함께 호흡하고 있는 외국인이 많았던 적이 있었던가? 이를 활용하여 선교의 도구로 삼는 지혜가 한국교회를 통해서 이루어져야 하겠다.

Chapter 14

다문화 갈등 현상과
한국교회의 대책*

다문화 선교를 위해 한국교회가 준비해야 할 전략들에 대해 거시적 차원에서 다루어 보고자 한다. 다문화인들의 집결은 자연스럽게 다양한 문제들을 수반하게 된다. 사회 갈등, 문화 갈등은 물론 종교적 갈등의 문제를 동반하게 된다. 이러한 갈등 관계를 방치하는 것은 기독교적인 관점에서 바람직한 현상은 아니다. 이러한 갈등을 해소하는 일들이 교회의 사역을 통해서 도출되어야 한다. 결국 교회가 갖춰야 할 마음가짐은 사회 통합을 위한 '에큐메니즘'의 적용이라고 본다.

1. 다문화 에큐메니즘 현상

다문화주의는 문화 간의 간격을 좁혀서 하나로 통합되는 에큐메니즘의 요소가 존재함을 알아야 한다. 다문화주의란 현대사회가 평등한 문화적, 정

---

* 이 글은 월간 『교회와 성장』 2011년 2월 103-108페이지에 기고된 글이다.

치적 지위를 가진 상이한 집단 문화를 끌어안을 수 있어야 한다는 믿음이다. 캐나다의 철학자 테일러(Charles Taylor)는 다문화주의를 문화적 다수 집단이 소수집단을 동등한 가치를 가진 집단으로 인정하는 '승인의 정치'(politics of recognition)로 정의한다. 다문화주의는 온건한 다문화주의와 강경한 다문화주의로 분류해 볼 수 있다. 온건한 다문화주의는 이국 취향을 통해서 외국의 요리나 패션 등의 소비를 추구하는 경향을 말한다. 강경한 다문화주의는 온건한 다문화 내부에 있는 피상적인 다원주의를 극복하면서 민족 정체성 개념 자체에 문제를 제기하는 정치적 논의를 부르는 경우이다.

오늘날 지구상에서 현존하고 있는 다문화주의는 두 가지 유형이 존재한다. 첫째는 유럽국가(영국, 프랑스, 독일)처럼 비교적 동질적인 문화를 소유한 유형이다. 이들 국가들은 식민지 경영과 산업화 과정을 겪으면서 외래문화가 자연스럽게 자국에 스며들면서 형성된 다문화이다. 둘째는 국가의 출범 초기부터 다양한 문화와 인종으로 구성된 유형이다. 미국과 캐나다가 이 유형의 대표적인 사례라 할 수 있다. 이들 유형들 가운데 전통적으로 한국은 첫 번째 유형에 속해 왔지만 최근의 상황은 많이 달라지고 있다.

다문화주의의 개념적 정의를 들여다보려면 케이츠의 이론을 읽어야 한다. 문화적 정체성은 서로 다른 문화 간의 대화에서 생성되고 서로 다른 문화와의 관계 속에서 존재하며 갈등과 절충, 자기 형성 및 재형성의 과정에서 끊임없이 변모한다. 이러한 문화의 변모는 다문화 시대를 맞이하여 한국 사회가 극복해야 할 과제를 안겨 주고 있다. 문화의 공존과 협력이라는 문제는 단일 문화라는 전통적 문화 개념을 내세우는 한 해결할 수 없는 것이다.

우리는 도처에서 혼합과 융합의 문화 현상을 경험한다. 우리의 문화는 이미 새로운 형태의 문화적 양상을 보여주고 있다. 지금까지 우리는 5천년 역사를 지닌 유구한 민족임을 자랑하며 살았다. 그러나 21세기를 맞이하여 이러한 전통적 단일 문화의 개념은 패러다임의 변천을 수용해야 할 시기가 되었다. 즉, 문화적 에큐메니즘의 도래가 시작된 사회에 진입했다는 의미이다.

2. 서구의 국가별 다문화주의 정책과 충돌

다문화주의에 대한 역사적인 현상들을 고찰해 보면 다음과 같다. 서구의 다문화주의 가운데에서도 갈등을 겪고 있는 영국과 프랑스, 그리고 독일을 대표적으로 살펴보고자 한다.

영국은 제2차 대전 이후에 신영연방체제(New Commonwealth)를 구축함으로써 과거 식민지 국가의 사람들이 영국으로 자유롭게 영구 이주를 하였다. 이후 1962년 영연방이주민법(Commonwealth Immigrant Act)으로 이주민을 제한하였으나 법률의 시행 이전에 이미 대규모의 유입이 실현되었다. 인도, 파키스탄, 방글라데시 이민자의 친인척의 결합 등과 같은 이유로 영국 이주가 두드러졌다.

영국 내의 이주 공동체의 성장은 차별 금지와 인간 평등의 요구 증가를 가져왔고 극단적인 저항운동으로까지 발전하였다. 예를 들면 2005년 7월 7일 런던 중심가에서 발생한 지하철 자살 폭탄 테러로 56명이 사망하고 700여 명이 부상을 당했는데, 중요한 것은 이 사건을 저지른 사람이 파키스탄계 영국인이라는 사실이다.

프랑스의 이민 수용은 1860년대 북아프리카 알제리, 인도차이나 등의 프랑스 식민지 경영과 함께 시작되었다. 프랑스에서 이민 문제가 나타나기 시작한 것은 노동력의 부족과 함께 1950년대와 1960년대에 유입된 북아프리카 계통의 무슬림 노동자들의 2세들이 성인이 되는 1980년대 초반부터였다. 이들은 자신들의 종교적 신념인 이슬람의 계율에 따른 복장과 문화를 추구함으로써 조금씩 사회의 문제를 야기하게 되었다. 2004년의 통계에 의하면 북아프리카 3개국(알제리, 모로코, 튀니지)에서 유입된 이민자의 비율은 전체 이민자의 42.7%에 달한다. 무슬림 이민자들에 대한 차별 철폐와 실업 문제는 급기야 폭동으로 진화되어 2005년 10월 27일 파리의 외곽 지역의 소요 사태를 발생시켜 3주 동안 1만여 대의 차량이 불타는 유례없는 폭동으로 진행되었다. 그리고 2007년 11월 25일 프랑스 북부 지역인 빌리에르벨에서 시작된 폭동은 2년 전 보다 더욱 결렬해져서 학교 2곳과 도서관, 관공서가 불타게 되었다. 사건의 발단은 오토바이를 몰고 가던 무슬림 청년 두 명이 경찰차와 충돌하여 사망한 사건이었다.

독일은 2차 대전 이후 가장 많은 이주민을 받아들인 나라이다. 이들의 국제이주 정책은 국가 간의 외국인 노동자 고용을 위한 협정 체결에 의해 이루어지며 고용 만기와 함께 본국으로 귀환하는 것을 원칙으로 하고 있다. 독일의 이주민의 특성은 터키 출신을 포함한 이슬람 종교를 가진 사람들이 가장 많이 유입되었다는 점이다. 이들은 자신들의 종교를 고수함으로써 독일 사회에 많은 이슈를 던지고 있다. 특히 외부적으로 나타난 현상은 무슬림 여성들의 히잡 착용이다. 이는 본인의 종교적 상징뿐만이 아니라 독일 사회 내에서의 사회적, 정치적 상징성을 가진다. 중앙정부의 사회적 통합 노력에도 불구하고 바덴-뷔르템베르크 주정부는 2006년 1월부터 소위 '무슬림 테스트'라는 국적 취득을 위한 심성 테스트를 의무화하였다. 문제는 이 테스트가 이슬람 국가 출신의 외국인으로 제한되었을 뿐만 아니라 이슬람 문화와 종교를 비하하는 내용이 포함되었다는 것이다. 이러한 제도는 점점 확산되어 2006년 3월부터는 헤센 주정부도 도입을 하였다.

현재 유럽은 다문화 유입과 함께 많은 대가를 치르고 있다. 2004년 네덜란드 영화감독 테오 반 고흐 피살사건, 2005년 7월 영국 런던의 지하철 폭파사건, 같은 해 가을 프랑스 방리유의 무슬림 소요 사태, 2006년 2월 덴마

크에서의 마호메트 풍자만화사건 등 기독교를 대표하는 유럽과 이슬람 세계의 대립 구조를 더욱 심화시키고 있다. 이러한 상황 속에서도 유럽의 다문화 정책은 다문화주의 정책과 이주민의 사회적 동화를 염두에 둔 통합 정책의 병용이다.

여기에서 발견할 수 있는 중요한 공통점이 있다. 그것은 종교적 갈등이 사회의 갈등 요소로 자리 잡는다는 것이다. 특히 유럽에서의 다문화주의는 경제적이고, 정치적인 요소에 의해서 유입된 이슬람 종교를 갖고 있는 무슬림들이 자신들의 요구를 관철시키기 위해서 끊임없이 투쟁하는 양상을 보이고 있다. 이러한 투쟁은 자신들이 거주하고 있는 장소를 넘어서 종교적 네크워킹을 통한 국제적 연대감 속에서 주류 사회를 압박해 나가고 있는 것이 특징이다.

3. 사회 통합의 주체로서의 교회의 역할

서구의 사례에서 보듯 다문화주의가 겪게 되는 상황을 극복하고 사회적 통합을 이루어야 할 주체는 교회여야 한다. 1910년 에딘버러 대회 이후에 '복음의 사회적 책임'에 대해서는 소위 에큐메니컬 진영과 복음주의 진영 모두가 동의하고 있다. 따라서 몇 가지 이론을 제시하여 다문화 사회가 도래한 초기 시점에서 사회 통합의 에큐메니즘의 실현을 위해서 한국교회의 역할을 기술하고자 한다.

1) 정부와의 관계 속에서의 역할

교회는 정부를 움직여서 다문화인들이 한국에 거주하는 동안 인간의 보편적 기본권이 유지될 수 있도록 해야 한다. 교회는 '굿거버넌스'(Good Governance)의 한 주체로서 자율성과 전문성, 그리고 참여성을 통해 다문화 문제 해결의 주체자로서 역량을 발휘해야 한다.

　자율성이란 각 주체들은 국가로부터 자율성을 확보하여 자발적으로 조직되어 유지되어야 한다는 것을 의미한다. 정부의 관여가 시민 단체나 이해 당사자들의 자율성을 저해하고 전통적인 거버넌스를 강화하는 방향으로 이어지지 않도록 해야 한다. 전문성은 사회문제의 해결을 위해서는 다양한 행위자들의 전문적인 지식과 정보의 도움이 필수적이다. 따라서 전문성은 거버넌스 체제의 필수 요소이다. 참여성은 중요한 국가정책을 결정할 때에 주요 이해 당사자 이외에도 중립적이고 객관적으로 문제를 접근할 수 있는 행위자들이 참여하여 의견을 개진하고 토론하는 과정이 보장되어야 한다는 것이다.

　우리는 여기에서 오늘날 중국의 다문화 정책을 살펴볼 필요가 있다. 그들은 다민족들이 중국의 통일에 기여해 왔다고 주장하여 소수민족의 분리 운동을 억제하고 변방 소수민족을 중국에 통합시키는 정책을 시도하고 있다. 이와 같은 중국의 태도는 구소련이 소수의 민족국가로 분할되는 일련의 과정들을 지켜보면서 나름대로 세운 정책이라고 평가해 볼 수 있겠다.

　필자가 2009년 8월 강의를 위해서 북경을 방문했을 때에 소수민족 민속촌을 방문할 기회가 있었다. 중국 내에서 거주하고 있는 다양한 소수민족들의 삶의 모습들을 전시해 놓고 중국의 시민들로 하여금 구경하도록 만드는 모습을 보았다. 이는 소수민족을 동화시켜서 흡수하고자 하는 다민족 국가론의 단면을 보여주는 것이라고 판단한다.

2) 국제적 관계 속에서의 역할

　또한 교회는 국제적 관계 속에서 다문화 결혼이 인권 유린의 현장이 되지 않도록 분명한 역할을 해야 한다. 최근 캄보디아에서는 한국인과의 국제결혼을 유보시키는 정책을 추진했다. 이는 국제결혼을 통한 한국에로의 다문화 신부 유입이 인권 문제를 야기시켜 국제 문제로 비화되었음을 의미한다.

한국교회는 수적으로 세계 2위의 선교사 파송국으로 지위를 누리고 있다. 그러나 한국교회가 간과하지 말아야 할 사실은 국내로 유입되는 다문화인들에 대한 뚜렷한 선교적 안목을 갖지 않을 때, 문제가 있는 선교 파송국의 오명을 벗어날 길이 없다는 점이다.

다문화인들의 인권 유린 피해를 최소화하기 위해서는 국제적 공조의 네트워크가 필요하다. 1997년 세계교회협의회가 이주 노동자, 난민, 국내 강제 이주자를 포함하는 '떠도는 이들과 연대하는 해'를 선포하면서 대응 방식도 다양화되었다.

즉, 교회간의 연대, 각국 교회협의회간, 양자간 혹은 다자간 협의회로 발전하였다. 일예로 '한국-필리핀 교회협의회간정기협의회'에서 이주 노동자 문제가 공통의 관심사로 제기된 것을 들 수 있다.

교회는 다문화인들이 기댈 수 있는 최후의 보루이다. 정부를 움직이는 힘과 사회를 통합하는 힘, 그리고 국제간의 공조를 통해서 다문화인들의 문제를 해소할 뿐만 아니라 공동으로 사는 사회의 에큐메니즘을 이룰 수 있는 유일한 곳이 바로 교회이기 때문이다. 몇 년 전에 인터넷 신문에 실린 미담하나를 소개하고자 한다. "어느 목사의 외국 근로자 사랑이 낳은 코끼리 한 쌍"이라는 기사이다.

스리랑카 정부가 한국 정부에게 코끼리 한 쌍을 비롯해 황금원숭이, 이구아나 등 40여 종의 희귀동물 153마리를 우리나라에 기증한다는 내용이다. 기증을 하게 된 이유는 스리랑카 정부에서 (사)지구촌사랑나눔의 대표 김해성 목사에 대한 감사의 뜻이었다.
김 목사는 1996년 겨울에 경기 광주시의 도로변에서 웅크린 채 떨고 있는 스리랑카인 2명을 발견하였다. 이들을 집으로 데려가 따뜻한 밥을 먹이고 일자리를 마련해 주었다. 그 일로 인해서 2003년 4월 스리랑카 명절 때에 한 스리랑카 노동자가 야당 국회의원인 자신의 작은아버지를 한국에 초청하게 되었고, 김 목사와 연(緣)을 맺게 되었다. 그 당시 야당 의원은 국무총리를 거쳐서 스리랑카의 대통령이 된 라자팍세이다. 그때의 인연을 바탕으로 스리랑카 대통령이 보은의 차원에서 한국에 많은 선물을 보내게 되었다는 것이다.

겸손과 진정한 사랑, 몸을 사리지 않는 헌신은 글로벌화된 사회 속에서 한국교회가 다문화인들에 대해 가져야 할 선교적 마음이다.

3) 교회와 교회와의 관계 속에서의 역할

다문화인들에 대한 사역은 어느 큰 교회의 선교사역의 전유물이 될 수 없다. 이는 교회의 에큐메니즘을 통해서 공동 사역으로 나아가야 한다는 말이다. 한국교회는 다문화인들이 선교적 대상임을 인지함과 아울러 파트너십을 가지고 전략을 수립해야 한다. 선교역사적으로 볼 때에 이주민과 함께 선교는 확장되었고, 또 이주민과 함께 기독교는 공격을 받았음을 직시하여야 한다.

예를 들면 유럽인의 대이주는 선교에 많은 영향력을 주었다. 앤드류 월즈(Andrew F. Walls)에 의하면 유럽의 대이주는 약 16세기부터 20세기 중반까지 지속되었다고 논증하고 있다. 이 시기에 대이주를 통해 형성된 국가들을 보면, 미국, 호주, 뉴질랜드 등을 들 수 있다. 이들의 이주 목적은 가장 먼저 경제적 이득을 목표로 하였다. 경제적인 이득 가운데에는 일반적인 무역 이외에 노예무역이나 아편무역 같은 부정적인 요인도 있었다.

그러나 20세기의 후반에 이르러서는 유럽의 해안 제국들은 점차 쇠퇴하고 아시아의 열강인 중국과 인도 같은 거대한 나라들이 인구를 앞세워 역이주 현상을 나타내고 있다. 공교롭게도 아시아, 아프리카, 그리고 라틴아메리카의 많은 인구들이 다시금 유럽이나 북아메리카로 이주하기 시작하여 그곳에서 정착하게 되는 현상을 보게 된다.

이러한 역이주 현상 가운데 두드러지게 나타나는 현상은 종교적인 요소이다. 유럽의 대이주를 통해서는 기독교의 선교가 활발하게 이루어졌지만 역이주 현상 앞에서는 기독교의 세력이 무력하게 되고 있다는 것이다.

교회는 공동으로 밀려오는 다문화인들의 종교적 쓰나미 현상을 용기 있게 대처해 나가야 한다. 이와 같은 공동의 노력이야말로 1910년 에딘버러에서 열린 '세계선교사대회'에서 세계선교를 향한 에큐메니즘의 정신이라고 본다.

이제 한국교회는 소아기적 아집과 같은 이기주의를 벗어나 세계선교의 대국답게 영적 능력을 회복해야 한다. 아울러 에큐메니즘을 통한 전인 구원의 기치를 높이 들어야 할 것이다. 시대적 소명을 상실할 때, 앤드류 월즈의 고백처럼 영적 능력을 잃어버리고 교회는 처참한 몰골의 박물관으로 전락할 수밖에 없을 것이다.

다문화에 대한 깊은 관심은 현대의 다양성과 개방성에 맞추어서 21세기를 사는 우리가 가야 할 방향이다. 즉, 종래의 단일민족주의나 순수혈통주의는 국제적 고립과 경쟁력 약화를 초래하여 스스로 게토화의 길을 걸을 수밖에 없다. 정부는 최근에 사회 통합 프로그램을 통해서 갈등 문제를 해결하고 테러와 같은 사회적 불안으로부터 해소해 보려는 시도를 하고 있다. 이와 같은 태도가 정부의 정책을 통해서 나왔다면, 교회적으로는 선교적 차원에서 접근하는 것이 바람직할 것이다. 교회는 다문화 갈등의 해소를 위해서 정부와 함께 파트너십을 발휘함과 아울러 사회복지적인 차원에서 전략을 가져야 한다. 또한 국제적인 공조를 통해서 국내 유입 이전부터 문화의 벽을 좁히는 네트워킹이 필요하다. 이를 위해서는 교회와 교회와의 에큐메니즘의 선교적 정신을 사역에 적용해야 할 것이다.

Chapter 15

다문화
아동 케어 선교*

2011 통계청에 따르면 다문화가정은 총 387,000가구로 전체 가구의 2.2%를 차지하고 있다. 다문화인들과의 국제결혼은 긍정적인 측면도 있지만, 부정적인 요인들도 많이 나타나고 있다. 결국 다문화 결혼에 대한 부작용 때문에 정부 측에서는 한국 남성의 생활 능력이 부족한 경우에는 비자를 주지 않겠다는 단호한 조치가 추진될 전망이다. 스스로 생계를 유지하지 못하는 사람이 외국인 배우자를 데려와 문제가 생기는 것을 막기 위해서다. 비자가 발급되지 않으면 저소득층의 국제결혼이 사실상 금지되는 셈이다.

다문화가정 자녀들의 학습 부적응에 따른 교육의 하향 문제는 내버려둘 수 없는 국가적 과제가 되었다. 동시에 그들에게 복음을 증거하여 하나님 나라의 백성으로 만들어 사회 통합을 이루어야 할 사명을 교회가 부여받았다. 결국 내일도 모레도 함께 살아가야 할 다문화 가정의 자녀들을 보살펴야 한다는 것은 한국교회를 향한 선교적 요청임을 부인할 수 없다. 따라서

*이 글은 월간 『교회와 성장』 2013년 3월호 98-103페이지에 기고된 글이다.

이 글을 통해서 다문화 아동을 한국교회와 성도들이 어떻게 보살펴서 선교의 목적을 달성할 수 있을 것인가를 생각해 보고자 한다.

1. 다문화 아동의 문제들

다문화 아동들이 학습 후원자인 부모의 경제적 열악성과 낮은 사회적 지위, 그리고 편견들로 둘러싸인 한국 사회 속에서 열악한 교육 환경으로 학업 적응에 갈등 요인이 있는 것은 당연한 결과이다. 이러한 갈등을 해소하는 논지를 가지고 다문화 교육에 대한 담론들은 학계에서도 활발히 전개되고 있다.

대부분의 학자들이 말한 다문화 아동 교육의 문제점은 '학습 결손'과 '편견과 차별로 인한 학교 부적응'이다. 이는 다문화 아동 부모의 낮은 경제적 여건, 낮은 사회적 지위, 어머니의 언어와 문화, 그리고 교육 방식의 차이에서 오는 방관적 자세라고 볼 수 있다. 이러한 상황에 필자의 경험, 그리고 자료들은 다문화 아동이 가진 갈등의 요인들을 새로운 관점에서 더욱 분명하게 이해하는 데에 도움이 될 것이다.

1) 기초 학습이 낮음의 요인

다문화 아동들은 한국말이 서투른 국제결혼자, 주로 어머니의 영향으로 한국말을 인지하지 못할 뿐만이 아니라 한국어에 대한 기초 교육 기회도 상실하게 된다. 다문화 자녀 교육 실태의 연구에 의하면 자녀들은 일상적인 의사소통에는 크게 문제가 없으나, 독해와 어휘력, 쓰기를 비롯한 작문 능력이 현저히 떨어지는 것으로 나타났다. 대부분의 이주 여성 가족의 자녀는 한국어를 잘하지 못하기 때문에 한국어 과정의 학습과 함께 연계된

다른 분야의 학습도 뒤처지게 된다.

인간의 발달 과정을 연구한 심리학자인 헤비거스트(Robert Havighurst)
는 학령기의 어린이가 꼭 달성해야 할 과업으로는 읽기, 쓰기, 계산하기 등
의 초등학교 교과 내용과 친구들과 어울리는 법, 스스로 씻기, 준비물 챙기
기, 방 정리 등의 독립심이라고 설명하였다. 그러나 다문화 아동들은 준비
되지 않는 교육 환경 때문에 기초 학습이 부진할 수밖에 없다. 결국 다문화
아동들은 인지나 행동의 발달이 늦어짐으로써 교육 기회를 놓치게 되는 경
우가 발생하게 된다.

2) 언어발달의 지체 현상과 문화 부적응의 요인

언어의 발달은 유아기에는 부모로부터 배우게 되는 것이 일반적이다. 그
러나 아동기에 접어들면 생활의 중심이 학교로 옮겨지게 된다. 학교생활을
통해서 다양한 사회적 관계를 형성하게 됨은 물론 또래 집단을 통해서 언
어와 학습이 진보한다.

이영탁 교수는 『아동선교』에서 헤비거스트의 아동발달 과업을 여러 가
지로 함축하여 설명한다. "읽기, 쓰기, 계산하기 등의 기본기를 발달시키는
것은 초등학교 교육의 기본 목적이다. 이 시기에는 부모를 비롯한 주위 인
물들의 행동을 관찰하고 모방함으로써 적절한 성 역할을 익힌다."라고 말
한다. 그러나 다문화 아동의 어머니가 지닌 언어의 한계는 결국 자신이 경
험하고 인지해야 할 문화적인 현상들을 완전히 이해하지 못하는 결과를 가
져온다.

다문화인들에 대한 언어 정책은 나라마다 다양한 방향으로 전개된다. 한
국은 결혼 이주민들이 한국 사회에 적응하는데 있어서 언어동화주의 정책
을 실시하고 있다. 다인종, 다민족 사회에서의 언어 정책은 크게 동화주의와
다원주의로 구분된다. 동화주의는 한 사회의 다수집단이 자신의 언어를 국

어 또는 공용어로 정하고 소수집단으로 하여금 그 언어를 배우고 사용하도록 하는 것이다. 한편 다원주의 정책은 한 인종, 한 민족 집단이 인구 규모나 정치권력에서 패권적인 지위를 확보하지 못할 때에 실시하는 경우가 많다. 각국마다 어떠한 정책을 펴든지 간에 언어발달이 늦을 경우에는 자신이 속한 사회현상을 이해하는데 지장이 있을 뿐만이 아니라 문화 속에 깊이 자리잡고 있는 세계관도 알지 못하여 고립되고 패쇄적인 생각을 하게 된다.

3) 정체성의 혼란

다문화 아동들은 부모 중에 한사람이 일반적인 사회 구성원들과의 언어와 피부색이 다를 때에 정체성의 혼란을 겪게 된다. 정체성의 혼란은 좌절감과 무력감을 동반하게 된다. 만약 성인들의 권위나 훈련이 없이 방임되거나 방치되면 그 자녀들은 공격성이 발달하게 된다.

우리나라는 다문화 현상의 초입에 진입하였다. 그동안 사회 · 문화적으로 배달민족이라는 용어가 말해 주듯이 타문화권 속에서 일어나고 있는 현상들을 전혀 감지하지 못하고 지냈다. 그러나 인종이나 민족의 정체성을 논할 때에 수많은 소수민족들이 그들의 피부색 때문에 다양한 영역(정치, 교육, 경제)의 사회적 조건에서 편견에 찬 폄하(degradation)를 경험해 본 적이 있음을 이해하는 것이 중요하다. 소수민족이 견뎌 온 사회적 인종주의 경험은 인종이나 민족의 정체성 발달에 건강하지 못한 영향을 미친다. 결국 다문화 아동들이 자신들의 성장 과정에서 느끼는 정체성의 위기는 한국 사회가 극복해야 할 과제로 남겨두게 되는 것이다.

4) 사회적 편견에 따른 왕따

고전적인 의미에서 편견이란 개인이 속한 집단에 대해 가진 일반화에 근거하여 그 개인에 대해 갖는 강한 부정적 감정이다.

선교학자 엘머 타운즈(Elmer L. Towns)는 문화 충격의 극복 전략 가운데 하나가 "삶의 터에서 친한 친구를 사귐과 아울러 친구의 도움으로 언어의 커뮤니케이션을 통해서 어려운 상황을 극복하는 것"이라고 말하고 있다.

그리고 오스캠프(Stuart Oskamp)는 편견을 일으키는 요인으로 네 가지를 열거하였다. 첫째는 유전적 요인, 둘째는 사회적, 조직적, 집단 간 접촉 양식과 집단 간 관계에 대한 규범, 셋째는 집단과 대인 간 상호작용에 작용하는 사회적 영향력의 기제, 넷째는 편견적 태도와 행동에 대한 민감성, 그리고 특정한 대인에 대한 태도의 비수용성 개인차를 말한다.

집단 간 관계는 일반적으로 규범과 개인적 요인에 의해 영향을 받는다. 아동이 매우 어린 연령에서부터 고정관념과 가치관에 노출되게 되면 고정관념과 편견의 내재화에 영향을 미치게 된다. 이러한 현상은 결국 부정적인 외집단에 대한 지각을 일으킨다. 분명히 아동은 부모가 외집단 차이에 대해 훨씬 수용적이라 할지라도 아동에게 영향을 미칠 다른 사람들로부터 자신의 편견을 발달시킬 수 있다. 예를 들어 한국에서 태어나서 혼혈아로 살고 있는 유명한 가수 박일준은 24살 연예계에 데뷔해 '오! 진아' 등으로 히트를 치며 승승장구했지만, 흑인이 TV에 나온다는 항의가 들어오자 방송국에서도 하얗게 분칠을 하라는 압박을 받을 정도로 우리 주변에 만연한 사회적 편견의 피해를 고백하고 있다.

2. 다문화 아동 케어 선교

국제결혼이 급증하면서 기존의 혼혈아(성인이 되어서도 아동), 튀기 등의 인종차별적 용어를 극복하고자 일부 현장에서는 '코시안'이라는 용어를 고안하여 사용하였다. 그러나 이 역시 강자의 횡포라는 비판을 받기도

하였다. 최근에는 외국인 근로자 자녀와 국제 결혼자 자녀를 '외국인 가정의 자녀' 등으로 부르다가 교육인적자원부에서 발표한 교육지원 대책으로서 이들을 '다문화가정 자녀'로 명명한 후에 이 용어가 널리 사용되어지기 시작하였다.

1) 교회학교를 통한 취학 전 한글 교육

인간이 발달하는 것은 선천적인가 아니면 후천적인가에 대한 논쟁이 끊임없이 있었다. 다문화 아동의 발달에 있어서 개인을 둘러싸고 경험할 수 있는 내외적 모든 환경은 말할 수 없이 중요하다. 심리적 환경, 영양이나 의료시설 혜택 등의 물리적 환경은 물론 가족, 친구, 학교, 문화 등의 사회적 환경을 매우 중요하게 본다.

다문화 아동이 한국 사회 속에서 주류 아동들과 어깨를 동등하게 학습하기 위해서는 바람직한 학습 환경의 조성이 매우 중요하다. 특히 다문화 아동들이 신앙 교육 가운데에서 한국에 대한 적응을 효과적으로 이루기 위해서는 종교적 판단 발달의 논리가 적용돼야 한다.

교육학자 오저(Fritz K. Oser)는 교육의 현장에서 기독교적 앎의 지식만을 전수시키기보다는 삶 속에서 부딪히는 신앙적 다양한 현상들을 딜레마를 통하여, 부여된 종교적 갈등 상황 속에서 신앙적 해결책을 모색하여 기독교적 앎과 실천적 삶의 조화를 이루도록 교육하는 경험 중심의 협동 학습인 신앙 교육의 중요성을 강조했다.

특히 한글 교육을 통한 글쓰기는 매우 중요한 요인이 된다. 글쓰기는 자기표현을 통해서 자신의 생각을 정리하는 유용한 도구이며, 중요한 정보를 보존하고 저장하는 도구가 된다. 한글 교육을 잘 받고 초등학교에 입학하였을 때에는 학업 진도를 따라가는데 자신감을 가질 수 있는 계기가 될 것이다.

2) 교회의 방과후학교 운영을 통한 학습 증진

교회 교육은 다문화가정의 자녀로 하여금 인지 발달, 사회 심리적 발달, 윤리적 발달, 신앙 발달을 가져오게 되어 장차 한국의 주류 사회의 일원으로서 훌륭하게 성장할 수 있게 한다. 그러므로 다문화 어린이가 초등학교 입학 전부터 교회학교의 수업을 통해서 입학과 동시에 학교 공부를 할 수 있는 능력을 갖추도록 해 주어야 한다. 그렇게 될 때에 공적 교육의 혜택을 통해서 그들이 한국 사회의 일원으로서 자신의 진로를 개척할 수 있기 때문이다.

방과후학교 프로그램은 아동복지와 관련하여 사회복지 교육기관에서 실시하고 있다. 차상위 계층의 자녀나 결손 자녀일 경우 학교를 마치고 귀가를 하여도 돌보아 줄 사람이 없을 때 사회적 문제를 일으킬 수 있으므로 그들을 돌보는 프로그램이다. 지방자치단체에서는 그 기관에 돌보아야 할 학생 수만큼의 식품비, 간식비, 교육 수당을 지급함으로 부모의 역할을 대신해 준다. 이렇게 함으로써 다문화 아동들과 일반 사회의 아동들 간에 굳어질 수 있는 계층을 완화하는 효과를 가져올 수 있다.

한국교회는 막대한 건축비와 유지비에 비해서 효용성이 뒤떨어진다고 평가를 받기도 한다. 그 효용성이란 말을 다시 생각해 보면 일종의 활용도를 말한다. 일주일에 몇 번씩만 교회 문을 열어서 예배하는 것 외에는 대부분의 교회 건물을 활용하지 않는다. 비교적 활용도가 약한 교육관을 활용하여 다문화 아동들을 위한 방과후학교로 사용할 경우 사회적인 공헌은 물론 주님의 선교적 명령도 수행하는 일거양득의 효과가 있다고 본다. 예수님은 지상사역을 시작하실 때에 이사야서를 언급하면서 '가난한 자들을 위한 복음'에 대해서 분명히 말씀하셨다. 이제 교회는 한국 사회의 가난한 자인 다문화 아동들의 학습 증진을 위해서 굳게 잠근 문을 열어서 선교적 교육을 실시해야 할 것이다.

3) 자존감 회복을 돕는 성경 교육

자존감은 일상의 대화나 성격 면에 있어서 개인의 사회적 행동과 역할을 결정하는 중심적 특성이다. 특히 아동기는 신체적 · 인지적 성숙과 더불어 다양한 사회적 경험을 바탕으로 안정된 자아개념이 형성된다.

다문화가정의 경우 결혼 이주로 인한 문화와 생활 적응이라는 심리적 공항으로 인한 스트레스가 자녀에게 전달될 요인이 크다. 따라서 다문화 가족 아동들이 또래 그룹, 학교와 지역사회에서 긍정적인 상호작용을 하지 못하여 자존감이 파괴되거나 낮아져서 학업에 적응하지 못하는 경우가 많이 나타난다. 공주대학교의 이영주 박사는 다문화 가족 아동의 심리사회적 적응 문제에 관한 연구를 통해 고학년이 될수록 어휘 부족, 이해력 부족 등으로 학습부진을 보이며 일상생활과 학교생활에서 적응이 떨어진다고 하였다. 또한 다문화 아동은 일반 아동과 비교하면 자신의 외모가 다른 사람과 많이 다르다고 느끼거나 한국어 구사 능력이 떨어질수록 자아정체감 발달이 낮았다고 말한다.

이제 다문화 결혼으로 인한 자녀들의 낮은 자존감 회복을 위한 선교 방법론은 무엇인가를 찾아야 한다. 하나님과 그분의 말씀인 성경을 교육과정에 중심에 자리하게 할 수 있다면 하나님과 말씀이 모든 과정의 기원이자 정의, 그리고 목적이 되는 것이다. 기독교 교육을 연구한 남미개혁신학교의 윤춘식 교수는 "가르치고 배우는 교육과정은 계시된 하나님의 말씀에 초점을 둔다."라는 이론을 전개하고 있다. 즉, 기독교 교육은 단순히 인간의 노력의 한계에 머물지 않고 보혜사가 오셔서 가르치시고 가르침을 받은 교훈들을 생각나게 해 주신다는 약속(요 14:26) 위에 존재한다는 것이다.

4) 다문화 상담사의 교육 상담

상담이란 이해하고 돕는 훈련을 받은 사람과 깊이 있게 내담자의 특별한 요구를 이야기하는 것이다. 상담은 내담자의 문제를 다룰 수 있는 새로운 방법을 발견하도록 도와줄 수 있으며, 용기를 북돋워 주며, 지지하고, 신선한 아이디어를 제공한다. 주로 환경에 관련한 상담은 분야에 따라 접근 방법이 다르며 이제는 다문화 아동을 위해서 훈련된 다문화 상담사가 필요한 시기가 되었다.

상담에서 중요한 문화적 접근은 자민족우월주의를 배제하는 것이다. 자민족중심주의는 '우리 의식'과 민족 정체성을 앞세워 다른 민족에 대해 경계를 긋고 민족 사이의 다름과 차이를 인정하기보다 우열의 심리기제를 만들어 낸다. 그 결과 자신이 속한 집단에 우월감과 특권을 부여하면서 상대방을 배제하고 차별하는 논리와 억압구조를 형성하고, 이는 때때로 민족분쟁과 전쟁의 빌미가 된다. 노르웨이 총기 테러자인 브레이비크(Anders Behring Breivik)는 극단적 자민족우월주의자였다. 그는 유럽의 다문화주의와 이슬람 유입을 증오하면서 청소년 캠프에서 수없이 많은 사람을 총으로 살해했던 모습을 보았다. 이를 타산지석(他山之石)으로 삼는 지혜가 필요한 시간이 되었다.

그런 관점에서 볼 때 다문화 상담은 더 적극적으로 멘토링을 해 주어야 할 필요가 있다. 멘토링이란 넓은 의미로는 '다른 사람의 삶에 영향을 미치는 것'이라고 하거나 '사람을 세우는 일'이라고 본다. 또한 좁은 의미로는 '경험이나 기술이 많은 사람을 더 적은 사람과 의도적으로 짝을 지워서 합의된 목표에 따라 특정 역량을 키우고 개발하는 것'이라고 볼 수 있다. 멘토링이야말로 하나님 나라의 확장을 위한 제자화의 기회가 됨을 우리는 인지해야 하겠다.

이 장을 통해 다문화 아동의 돌봄을 통한 선교적 담론을 기술하였다. 결혼 이주민의 가족 속에서 자란 아동들은 부모들의 열악한 경제적 지위와 학습 욕구의 저하로 학업 적응에 많은 갈등 요인이 생기게 된다. 이렇기 때문에 기초 학습이 낮고, 언어발달지체로 말미암아 문화의 부적응을 야기하며, 결국 사회의 또래 공동체의 아웃사이더로서 겉돌게 만든다. 그리고 개인적으로는 정체성에 혼란을 느끼게 되며 사회적 편견이 그들로 하여금 왕따 같은 경험을 하게 함으로 사회에 대한 정상적인 견해를 갖지 못하게 만들게 된다.

한국 정부에서도 몇 년 전부터 사회 통합이라는 명제 아래 다양한 지원 정책을 세워서 실행하고 있다. 그러나 이러한 정책들이 성공을 거두기 위해서는 인간의 삶을 움직일 수 있는 정신적인 요소들에 대한 확실한 케어가 중요하다. 이를 위해서 교회의 역할은 매우 중요하다. 첫째는 교회학교를 통한 취학 전에 한글 교육을 하고, 둘째는 교회의 방과후학교 운영을 통해서 학습을 증진하며, 셋째는 자존감 회복을 위해서 성경을 교육하며, 넷째는 다문화 상담사 활용을 통한 멘토링의 역할을 제시하였다. 위의 방법은 착실하게 소기의 성과를 거두고 있으며 교회는 이를 통해 다문화 갈등 해결의 한 방향성을 제시하고 있다.

선교적인 측면에서도 마찬가지다. 한국교회와 성도들은 다문화 사회의 도래를 확실히 인지하고 많은 교회가 다문화 아동들에 대해 사회 통합적인 관점과 하나님 나라의 확장의 차원에서 선교할 수 있는 계기를 마련할 수 있을 것이다.

Chapter 16 🍃

한인 디아스포라를 통한
선교*

'디아스포라' 라는 용어는 가슴 아픈 사연이 담겨진 말이다. '디아스포라' 는 BC 722년과 586년 하나님의 백성이라고 자부하던 유대인들이 앗수르와 바벨론에 포로로 잡혀가면서 생긴 용어이기 때문이다. 이후 유대인들은 포로 귀환 정책을 통해 고국인 이스라엘로 돌아오기는 했으나 이미 타국에 정착해 삶의 터전을 일군 사람들은 그 땅에 주저앉을 수밖에 없었다. 그러나 오늘날 우리는 이러한 슬픈 역사의 뒷면으로 자신이 선택한 백성을 선교의 도구로 삼고자 한 하나님의 심오한 계획이 있음을 알 수 있다.

오늘날 '디아스포라' 라는 용어는 유대인에게만 국한되지 않고 특정 인종 집단이 자의적, 혹은 타의적으로 기존의 거처를 떠나 다른 국가, 다른 지역으로 이동해 자리 잡아 거주하는 현상을 일컫고 있다.

그러한 맥락에서 한국인 디아스포라의 기원을 19세기 중반으로 볼 수 있다. 즉, 1860년을 기점으로, 빈곤 탈출을 위해 두만강을 건너 중국 변방

---

* 이 글은 월간 『교회와 성장』 2011년 3월호 102-108페이지에 기고된 글이다.

지역으로 떠난 사람들이 나타나게 되었고 조선 말기인 1903년부터 미국 하와이로의 농업 이민을 통해 공식화되기 시작했다. 이후 일제 강점기 동안에는 정치적인 이유로 인해서 고국을 떠나는 사람들도 생기기 시작했다. 그리고 1945년 해방과 함께 다양한 형태의 이민자들이 등장하게 되었다. 남미 지역으로 농업 이민을 떠나는 사람들, 서구 선진국으로 떠난 유학생들은 물론 최근 조기 유학 등으로 인한 급등한 디아스포라가 이루어지고 있다. 오늘날은 높아진 대한민국의 경제력과 함께 현재 780만 명 이상의 한국인들이 해외에 흩어져 살고 있는 것으로 알려져 있다.

필자는 이와 같이 해외에 흩어져 사는 한인 디아스포라를 통한 세계선교의 전략과 방안에 대해 이야기해 보고자 한다.

1. 한인 디아스포라의 역사와 특징

1) 빈곤 탈출을 위한 디아스포라

1901년 조선은 심한 가뭄으로 극심한 기근이 발생했다. 더구나 그 당시 콜레라와 장티푸스 등의 전염병이 발생해 수많은 사람들이 목숨을 잃었다. 이러한 흉흉한 민심의 움직임 아래 동학란과 같은 사회적 동요가 발생하기도 했다.

이때 미국인 선교사 알렌(H. N. Allen)과 그 동료 선교사인 존스(George H. Jones)는 하와이 이민자를 모집해 101명(남 55명, 여 21명, 아동 25명)의 조선인을 미국으로 보내게 되었다. 이렇게 시작된 하와이 이민은 1904년에는 3,434명, 1905년에는 2,659명의 한국인들이 이주할 때까지 계속되었다. 1905년 11월, 미국 이민법이 개정과 동시에 이민이 금지될 때까지 하와이로 떠난 한인은 총 6,747명이었다.

또한 중남미 지역의 멕시코로의 이민도 미국의 하와이 이민과 비슷한 시기에 이루어졌다. 일본인이 경영하는 인력 송출 업체인 '대륙식산회사'의 주선으로 1905년 3월 6일 1,033명(남성 802명, 여성 및 어린이 231명)의 조선인이 멕시코를 향해 인천항을 떠났다. 많은 사람들이 굶주림을 면하고자 조선 땅을 등지고 타국으로 이민을 선택했지만 그곳의 형편도 녹록하지 않았다. 이민자들은 24개의 농업에 분산 취업을 하였지만 형편없는 대우와 심한 노동량으로 인해 농장에서 이탈해 낯선 땅에서 도시 빈민으로 삶을 개척해야만 하였다. 현재 멕시코 일대에는 이민자의 후손이라 할 수 있는 한인 2-3세의 숫자가 약 1,000명 정도로 추정되고 있으며, 이들은 주로 의류상을 경영하며 생활을 꾸려가고 있다.

브라질 이민은 1963년 2월 12일 103명의 공식 이민단이 상투스항에 도착하면서부터 시작되었다. 처음 그들은 농업 이민으로 브라질 땅을 밟았지만, 업종을 바꾸어 의류 보따리 행상으로 가가호호 집들을 방문하여 생계를 유지했다. 이후 초창기의 어려움을 딛고 일어서 브라질 수도인 상파울로의 의류 시장의 양대 산맥이라 할 수 있는 봉 레티로(Bon Retiro)와 오리엔트(Oriente)에서 3,000여 개의 의류 도매업을 경영하고 있다. 이는 90%에 달하는 점유율로, 이들을 포함한 많은 한인들이 이민자로서 안정적인 삶을 일구어 나가고 있다.

대부분 이민자들은 경제적인 약자로 출발했기 때문에 생활력이 강할 뿐 아니라 공동 운명체적 결사력이 강하다. 따라서 이들은 경제 공동체를 구성하기도 했는데, 일예로 파라과이 아순시온에 설립된 신용 금융기관인 메트로 폴리타나를 들 수 있다.

돌이켜 보면 지난 100년간 빈곤 탈출을 위해 많은 사람들이 한반도를 떠나 낯선 곳에서 새로운 일자리를 구했다. 이와 같은 취업 이민을 떠난 사람들은 타국에서 많은 어려움을 극복해야만 했다. 제대로 대우 받지 못하며 노동력을 제공하고 인권 유린의 현실을 극복해야만 했던 것이다. 그러나 대부분 한국인 특유의 인내심과 성실함으로 모든 어려움을 극복하고 오늘날 안정적인 삶을 꾸려가고 있음을 볼 수 있다.

2) 정치적 망명의 디아스포라

1910년 일본의 조선 강점은 많은 한인 디아스포라를 만들게 되었다. 일본의 조선 강점으로 토지 수탈이 이어지면서 수많은 농민들이 국경을 넘기 시작했고, 또한 일본의 식민지 통치에 맞서서 싸우는 과정 가운데 애국지사 및 의병장들이 중국의 동북지역으로 이주하였다.

이후 1931년 일본이 중국 만주를 점령한 이후 농민과 친일 성향을 띤 교사, 의사, 경찰 등의 조선인을 만주 지역으로 이주시켰다. 그 결과 중국내 한인 디아스포라는 1930년에 60만 7천 명, 1939년 106만 6천 명, 1944년에는 165만 9천 명까지 증가하게 되었다.

이렇게 형성된 한인 디아스포라는 독립운동의 시작과 함께 항일운동의 구심적 역할을 하였으며 1931년 만주사변 이후 중국 공산당과 협력해 항일운동을 적극적으로 전개하였다. 중국 지역의 한인 디아스포라 분포를 살펴보면, 두만강 연안의 연변지구를 중심으로 삶의 터를 잡고 있음을 볼 수 있다. 특히 길림성 주변으로 함경도 출신, 압록강 연안의 요녕성 주변으로 평안도 출신, 흑룡강성 지역으로 경상도 출신이 터를 잡고 살아가고 있다.

이러한 정치적 망명자들은 중국과 미국 등지에서 독립운동을 위해 치열하게 싸웠다. 때로는 공개적으로 일본 제국주의 탄압의 부당성을 성토하였고, 때로는 지하에 숨어 게릴라전으로 투쟁하였다.

3) 교육을 위한 디아스포라

한국인의 뜨거운 교육열은 세계적으로 유명하다. 특히 자기 발전을 위해 해외 교육기관에서 공부하고 학위를 취득하고자 했던 사람들 중 그곳에 정착하는 경우가 있는데, 이러한 경우는 교육을 통한 디아스포라로 볼 수 있다. 최근에는 어린 초등학생부터 조기 유학을 통해 해외로 나가는 경우를 자주 볼 수 있다. 이런 경우 어린 자녀를 타지에 혼자 둘 수 없어 부모 중 한사람이 자녀를 돌보기 위해 보호자 자격으로 함께 교육지로 떠나고, 한 사람이(소위 기러기 아빠들) 국내에 남아 해외에 있는 가족들의 생활비와 학비를 부담하는 경우도 늘어가고 있다.

얼마 전 미국 국토안보부(DHS)는 외국인 유학생 통계를 인용해 "유학생 감시시스템(SEVIS)에 등록돼 있는 한국인은 모두 87,724명으로 전체 유학생의 14.3%를 차지했으며 이는 국가별 1위"라고 발표한 바 있다. 대부분 학생들과 함께 보호자인 부모가 미국에 함께 거주하게 됨으로써 한국인은 생활비를 가장 많이 소비하는 외국인이 되었다. 이처럼 많은 한국인들이 유학을 목적으로 선진국으로 이주를 한 뒤, 나중에 현지에 정착하는 케이스가 늘고 있다.

4) 사업 성취를 위한 디아스포라

이민 초창기에는 개개인의 생계형 사업이 주류를 이루었지만, 해가 거듭될수록 기업화되고 체계화되고 있다. 특히 최근 대한민국의 경제력 상승과 함께 미국, 캐나다 등의 북미 지역은 물론 영국, 체코, 폴란드 등의 유럽, 중동, 동남아 일대에 공장과 기업체를 운영하는 케이스가 늘어나고 있다. 따라서 업무로 인해 해외에 주재하며 생활을 하는 사람들이 점차 늘어가고 있다. 따라서 업무로 인해 해외에 주재하며 생활하는 사람들이 점차 늘어가고 있다. 처음에는 근무지 이동 정도로만 생각했으나, 시간이 지나면서 아예 그곳에 정착하는 경우도 심심찮게 발견할 수 있다.

또한 정식으로 외국 정부의 투자 이민 요청에 의해 자격을 얻어 합법적으로 사업 이민을 떠나는 경우도 늘어나고 있다. 이처럼 주재국에 장기간 머문다든지 아니면 영주권이나 시민권을 얻어 생활하는 사람들을 사업 이민자로 분류할 수 있다.

최근 재외 동포 기업인들이 한자리에 모이는 '세계한상(韓商)대회'가 인천에서 사상 최대 규모로 개최되었다. 세계한상대회는 중국의 화상(華商)이나 인도의 인상(印商)처럼 해외 동포 기업인을 네트워크로 연결하는 국제 비즈니스의 장(場)으로 2002년 서울대회를 시작으로 매년 개최되고 있다.

감사하게도 많은 한인 이민자들이 정착 초창기의 어려움을 극복하고 사업적으로 성공하고 있다. 미국 패코(PACO)철강의 백영중 회장도 26세 때 단돈 50달러를 들고 미국으로 건너가 연간 매출액 1억 5,000만 달러(약 1,425억 원)의 기업으로 키운 좋은 사례라 할 수 있다.

5) 국제결혼을 통한 디아스포라

또 하나의 유형으로 국제결혼을 통한 디아스포라를 들 수 있다. 초창기에는 미군의 군속으로 국제결혼과 함께 미국으로 이민을 가게 되는 경우가 대다수였다. 미국의 타코마 지역이나 오하이오주의 라이만과 같이 미국 내 군사기지가 있는 곳에 많은 한인들이 이주하게 되었다. 최근 지구촌 시대를 맞이하면서 외국인들과의 결혼이 증가하였고 이와 같은 유형의 한인 디아스포라 역시 증가하는 추세다.

결론적으로 한인 디아스포라의 특징을 살펴보면 크게 네 가지로 정리할 수 있다. 첫째는 이주 초기에는 현지인 다수의 차별과 배제로 인해 많은 어려움을 많이 겪었으나, 시간이 흐르면서 한인 특유의 인내심과 끈기, 근면성으로 인해 점차 사회의 중산층으로 상승해간다는 점이다. 둘째는 갈등과 차별의 소지가 많은 공직이나 권력기관보다는 상업에 치중함으로써 경제력 상승으로 점차 주류 사회에 진입하는 경향이 있다는 점이다. 셋째는 이민 1세대가 축적한 경제력으로 인해, 자녀들에게 많은 투자가 이뤄졌고 이민 2-3세대들은 전문직이나 화이트칼라 직종에 종사하면서 점점 주류 사회의 일원으로 인정받고 있다. 이는 당장 거주지가 도시 주변부에서 중심부로 이동되는 현상으로도 확인이 된다. 넷째는 이민 역사가 비교적 긴 중국, 러시아, 일본 등지에서는 한국인으로서의 민족 정체성을 끝까지 유지하려는 경향이 있지만, 미국이나 유럽 등의 서구로 떠난 이민자들은 상대적으로 민족의식이 약해지고 있음을 볼 수 있다.

2. 한인 디아스포라를 교회를 향한 선교적 제언

근래 미국에서 유행하는 말이 있다. "중국인들이 모이면 음식점이 세워지고, 일본인이 모이면 회사가 세워지고, 한국인들이 모이면 교회가 세워진다." 이는 해외 한인들의 기독교적 영성과 선교적 삶이 가져온 결과라고 본다. 지금까지의 해외 한인 사역이 또래 공동체의 집합체 위주였다면, 이제 주재국을 통해서 이웃으로 나아가는 원심력 선교를 위한 방안을 고려해야 할 것이다. 이를 위해 다음의 네 가지 선교적 제언을 하고자 한다.

1) 한민족 공동체의 네트워크 선교사역

인터넷을 통한 글로벌 네트워크는 세계의 교통, 정보, 통신의 발달로 정보를 한눈에 볼 수 있는 시대를 불러왔다. 따라서 이제는 정보 종합을 통한 동력화의 선교를 감당해야 할 때이다. 만약 한인 디아스포라 교회들이 공동체의 네트워크를 통해서 인적, 물적, 영적 자원을 하나로 묶을 수만 있다면 주재국은 물론 이웃 나라들에게까지 선교의 영역과 능력을 확산시킬 수 있을 것이다.

그 예로 중남미 한인 디아스포라의 네트워크를 들 수 있다. 2004년 9월에 아르헨티나에서 한인 디아스포라 네트워크 형성을 위한 중남미 5개국 (아르헨티나, 브라질, 에콰도르, 볼리비아, 파라과이)의 한인 디아스포라 목회자와 선교사 16명이 모여서 라틴아메리카 선교 네트워크(LAKOMNTE: Latin America Korean Mission Network)를 만들었다. 이 단체는 중남미에 흩어져 있는 한인들의 교회와 목회자들, 그리고 선교사들의 효과적인 사역을 위한 정보교환을 목적으로 하고 있다.

2) NGO의 활용을 통한 사회개발 선교사역

1980년대 후반에 들어서면서 '개발자원이 제도화된 형태'(institutional forms of development resources)로서 NGO를 평가하는 시각도 높아지게 되었다. 특히 주목할 것은 1980년대 이래 개발의 개념이 단순한 경제개발의 차원에서 사회개발, 인간개발, 환경친화적 개발 및 토착민 보호와 같은 인간 중심의 지속적인 개발(sustained development)로 확대되어 가면서, 자국의 이익이나 기득권에 집착할 필요 없이 장기적인 안목으로 활동하는 NGO들의 역할이 점점 증대해졌다는 것이다.

이는 한국보다 경제적인 환경이 열악한 나라에서 사역할 때 매우 중요한 전략 중 하나가 될 것이다. 방글라데시의 한국개발협의회 같은 단체는 무슬림 국가인 방글라데시에서 주민들의 큰 호응을 얻으며 그 역할을 성실하게 감당하고 있다.

3) 기업을 통한 선교사역

최근 들어 기업을 통한 자비량 선교의 중요성은 매우 중요한 프로젝트로 부각되고 있다. 실제적으로 한국의 선교회들 가운데 선교 현지에서 여행업을 하면서 자비량을 사역을 하는 경우도 있고, 기업 운영을 통한 자비량 선교 운동도 많이 볼 수 있다.

선교 역사적으로 기업을 통한 개신교의 선교 운동의 모델로 모라비안 교도들의 해외선교와 바젤선교회를 들 수 있다. 이들의 경제 공동체의 궁극적인 목적은 이교도를 향한 선교 수행에 있다. 실제적으로 오늘날 한국교회의 선교사역을 살펴보면 중국과 북한을 비롯한 저개발 국가들을 중심으로 한 기업 선교의 전략들이 많이 수립되고 있다.

4) 한인 2세들의 선교 자원화 사역

새로운 선교의 주체로서 한인 2세들을 적극적으로 활용할 필요가 있다. 한인 2세들이 신학 교육과 선교 훈련을 받은 뒤, 선교지에 파송된다면 일석이조의 결과를 얻을 수 있다. 그들은 이미 타문화로의 적응 훈련을 마쳤을 뿐 이니라 선교를 위한 언어 구사 능력을 갖추고 있기 때문이다.

따라서 이미 많은 한인 디아스포라에서 2세 또는 3세의 청년들을 선교의 현장으로 투입하고 있다. 미국의 JAMA(Jesus Awakening Mission in America)나 KOSTA(Korean Student Abroad)와 같은 단체가 있다. KOSTA는 한국의 엘리트 그룹이라 할 수 있는 유학생들에게 하나님에 대한 믿음과 신앙을 심어줌으로써 조국 복음화에 기여해 왔다. 이제 코스타는 각 대륙별로 유학생들과 이민 1.5세와 2세대들이 참여하는 글로벌 기관으로 성장했다.

한인 디아스포라의 시작은 조선 말기의 재난으로 인한 식량 해결을 위해서 한국의 주변국인 중국과 러시아 등지로 떠나면서부터 시작되었다. 이어서 일본의 조선 강점과 함께 정치적으로는 독립운동을 위해서 중국과 미국으로, 경제적으로는 일자리가 있는 일본 등지로 흩어지게 되었다. 1945년 한국의 국가 수립과 함께 시작된 해외 이민은 국가 정책적인 측면에서 전문직은 미국을 비롯한 서구 국가로, 경제적 달러 확보 차원에서는 광부들과 간호사들은 독일로 떠나게 되었으며, 농업 이민으로는 남미를 택해서 떠나게 되었다.

그러나 한인 디아스포라의 현상을 1988년 올림픽을 기점으로 달라지고 있다. 이는 높아진 한국의 경제적 위상 덕분이다. 경제 규모가 세계에서 12번째 규모로 성장함과 아울러 OECD에도 가입되었다. 또한 한국인인 반기문 씨가 유엔사무총장으로 일하게 됨으로써 세계 정치에 영향력도 같게 되었다. 따라서 최근에는 역 이민 현상도 많이 나타난다. 현재의 디아스포라 현상은 기업 이민이나 자녀들을 위한 해외 유학 이민이 주류를 이루고 있다.

감사하게도 한인 디아스포라를 통해서 하나님의 나라가 많이 확장되었다. 그들은 불굴의 신앙을 가지고 교회를 개척하고 헌금하고 헌당을 하였다. 이는 한국인이 가진 세계복음화에의 헌신이라고 본다. 이제 한인 디아스포라를 통해서 세계의 대부분의 나라에 복음의 전진기지가 구축되었다. 중간시대를 통해서 흩어진 유대 디아스포라를 통해서 세계복음화에의 기폭제가 되었듯이 한인 디아스포라를 통해서 초대교회와 같은 선교에 열정적인 전략이 수립되기를 기대해 본다.

Chapter 17

교회의
실버 미션 제안*

은퇴를 고려 중이거나 이미 은퇴한 신실한 기독교인 가운데, 여생을 하나님께 바치기 위해 선교지를 찾아 복음을 전하는 실버 선교사들이 늘어가고 있다. 그들은 축적된 전문적인 기술과 경험을 바탕으로 현지 선교사들을 위한 협력자나 조언자의 역할을 할 뿐 아니라 단독 사역을 하기도 한다. 실버 미션이라는 주제를 논하고자 하는 것은 이미 노인 문제가 한국 사회에 심각한 문제로 대두되었기 때문이다.

1. 실버 미션의 정의

최근 매스컴을 통해 2050년에는 한국의 고령화가 세계의 최고 수준이 될 것이라는 통계자료가 발표되기도 했다.

＊이 글은 월간 『교회와 성장』 2011년 5월호 111-116페이지에 기고된 글이다.

오늘날 산업화, 도시화로 표현되는 현대화 과정에서 가족 구조의 변화와 가치관·생활양식의 변화가 나타나면서 다양한 노인 문제가 파생되었다. 의약과 건강산업의 발달로 인해 1세기 전과 비교해 인간의 수명이 많이 연장되었다. 그러나 이러한 상황에 비해 날로 증가하는 노인 인구를 산업화의 동력으로 활용해 삶의 질을 개선하는 작업은 요원할 뿐이다. 따라서 나날이 늘어나는 노인 인구는 사회 경제적 차원에서 또 다른 문제를 낳게 한다. 이러한 상황에서 노인 문제는 우리 사회가 해결해야 할 과제라고 해도 과언이 아닐 것이다.

점점 노령화되어 가는 한국 사회에서 노인 문제는 단순한 복지 차원에서 접근하는 것에는 한계가 있다. 특히 하나님의 사람으로서 평생 주님을 섬겼던 성도들이 인생을 마무리하기 전, 특별한 사역을 통해 주님을 더욱 가까이 만날 수 있도록 하는 것 역시 한국교회의 과제라고 생각된다. 따라서 은퇴 이후, 급속히 무너져 가는 노인들의 문제를 살펴보고 인생에서 가장 귀하고 값진 선교사로서의 방향 전환을 위한 실버 미션을 제안하고자 한다.

2. 노인의 4중고(重苦)와 실버 미션의 필요성

노인 문제라면 보통 4고(苦)로 표현된다. 빈곤, 질병, 역할 상실, 그리고 고독 이 네 가지이다. 노인이 되면 이 네 가지 중 적어도 하나 이상의 문제를 안고 있는데 개인적으로나 사회적으로 이것을 대수롭지 않은 것으로 간주한다는 것에 더 큰 문제가 있다. 즉, 노인이 되면 으레 겪는 것이려니 생각하고 더 이상 관심을 갖지 않는다는 것이다.

노인 문제는 보통 복합 위기로 이해된다. 복합 위기란 몇 가지 위기 상태가 동시에 존재하는 것으로, 한 문제의 해결책이 노인 생활 전체의 개선에 큰 도움을 주지 못하는 경우를 말한다.

1) 경제적 빈곤

우리나라 노인들이 맞닥뜨리는 가장 큰 걱정은 경제적 빈곤이다. 경제적 빈곤은 노인들이 삶의 질을 떨어뜨리고 사회적 지위를 저하시킨다. 경제적으로 자립할 수 있는 사람은 65세 노인 인구 중 약 10%밖에 되지 않는다. 더욱이 아직 사회보장제도가 충실하지 못해 우리나라 노인의 재정난은 매우 심각한 것으로 판단된다.

은퇴 이후 경제적 어려움을 극복하고 선교사역을 감당하기 위해서는 노년의 경제 전략 설계를 도와줄 필요가 있다. 즉, 은퇴 이후 선교사역을 하기 위한 경제적 계획을 젊은 시절부터 준비할 수 있도록 교육하는 지혜가 필요하다. 이러한 전략은 은퇴 이후 연금이나 기타 수입을 재생산할 수 있는 기반을 갖추는 것에서 시작된다. 필자가 필리핀에서 사역을 할 때 독일인들이 자신의 연금을 가지고는 독일에서 살 수는 없지만 생활비와 주거비가 저렴한 필리핀에서 효과적으로 생활하는 경우를 많이 보았다. 국내에서 과다한 지출로 어려움을 겪기보다는 생활비가 저렴한 국가를 선교지로 선택해, 사역과 함께 노년의 삶을 영위하는 것도 하나의 지혜라 판단된다.

2) 가족 변화와 가족기능의 약화

핵가족화로 인한 가족의 변화와 기능 약화 역시 다양한 문제들을 표면화시키는 원인 중 하나이다. 노인과 가족 간의 불화 문제는 종종 사회 문제로 확대되기도 한다.

최근 발생하는 노인의 문제는 한국 현대사의 아픔과 함께 하고 있다. 대부분의 노년층은 6·25 전란과 보릿고개, 5·16 군사혁명 등의 사회의 질곡 속에서 자유를 억압받고 숨죽이며 삶을 살아왔다. 나아가 핵가족화로 말미암아 자식들에게마저 소외당하는 노인들이 늘어나면서 사회적인 이슈가 되는 것이다. 이러한 환경을 극복하고 새로운 삶의 개척을 하도록 돕는 것이 실버 미션이라 할 것이다.

3) 역할 상실의 문제

은퇴한 사람이라면 누구나 '역할 상실'을 경험하게 된다. 역할이란 개인이 그가 속한 사회와 관계를 맺고 사회에 참여하는 수단으로, 개인은 이 역할을 통해 자아정체감을 형성하고 사회적 가치를 인정받게 된다.

남성들의 역할 상실은 주로 퇴직과 함께 나타나고 여성들은 주로 가사권을 며느리에게 넘기거나 자녀들을 다 출가시키고 빈둥지에 남게 되었다고 느낄 때 나타난다.

필자는 은퇴 노인에게 역할 상실이 많은 정신적인 충격이나 문제를 야기할 수 있음을 지적하고 싶다. 은퇴 전까지는 가장이자 경제 수여자로서 중추적 역할을 감당하다가 은퇴와 함께 이러한 중요한 역할을 상실하면서 오는 자기 극복은 노년층에게 크나큰 과제가 아닐 수 없다. 결국 은퇴 이후의 삶을 열정적으로 투여할 수 있는 대상을 만들어주는 것이 최선일 것이다. 이를 극복하기 위한 방법과 대안 중 하나가 사회봉사 활동이나 선교라는 것이다.

4) 고독감의 문제

산업사회는 노동력과 생산성, 노련한 기술, 고도의 지식 등 능력을 중요시하는 사회다. 이러한 관점에서 볼 때 은퇴 노인은 소외될 수밖에 없다. 현대사회 속에서 일어나는 고속화, 고층화, 자동화는 젊은이들의 편리성에만 초점을 맞추었고 적응성이 낮은 노인에 대한 배려는 거의 없다. 따라서 도시는 노인들이 살아가고 생활하기에 점점 더 불편한 공간이 되고 만다.

사람은 다른 사람과 존재하며 의미 있는 인간관계를 맺을 때 삶의 보람을 느끼게 된다. 소득과 건강 문제가 대두되고 역할 상실을 느끼면서 주위 사람들과 의미 있는 관계를 맺지 못할 때, 노인들은 고독해질 수밖에 없다. 주위 사람들과 인격적인 교제가 힘들어지면서 혼자 있는 시간이 증가하게 되면 노인은 사회와 단절되고 결국 사회적 주변인으로 전락하게 된다. 고령이 될수록 고독은 심화된다. 서로 깊은 마음을 주고받던 배우자나 친구들도 하나 둘씩 주위에서 사라지면서 고령 노인의 사회적 고독과 심리적 고독은 상승작용을 일으킨다. 가장 고독한 시기에 친근한 말로 위로와 격려를 해줄 벗이 없다는 것이 고령 노인의 현실이다. 이러한 문제를 적극적으로 해결할 수 있는 기회가 실버 미션이다. 인간은 삶의 뚜렷한 목적이 주어질 때에 고독감을 떨칠 수 있기 때문이다.

3. 전문인 선교사로서의 실버 미션

은퇴한 사람들은 어떤 의미에서는 자신의 분야에서는 전문가라고 볼 수 있다. 일반적으로 전문인이란 '어떤 일을 전문적으로 하거나 그런 지식이나 기술을 가진 사람' 이라고 말할 수 있다. 선교학자 허버트 케인(Herbert J. Kane)은 "전문인 선교사란 해외에 나가서 일을 하되 자신의 직업을 통한 일반적인 부르심을 개인적으로 예수 그리스도의 증인이 되어 복음을 전할 기회를 삼는 헌신적인 그리스도인이다."라고 말한다.

전문인 선교사를 일반적으로 호칭할 때에 다양한 명칭으로 분류해 볼 수 있다. 첫 번째는 텐트메이커(tentmaker)다. 이는 사도행전 18장 3절에 근거하여 사도 바울이 선교여행 가운데 자급자족하기 위해서 천막(그물)을 만드는 일에 수종들면서 사역을 하였던 것에서 유래된 유형이다.

두 번째는 직업 선교사(vocational missionary)이다. 이는 세속적인 직업을 가지고 생활을 하면서 하나님의 선교사역을 감당하는, 두 가지의 삶을 동시에 병행해 나가는 사역자이다.

세 번째는 자비량 선교사(self-supporting missionary)이다. 이는 자신의 생활비와 사역 경비를 직접 벌면서 사역을 감당하는 사역자이다.

마지막 네 번째는 평신도 선교사(lay missionary)이다. 이는 신학 공부를 마치고 선교 현장에 투입되는 전문 선교사나 목회자와는 구분되는 평신도 신분의 사역자를 지칭한다. 위의 네 가지 유형들을 살펴보면서 생각해 볼 수 있는 것은 실버 미션의 주체인 은퇴자들은 전문인 선교사로서 자질을 갖춘 사람들이라고 볼 수 있다.

4. 실버 미션의 유형과 전략

실버 미션의 유형은 다양하지만 간략히 세 가지 유형을 제시하고자 한다.

1) 의료 사역

의료시설이 부족하고 인술이 필요한 곳에서 직접적으로 활동하는 경우를 말한다. 오늘날에도 선교지에서는 병든 육신을 치료해 달라는 요구가 수없이 많다. 육신의 치유는 영혼 구원을 위한 접촉점의 수단이며 선교사가 선교 지역에서 환영받는 계기를 가져온다. 한국 역시 선교 초기에 의사인 알렌에 의해서 효과적으로 복음이 착근되었다. 현대 선교역사 가운데 가장 대표적인 사람으로 슈바이처를 꼽을 수 있다. 슈바이처는 아프리카의 오지에서 인술을 베풀며 선교의 꽃을 피웠다. 뿐만 아니라 선교 동역화에 기여함으로써 서구 사람들이 세계선교에 눈을 뜨게 만들었다.

한국인으로 현재 네팔에서 사역하고 있는 강원희 선교사의 삶은 우리에게 귀감이 되고 있다. 성경은 "영혼 없는 몸이 죽은 것 같이 행함이 없는 믿음은 죽은 것이니라"(약 2:26)고 우리에게 말씀하신다. 80세를 바라보는 나이에 왕진 가방을 둘러메고, 숨이 턱까지 차오르는 것을 참아가며 히말라야를 오르는 할아버지 의사가 바로 네팔의 강원희 선교사이다. 함경북도 성진이 고향인 강 선교사는 한국전쟁이 나고 1·4 후퇴 때 피란 내려와 전쟁의 비참함을 경험하며 평생 아픈 사람들을 위해 살겠다고 다짐했다. 의대에 진학한 그는 슈바이처 전기를 읽고 감동을 받아 틈만 나면 무의촌 진료를 다녔다. 병원 개업 후 손님이 차고 넘쳐 돈도 많이 벌었지만, 어딘지 모르게 가슴 한편이 허전했던 그는 병원을 정리하고 48세의 나이에 의료 선교사로 나섰다.

세브란스 출신의 제1호 의료 선교사인 그는 네팔, 스리랑카, 방글라데시, 에티오피아 등을 거쳐 다시 네팔로 돌아와 헐벗고 굶주린 이들에게 그리스도의 사랑을 전하고 있다. 남편의 이발을 도맡는 간호사 출신의 최화순 사모와 함께 사역을 감당하고 있는 이들은 30년을 오지에서 보냈다. 이들은 단순히 아픈 몸만 치료해 주는 의사가 아니었다. 마음에 분(憤)이 가득한 현지인 아주머니들에게는 웃음이라는 보약을 처방했다. 두려움에 가득 찬 아이들에게 칭찬의 한마디로 마음을 풀어주었다. 지금도 하루 종일 150명이 넘는 환자들을 진료하고 나면 오른팔에 통증을 느끼게 된다는 강 선교사는 그렇게 아픈 순간에도 "내가 손을 못 쓰면 어떻게 치료하나?"라며 자신보다 현지의 주민들을 더 먼저 생각하는 귀한 사명을 감당하고 있다.

2) 교육 사역

은퇴자들이 도전해 볼 수 있는 또 하나의 분야는 현지인 교육을 비롯한 선교사 자녀들을 위한 MK 학교 사역이다. 교육은 선교 운동의 필수적인 부분이다. 주님의 지상명령인 마태복음 28장 18-20절을 보더라도 "가르쳐 지키게 하는 것"은 선교사의 당연한 사역이다.

허버트 케인은 현대 선교 초기에 미션 스쿨은 사역지에서 좋은 명성을 얻었다고 말했다. 첫 번째 이유는 학문의 수준이 높았고 교수 방법도 좋았기 때문이다. 두 번째 이유는 부모들이 인격 훈련에 강조를 두는 것에 높은 점수를 주었기 때문이다. 그리고 세 번째 이유는 서양의 교육, 특히 영어 교육은 높은 지위를 얻는 것과 해외 여행의 수단으로서 유용하게 사용되기 때문이다.

19세기와 20세기에 서양 선교사들이 교육을 책임져왔다면 이제는 한국의 교육자들도 밖으로 눈을 돌려야 할 것이다. 왜냐하면 한국의 교육은 이미 세계 속에서도 인정받고 있기 때문이다. 미국의 대통령 오바마는 틈만 나면 한국의 교육 제도와 시스템에 찬사를 보내고 있다. 우리나라가 가지고 있는 교육의 노하우를 다른 국가에 전수한다고 했을 때, 싫어할 국가는 별로 없을 것이다.

특히 동남아의 한류 열풍은 한인 교육자들에게 매우 좋은 환경을 제공해 준다. 한글을 배우는 국가들이 늘어나고 있으며, 캄보디아 등의 국가에서는 한국어학당이 젊은이들 사이에 매우 인기를 끌고 있다. 이러한 환경은 은퇴한 교사들이 도전해 볼 만한 사역의 기회라고 볼 수 있다. 또한 은퇴를 앞두고 있는 믿음의 교사들이라면 해외 선교지에서 고생하며 사역하고 있는 선교사들의 자녀 교육을 돕는 MK 학교에 지원하는 것도 매우 도움이 될 것이다. 필자의 자녀도 필리핀 마닐라의 한국아카데미에서 공부하였는데, 지금도 다소 아쉬운 점은 마땅한 교사를 확보하지 못해 선교사 자녀들이 국내 교육의 모든 교과목을 수강하지 못했다는 점이다.

특히 은퇴한 교사라면 자신의 경험과 이력을 살려 선교지에서 교육 사역에 헌신했을 때 더욱 귀한 열매를 거둘 수 있을 것이다.

3) 게스트 하우스(Guest House) 운영

실버 세대에 도전해 보고자 하는 사역 중 선교지에서의 게스트 하우스 운영이 있다. 게스트 하우스 운영이라고 해서 숙박을 제공하여 돈을 모으라는 의미가 아니다. 선교사역을 효과적으로 돕는 선교 기관을 의미한다.

선교지에서 이동과 숙박은 쉬운 일이 아니다. 우선 값비싼 숙박 비용은 모금으로 살아가는 선교사들에게는 다소 벅찬 지출이 되곤 한다. 뿐만 아니라 선교지 대부분이 안전에 취약한 경우가 많아, 선교사들이 거주 이동을 할 경우 안전하게 머물다 임지로 투입되는 과정에서 효과적으로 섬기는 기관이 필요하다. 그 대표로 세계적으로 유명한 Action Guest House Mission을 들 수 있다. 이곳은 캐나다에 본부를 두고 있으며 세계 각국에 지부를 두면서 운영하고 있는 기관이다. 필자도 필리핀에서 사역하는 동안에 사역지인 바기오에서 마닐라에 업무가 있어서 올 때는 그 기관을 많이 이용하였다. 잠자리와 식사, 그리고 운송 수단을 효과적으로 제공해 주는 그들의 사역에 고마움을 느낄 때가 많았다. 몇 년 전, 캐나다 에드먼튼을 방문하였을 때에 그 기관의 총재를 만나서 교제를 나누면서 사역에 대한 많은 정보를 나누었던 기억이 있다. 이처럼 게스트 하우스를 운영하면서 선교사들의 사역을 돕는 것도 실버 미션의 한 사역 유형임을 말하고 싶다.

이 장에서는 실버 미션의 당위성에 대해서 논증하였다. 선교하는 기쁨은 인간으로서 누리는 최고의 기쁨이다. 하나님의 부름을 받기 전에 누구든지 도전해 볼 만한 가치가 있다.

Chapter 18

청소년 선교*

청소년이라는 단어 뒤에는 '성장' 혹은 '성숙'이란 의미가 내포되어 있다. 일반적으로 청소년기는 인간발달 단계에서 부모님의 의존과 보호를 필요로 하는 아동기와 성인기의 중간에 위치한 과도기적 연령층을 말하며 흔히 질풍노도의 시기, 관심을 받아야 하는 시기로 일컬어진다. 그런데 요즈음 이들에게 매우 심각한 문제들이 발생하고 있다. 그것도 그들이 대부분의 생활을 영위하고 있는 장소인 학교에서 사태의 정점을 찍고 있다. 이는 교회학교에서도 간과해서는 안될 현상이며 기독교계에서도 대안을 촉구해야 할 사항이다.

1. 청소년 문제들

청소년은 그 나라와 교회의 미래이다. 최근 언론에서는 한국의 청소년들이 많은 문제를 가지고 있다고 보도하고 있다. 청소년들을 선교하기 위해

＊이 글은 월간 『교회와 성장』 2012년 2월호 106-112페이지에 기고된 글이다.

서 그들이 지닌 다양한 문제들을 먼저 살펴보고자 한다.

1) 청소년과 학교 집단 따돌림

국내 언론이 집중하고 있는 문제 중에 가장 먼저 생각해 볼 수 있는 것이 청소년의 집단 따돌림, 이른바 '왕따' 문제이다. 소위 '왕따 당한다' 라는 것은 조직 구성원 가운데 한 사람을 소외시킴으로 정신 및 신체적인 압박을 가하는 것을 의미한다. 인생에서 가장 예민한 시기에 왕따를 겪게 되는 아이들은 급기야는 자살이라는 극단적 상황에까지 가고 있다.

최근 왕따 폭력을 견디지 못하고 대구의 한 중학생이 자살을 해 사회적으로 큰 이슈가 되었고 마치 기다렸다는 듯이 그러한 문제들이 하나 둘 씩 불거져 나오고 있다. 교육과학기술부에 따르면 지난 2010년 전국 초등학교에서 벌어진 폭력 사건은 공식적으로 적발된 것만 231건을 기록, 5년 전에 비해 4배 이상 증가했다고 한다. 전국 대비 30만 명으로 추산되는 초·중·고등학교를 다니는 왕따 피해 학생 가운데 초등학생이 차지하는 비중도 34%(약 10만 명)나 된다고 한다. 교실과 하굣길에서의 구타는 물론 최근에는 온라인과 스마트폰을 통한 사이버 테러 등 폭력의 유형도 다양하다.

2) 청소년의 성추행

공식적으로 적발되는 경우는 드물지만 성추행도 일어나고 있다. 언론의 보도를 인용하면 2010년 12월에는 서울의 한 초등학교에서 초등학교 1학년 남학생 2명이 전학 온 같은 반 여학생을 남자 화장실로 데리고 가 바지를 벗기는 등 성추행을 하다 적발되었다고 한다. 초등학생 왕따 폭력이 점점 심각해지는 이유에 대해 전문가들은 요즘 아이들이 발육이 빨라 조숙한데다 인터넷을 통해 유해한 정보에 대한 접근하기 쉬워졌기 때문이라고 지적하고 있다. 학교폭력예방센터 김건찬 사무총장의 말을 인용하자면 "인터넷 정보력을 갖춘 아이들이 폭력 문화도 더 빠르게 배워가고 있다. 초등 학생이라도 '어린아이'라고 방치하지 말고 교사와 부모들이 더 관심을 갖고 돌봐야 한다."라는 것이다. 그러나 현실은 그렇게 간단하지가 않다. 청소년의 비행 현장에 교사는 존재할 수 없고, 학부모는 생활전선에서 찌들어 살아가고 있기 때문이다.

3) 학교 폭력

학교 폭력은 당하는 학생에게는 하루하루 두려움과 공포의 나날을 보내게 한다. 인터넷 신문에 실린 내용을 아래에 소개한다.

> 2011년 5월 중순 경기도 여주 A중학교 3학년 김모(15)군 등 3학년 10여 명이 2학년 15명을 야산에 집합시켰다. 이들은 다짜고짜 후배들을 폭행하기 시작했다. 학교 '싸움 짱'인 김군 등 3명이 유독 모질게 주먹과 발을 날렸다. 뺨을 때리다 배를 발로 차고, 쓰러지면 무릎으로 얼굴을 쳤다. 공포감을 조성해 금품을 갈취하기 위해서라고 김군은 나중 경찰에서 밝혔다. 코뼈가 어긋나는 등 크게 다친 학생들이 적지 않았지만 보복이 두려워 아무도 학교와 부모에게 말하지 못했다. 김군 등 몇몇은 각자 만만한 2학년 3-4명을 따로 불러 수시로 폭행했다. 유흥비, 오토바이 수리비 등 돈이 필요할 때마다 불러내 두들겨 팬 뒤 "돈을 거둬 오라."고 시켰다. 이렇게 작년 11월까지 폭행과 금품갈취가 확인된 것만 61차례로 금액은 260만 원에 달했다.

이토록 무서운 학생들이 양산되는 원인은 인성 교육을 강화하지 못한 교육 당국의 근시안적 교육에서부터 1등만이 존재하는 사회의 잘못된 환경, 그리고 부모의 무관심에 있다고 볼 수 있다.

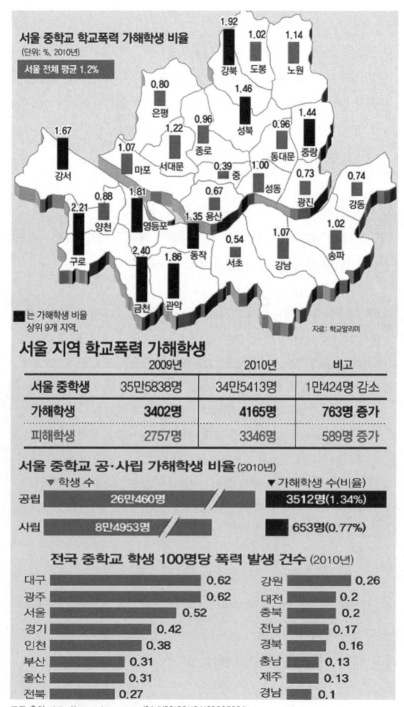

서울 중학교 학교폭력 가해학생 비율
(단위: %, 2010년)
서울 전체 평균 1.2%

강북 1.92 / 도봉 1.02 / 노원 1.14
은평 0.80
성북 1.46
종로 0.96
서대문 1.22
마포 1.07
동대문 0.96
중랑 1.44
강서 1.67
양천 0.88
영등포 1.81
중 0.39
성동 1.00
광진 0.73
강동 0.74
구로 2.21
금천 2.40
관악 1.86
동작 1.35 용산
서초 0.54
강남 1.07
송파 1.02

■ 는 가해학생 비율 상위 9개 지역.

자료: 학교알리미

서울 지역 학교폭력 가해학생

	2009년	2010년	비고
서울 중학생	35만5838명	34만5413명	1만424명 감소
가해학생	3402명	4165명	763명 증가
피해학생	2757명	3346명	589명 증가

서울 중학교 공·사립 가해학생 비율 (2010년)

▼ 학생 수 | ▼ 가해학생 수(비율)
공립 26만460명 | 3512명(1.34%)
사립 8만4953명 | 653명(0.77%)

전국 중학교 학생 100명당 폭력 발생 건수 (2010년)

대구	0.62	강원	0.26
광주	0.62	대전	0.2
서울	0.52	충북	0.2
경기	0.42	전남	0.17
인천	0.38	경북	0.16
부산	0.31	충남	0.13
울산	0.31	제주	0.13
전북	0.27	경남	0.1

도표 출처 : http://news.donga.com/3/all/20120110/43200560/1

2. 청소년 문제 발생의 원인

이상에서 언급한 청소년의 문제는 다음의 몇 가지 상황을 통해서 원인이 주어진다고 볼 수 있다. 이러한 원인들을 살펴보는 이유는 대안을 찾아야 하기 때문이다. 어떠한 사건 뒤에는 반드시 원인을 제공한 무언가가 있기 마련이다.

1) 가족 형태의 변화

먼저는 가족 형태의 변화를 볼 수 있다. 필자는 요즘 사람들이 말하는 깡촌에서 출생하였고, 자연을 벗삼아 성장하였다. 따라서 한국의 전통적인 가족 환경을 경험하였다. 전통적 가정은 조부모와 부모, 그리고 형제들로 이어지는 가족 형태 안에서 살아가면서 위계질서와 도덕이라는 인성을 배워왔다. 그러나 현대사회의 특징이라고도 말할 수 있는 핵가족 형태가 늘어남으로 말미암아 개인주의적인 마인드가 양산되었고 사회생활 또한 지극히 개인적인 형태를 띠게 되었다. 이러한 개인주의는 부모의 과잉보호로 이어지고 아이들의 정신을 나약하게 한다. 또한 과잉보호가 나타나면서 단짝 친구처럼 나타나는 부모의 지나친 기대는 청소년들로 하여금 기대에 부응하지 못했을 때에 오는 좌절감으로 인해 심한 자책감을 갖게 한다.

둘째로, 이혼과 여성들의 취업에서 오는 가족 관계의 변화를 이야기할 수 있다. 부모의 이혼으로 인한 가족 해체의 증가는 청소년 문제에 매우 중요한 원인으로 작용한다. 먼저는 자녀들의 성장하지 않은 내적 성장, 즉 심리상태에 크나큰 상처를 준다. 건강하지 않은 내적 상태는 자연스럽게 문제의 원인을 남에게 찾으려고 하며 사회와 이웃에 대한 반항심을 극대화시킨다. 위에서 언급한 경기도 여주 지역의 학교 폭력도 부모의 이혼 등으로 인한 차상위 계층이 모여 있는 지역임을 보도 내용에서 명시하고 있다.

필자는 강의 시간에 학생들에게 자녀들을 책임지지 않는 이혼은 범죄라고 말한 적이 있다. 자녀들은 자신의 힘으로 일어설 수 있을 때까지 보호를 받아야 할 권리가 있다. 이렇게 주장한 이유는 동물의 세계에서도 새끼들을 보호하고 성장시키기 위해서 끊임없는 노력을 하는데, 만물의 영장인 인간이 자기 책임을 다하지 못한다는 것은 죄악이기 때문이다.

마지막으로 생각해 볼 수 있는 가족 형태의 변화는 청소년 가장의 증가를 들 수 있다. 부모의 사망 또는 이혼으로 인한 가족해체와 부모의 행방불명은 자녀로 하여금 원하지 않는 가장이 되게 한다.

2) 황금만능주의적 사회 변동

우리나라는 1970-1980년대를 지나면서 급속한 산업국가가 되었다. 그런데 이로 인해 물질의 가치가 정신의 가치를 눌러 버렸다. 어려웠던 시대였기에 국가의 우선순위가 경제성장만을 외치는 것밖에 없었다는 당시 시대상의 영향도 있었지만 너무 성장 제일주의로만 나간 나머지 국민들의 생활의 초점이 황금만능주의, 이기주의, 개인주의와 성과주의로 치닫게 되는 악을 양산했다. 급격한 사회의 변화 속에서 어른들은 아이들에게 신경 쓸 여력이 턱없이 부족했고 그 결과 청소년들은 성숙한 시민으로서의 윤리에 대한 혼란이 야기되었으며 각종 잔혹성 범죄와 폭력, 무절제한 생활 습관을 행하게끔 되었다.

특히 황금만능주의는 청소년들로 하여금 너무나도 큰 사회적 병폐를 가져오게 했는데, 청소년들이 명품을 사기 위해 아버지뻘 되는 남성들과 성매매를 함은 물론 각종 비행에 연루되기도 하며, 심지어는 가정집에 침입하여 절도까지 하게 된 탈선의 모습들을 각종 언론을 통해 심심치 않게 보게 된다. 황금만능주의 사회는 하나님의 인류 통치 계획에 정면으로 대치되는 것이다. 오히려 자신이 소유한 것들을 나누도록 만드는 것이 하나님의 법칙이다. 초대교회의 성장 요인 가운데 하나는 자신의 것들을 타인을 위해서 사도들의 발 앞에 가져다 놓는 데에서부터 선교가 시작되었다는 점이다. 즉, 갖는 것이 아닌 나누어 주는 데에서부터 사회의 상생이 시작될 것이다.

3) 교육 환경의 모순

교육은 인간을 가르치고 훈계함을 통해서 성숙한 인격을 갖게 만드는 도구이다. 그러나 언제부터인가 학교에서 체벌이 사라졌다. 이러한 상황이 가속화되면서 교권은 땅에 떨어졌고 청소년들의 앞길을 인도하는 사명을 가진 선생님들의 역할이 축소되었다. 물론 체벌이 교육의 최선은 아니다. 그렇지만 선생의 따끔한 체벌이 청소년들에게 약이 될 경우가 있다.

교육의 제도적인 문제 또한 반드시 선결되어야 한다. 교사들의 과도한 업무는 학생들에게 기울여야 할 시간과 관심을 빼앗아 버리기도 한다. 업무가 많아 교사의 본분인 학생들에 대해 일일이 주의와 관심을 기울일 여유가 부족하다는 점은 올바르지 못하다. 요즘 청소년들이 가장 좋아하는 교사상은 '친절하고 실력 있는 선생님' 이라고 한다.

친절하다는 것은 학생들에게 얼마나 관심을 기울이고 대화를 나누느냐에 달렸다. 그런데 수업과 잡무에 지친 교사들이 학생들과 다정하게 얘기를 나눌 여유조차 없다면, 누가 어떤 고통을 겪는지 파악하기란 하늘의 별 따기일 것이다.

현대사회의 문제점 가운데 하나는 사회적 욕구와 청소년들의 관심 사이에 크나큰 간극이 형성되었다는 점이다. 사실 학교 교육보다는 사교육 열풍이 기승을 부리고, 돈의 위력이 학력을 만들게 되었다. 특권층의 자녀들은 또 다른 계급을 만들어서 소외되고 힘없는 청소년들로 하여금 사회에 반항하게 만드는 일이 빈번하게 되었다.

청소년들은 유해 물질에 노출되어 있다. 술과 담배, 심하게는 마약과 같은 것들은 청소년에게 육체적 쾌락을 추구하게 만들고 결국 사회의 정상적인 구성원으로서 생활하기에 부적절한 사람으로 만들어 버린다. 한참 꿈을 꾸고 미래를 설계하며 나아가야 할 청소년이 육신적인 쾌락의 충족을 더욱 선호한다는 것은 미래를 포기하는 것과 같다.

3. 청소년 선교

지금까지 청소년들의 문제점들과 원인들을 조명해 보았다. 이러한 문제점들을 해결할 방법은 새 사람이 되게 만드는 길 밖에 없다. 성경에는 "거듭나지 아니하면 하나님 나라를 볼 수 없느니라"(요 3:3)고 명시하고 있다. 덧붙여 예수님은 너무나도 명확히 "진리를 알지니 진리가 너희를 자유롭게 하리라"(요 8:32)라고 분명하게 말씀하셨다.

하나님의 나라는 진리와 삶의 원천이다. 청소년들이 여호와 하나님을 찬양하고, 하나님의 일을 수행하며, 하나님의 말씀을 경외하고, 깨끗한 행실을 유지하면서 악을 행하지 않도록 만드는 일은 참으로 중요한 사역이다. 이러한 과업을 성취하기 위해서 청소년 선교를 몇 가지 관점에서 생각해 보고자 한다.

1) 크리스천 가족의 형성

청소년 선교를 위한 적극적인 방법으로서 1차 사회인 가정에서부터의 노력이 선행되어야 함을 들 수 있다. 가족이란 생물학적 혈연관계 이상의 것이다. 가족이야말로 무조건적인 사랑을 주고받을 수 있는 관계이다. 가족 상호간에 이루어지는 사랑은 무엇으로도 가를 수 없는 것이다.

성경이 교훈의 잣대가 되고, 성경이 앞길을 인도하는 길잡이가 되도록 만드는 것이 크리스천 가정이 갖는 유익한 점이다. 따라서 무엇보다도 가정의 복음화가 온전히 이루어져서 자녀들을 양육하게 하는 것이 최선의 길이 됨을 말하고자 한다. 성경은 "너희도 아는 바와 같이 우리가 너희 각 사람에게 아버지가 자기 자녀에게 하듯 권면하고 위로하고 경계하노니 이는 너희를 부르사 자기 나라와 영광에 이르게 하시는 하나님께 합당히 행하게 하려 함이라"(살전 2:11-12)고 말씀하고 있다.

크리스천 가정이 된다는 것은 삶의 지혜를 얻을 수 있는 하나님의 말씀과 기도와 사랑이 있다는 것이다. 물론 크리스천 가정이라고 어려움과 문제가 없는 것은 아니다. 그러나 잠시 잘못된 길을 가다가도 돌아설 수 있는 공간이 있으며 손잡아 줄 수 있는 따뜻한 마음이 있다. 그렇기 때문에 가정 복음화는 청소년 문제를 해결할 수 있는 중요한 전략임이 틀림없다.

2) 선교 캠프로의 초대

청소년들을 선교의 캠프에 초대하는 일은 교회의 긍정적인 효과를 가져다주는 전략이다. 청소년들은 캠프를 통해서 자신의 젊음을 발산하고, 다양한 또래들과 관계를 맺고, 영적인 분위기 속에서 자신의 가치관을 바로 세우는 작업이 이루어지기 때문이다. 최근에는 청소년들을 위한 다양한 전문적인 캠프가 많이 열리고 있다. 청소년들이 좋아하는 스타 강사들과, 성경 공부 인도자들이 대거 포진한 캠프에 초대하는 작업은 청소년 선교의 교두보를 마련한 계기를 가져올 수 있다.

지난해 여름 캠프를 다녀온 필자의 자녀를 보면 이 전략이 효과가 있고 자녀에게 변화가 일어나고 있다는 것을 눈으로 볼 수 있었다. 자녀의 고백을 들어보면, "학교생활에서 친구들과의 관계 속에 있었던 불편함이 해소되고, 좀 더 적극적인 성격으로 바뀌도록 노력하게 되었고, 무엇보다 긍정적인 마인드로 무장하게 되었다."라고 말하였다. 가정과 부모와의 관계 속에서 하지 못한 대화들을 캠프를 통해 신앙 안에서 또래와의 나눔을 통해 현재는 성숙한 크리스천으로서 하나님과 교회에 헌신하는 모습을 보면서 캠프의 유익함을 재언하는데 확신을 가진다.

3) 해외선교 현장 견학

청소년들을 해외의 선교 현장에 보내는 것은 참으로 유익한 경험을 하게 만드는 것이다. 한국의 청소년들은 개인주의 및 과보호로 인한 자기 의지가 빈약한 상황이다. 이러한 때에 해외의 선교 현장을 견학하는 것은 삶의 좌표를 설정하는데 매우 유익한 기회가 된다. 특히 우리보다 잘 살지 못하는 지역을 방문할 경우에는 자신의 위치를 새롭게 인식함으로써 부모에 대한 감사와 조국에 대한 자부심을 느끼게 되므로 많은 변화를 가져오는 계기를 마련하게 된다. 더불어 국제적인 관계 속에서 친구를 만들고 우정을 쌓음으로 긍휼과 사랑의 마음을 통해서 기독교 세계관의 형성에 큰 영향을 주게 된다.

특히 방학을 이용하여 어학연수를 겸한 영어권에서의 선교의 경험은 배움과 장래에 대한 학생의 비전에 덕이 되는 일석이조의 효과가 있는 기회가 되기도 한다. 그러나 반드시 경험을 쌓을 나라가 미국일 필요는 없으며 동남아권인 싱가포르나 필리핀 같은 영어권인 거의 모든 지역에서 방학 기간을 보내게 하는 것도 좋은 전략이 되리라 믿는다.

지금까지 청소년 선교에 대해서 기술해 보았다. 우리는 청소년들을 보면서 대한민국의 내일의 모습을 본다. 무엇보다도 청소년들에게 폭력은 인간성을 파괴하는 범죄라는 인식을 아이들에게 심어주어야 한다. 이를 위해서는 모든 초등학교의 저학년 교실에서부터 '심리극' 등을 통해 '왕따'의 비인간성과 폭력성을 일깨워 줄 필요가 있다.

교회는 청소년들을 계도할 수 있는 확실한 기관임을 학부모들에게 인식시키는 작업이 선행되어야 한다. 사실 청소년 선교는 무엇보다도 한국교회에게 주어진 중요한 과제이다. 우리는 이 과제를 지혜롭게 감당해야 하겠다.

Chapter 19

가정 선교*

한국교회는 현대의 가정을 중요한 선교의 장으로 보아야 한다. 따라서 교회마다 사역의 목표 중 하나로 가정의 복음화를 꼽아야 할 것이다. 교회의 구성원이 많아지고 공동예배가 주를 이루던 1950년대 기독교 의식과 관련하여 신가족주의(neo-familism)로 급속히 변화되었다. 교회의 많은 교파에서는 가족을 위한 프로그램과 교육과정을 마련하여 사역하고 있다.

현대 가정은 빠른 속도로 발전하는 사회적 환경의 변화와 스트레스 및 가족 상호간에 의견 충돌로 인한 갈등이 상존하고 있다. 이러한 가정 내의 문제는 말씀을 통한 회복이 중요하다. 하나님은 아담과 하와로 인류 최초의 가정을 만드셨다. 그러나 그들의 타락으로 죄가 세상에 들어오고 가정 안에도 수많은 문제들을 만들었다. 따라서 하나님이 창조하셨던 본래의 가정의 모습을 회복하는 것이 곧 가정 선교다.

---

*이 글은 월간 『교회와 성장』 2012년 6월호 91-97페이지에 기고된 글이다.

1. 가정의 성경적 개념

하나님은 인간이 홀로 살 수 없기 때문에 가정을 만드시고 한 몸이 되어 살아가도록 하셨다. 창세기 1장 27-28절은 "하나님이 자기 형상 곧 하나님의 형상대로 사람을 창조하시되 남자와 여자를 창조하시고 하나님이 그들에게 복을 주시며 하나님이 그들에게 이르시되 생육하고 번성하여 땅에 충만하라, 땅을 정복하라, 바다의 물고기와 하늘의 새와 땅에 움직이는 모든 것들을 다스리라 하시니라"고 말씀하셨다. 즉, 가정은 하나님이 창조하신 것이다(창 1:27-28, 2:18-25).

상당수의 사람들은 남녀가 어느 날 갑자기 만나 가정이 이루어진 것으로 생각하기도 한다. 그러나 가정이야말로 참으로 하나님의 걸작품이다. 서로 다른 두 인격체가 만나 사랑의 과정을 거쳐 결혼을 하고 함께 삶을 살아가는 모든 과정은 참으로 신비한 사건이 아닐 수 없다. 성경에는 하나의 가정이 탄생하기까지 모든 과정이 우연이 아닌 것을 증거하고 있다.

> 여호와 하나님이 땅의 흙으로 사람을 지으시고 생기를 그 코에 불어 넣으시니 사람이 생령이 된지라(창 2:7).

인간의 몸은 하나님에 의하여 흙으로 만들어졌으며, 이러한 비물질적인 형태에 하나님이 숨을 불어넣었다고 성경은 말하고 있다. 인간은 또 생육하고 번성하도록 창조되었다. 가정을 창조하신 하나님은 부부가 아이를 낳아 하나님의 창조물을 다스리고 관리하도록 위임해 주셨다. 따라서 생육하고, 번성하고, 땅에 충만하는 것이 하나님의 뜻을 이루는 것이다.

결국 하나님이 창조한 가정은 인간의 삶 속에 중심축을 이루고 있음을 알 수 있다. 건물로 보면 마치 기둥과 같다. 기둥이 무너지면 건물은 무너지게 되어 있다. 건물이 무너지면, 건물 속에 있는 아무리 좋은 물건들이라도 쓸모없어진다. 오늘날 우리는 가정이 파괴됨으로 말미암아 수없이 많은 고통을 받고 있다.

2. 현대 가정의 문제점들

평화롭고 건강하게 유지되어야 할 가정이 심각하게 일그러진 모습들을 주변에서 보게 된다. 이는 인간의 타락과 관련 있다. 첫 사람 아담과 하와 부부의 타락의 결과는 그 가정에만 영향이 미치지 아니한다. 즉, 아담과 인류는 유기적 통일성에 의하여 직접적으로 오는 세대 속에 영향을 미친다. 아담의 자유 행위 속에서 인류의 의지는 하나님께 배반하였으며, 인류의 성품은 부패하게 되었다(롬 5:12, 고전 15:21). 이를 대별해 보면 하나님과의 교제가 파괴되었고(창 6:6-7), 인간 영혼의 죽음(하나님과의 영혼의 분리 현상)으로 나타나게 되었다. 또한 육체적 죽음이 도래하였으며(창 3:19, 22), 결국 환경적인 저주를 받게 되었다(창 3:17-18, 롬 8:21-22).

인간이 하나님의 계명을 어김으로써 도래한 죄의 결과는 가정이 사탄에 의해서 철저히 파괴될 수 있다는 것이다. 현대인들이 이러한 실체를 알지 못하고 방황하는 사이에 가정을 파괴하는 무서운 일들이 우리 속에 나타나고 있다. 다음으로 가정의 문제점들을 몇 가지 열거해 보고자 한다.

1) 가정 폭력의 문제

폭력이란 타인에게 의도적인 완력을 행사하여 신체적 고통이나 상처를 입히는 행위이다. 이러한 폭력이 가족 구성원들 간에 발생될 때 화합이 깨지고 상처를 받게 된다. 가정 폭력을 광의적으로 보면 배우자 폭력뿐 아니라 자녀 및 부모에게까지도 폭력을 행하는 것을 보게 된다. 폭력이 확대되면 살인까지 불러오는 무서운 행위가 된다.

2) 이혼 문제

이혼이란 법률상으로 유효하게 성립된 혼인을 당사자의 합의에 의해서 결혼 관계를 청산함으로써 법률적으로 사회적으로 부부로서 인정받던 생활 공동체를 이탈하여 남남으로 이별하는 행위를 의미한다. 이로 말미암아 이혼 가정이 생겨나고 있다. 그 결과 최근의 이혼 통계는 놀라운 속도로 증가하고 이혼이 가져온 가장 큰 피해는 자녀들에게 부과되는 심각한 고통이다. 사랑을 받고 자라야 할 자녀들은 정신적 충격은 물론 유해 환경 속에 빠질 가능성이 높아진다. 때문에 이혼은 무책임한 행동이라고 말할 수 있다.

3) 자녀들의 문제

자녀를 낳아 건강하게 양육하는 것은 귀한 일이다. 그러나 현대의 청소년들은 감정적으로 불안정할 뿐만 아니라 성적으로 개방되어 있다. 또한 전통적인 가치 규범에 대해서 반항적 기질을 발휘하기 때문에 부모가 자녀를 훈계하고 바른 길로 안내하는 것이 쉬운 일은 아니다. 특히 맞벌이 부부들은 자녀를 전적으로 학교에 일임하고 방치하는 경우가 많다. 이러한 결과는 학교 폭력과 왕따 문제는 물론 경쟁 위주의 사회 분위기 속에서 극심한 스트레스로 자녀들을 내모는 상황을 초래한다.

4) 가정의 빈곤 문제

의식주 문제는 인간의 기본 권리이다. 가정의 빈곤 문제에도 몇 가지 생각할 요소가 있다. 즉, 절대적 빈곤이냐 아니면 상대적 빈곤이냐의 문제이다. 우리나라의 빈곤은 절대적 기준에 입각하여 빈곤의 기준이 최저 생계비 이하 소득자를 지칭한다. 이는 기초생활보장법에 의해서 인간이 건강하고 문화적인 생활을 유지하기 위하여 소요되는 최소한도의 비용을 확보해야 한다는 것이다.

가정의 빈곤은 사회구조적인 문제일 수도 있고 또 개인의 능력 여하에 따른 문제일 수 있다. 안타까운 점은 갑작스런 가장의 실직으로 생계 대책이 막연하여 빈곤층으로 전락하게 된 가정이다.

5) 환자가 있는 가정의 문제

건강한 삶을 추구하는 것은 인간의 근본적인 소망이다. 그러나 불행스럽게도 건강이 악화되어 삶의 기쁨이 사라지는 경우를 보게 된다. 특히 가족 중에 장기 입원과 치료를 요하는 치매 환자나 정신과 질환의 환자가 있을 경우는 여러 심각한 문제들이 발생하기도 한다. 이뿐 아니라 장애 아동을 둔 경우에는 부부 가운데 한 사람은 온전히 아동을 돌봐야 하기 때문에 기존에 누려왔던 사회적 역할 및 관계성이 단절되어 심한 스트레스를 받게 된다. 이로 인해서 부부 관계는 위기를 맞고 나아가 가정 전체가 어려워진다.

3. 가정 선교를 위한 제언

하나님께서 창조한 가정에 사탄의 작용으로 다양한 문제가 야기되는 사례를 살펴보았다. 글의 서두에서 밝힌 바와 같이 하나님의 인간 및 가정 형성은 창조 본래의 모습으로 회복시키는 작업이 참으로 중요하다. 회복을 통해 찬양과 감사가 넘치는 가정으로 변화하는 것이야말로 하나님 나라를 이 땅에 이루는 것이며 곧 천국의 형상을 닮는 가정이 되는 것이다. 이를 위해서 아래의 몇 가지 요소들을 정리해 보고자 한다.

1) 하나님의 형상을 회복하는 가정

우리는 하나님의 형상을 회복하는 참된 가정을 만들어야 한다. 인간은 죄로 인한 타락으로 즉각적인 하나님의 저주를 받았다. 그러나 피조물을 향한 하나님의 사랑이 다시 인간의 생명을 연장하게 하였으며 이것은 구속 사역의 성취를 예시하신 것으로도 볼 수 있다. 하나님의 형상을 회복한다는 것은 곧 구원의 주님이신 예수 그리스도 안에 있음을 깨닫는 것이다.

창세기 3장 15절에는 "내가 너로 여자의 원수가 되게 하고 네 후손도 여자의 후손과 원수가 되게 하리니 여자의 후손은 네 머리를 상하게 할 것이요 너는 그의 발꿈치를 상하게 할 것이니라 하시고"라고 기록되어 있다. 이 말씀은 예수님의 출현을 예고하는 귀한 성경 구절이다. 모든 사람은 남자의 후손이지만 예수님만은 여인의 후손이며 예수님만이 타락한 인류를 구원하실 수 있으신 분이심을 하나님이 말씀해 주시는 구절이다.

즉, 사단의 공격으로부터 파괴된 가정을 진정으로 회복시키실 분은 예수님밖에 없다는 것을 말씀해 주시고 계신 것이다. 세상의 교육과 제도가 일그러진 가정을 회복시킬 수 없다. 세상의 정치 또한 가정을 회복시킬 수 없다. 오직 예수님만이 우리의 가정을 회복시킬 수 있다. 예수님이 가정의 주인이 되어야 한다. 예수님을 찬양하는 목소리가 가정에서 울려 퍼져 나와야 한다.

2) 가정 예배의 신앙

예배의 어원적 의미는 '예를 갖추어서 절한다' 는 뜻이다. 로버트 레이번 (Robert G. Rayburn)은 "예배는 신자들의 새생명의 활동이다. 이는 예수 그리스도의 인격에 나타난 신격의 충만과 그의 강력한 구속 행위를 깨닫는 것이다. 또한 성령의 능력으로 그에게 합당한 영광과 존귀, 그리고 우리의 순종을 살아계신 하나님께 드리는 행위이다."라고 말했다.

가정 예배를 통해서 현대인들은 많은 문제들을 해소할 수 있다. 온 가정이 한자리에 모여서 찬송과 기도, 그리고 말씀의 나눔을 통해서 서로간의 삶을 돌아보며 앞으로 나아갈 방향을 설정할 수 있는 계기를 마련할 수 있기 때문이다.

예배는 세 가지 측면이 있다. 첫째는 형식적인 요소이다. 이는 하나님의 계시와 인간의 응답을 나누는 시간이다. 둘째는 내용적인 측면이다. 예배는 구속사의 사건들이 예배의 현재 속으로 내재되는 것이다. 그리고 셋째는 기능적인 측면이다. 하나님은 인간에게 봉사하시고 인간은 하나님을 향해서 봉사를 드리는 것이다.

예수님께서는 적은 수의 사람이지만 함께 모여서 예배드릴 때에 큰일들이 해결될 것을 가르쳐 주셨다. "진실로 너희에게 이르노니 무엇이든지 너희가 땅에서 매면 하늘에서도 매일 것이요 무엇이든지 땅에서 풀면 하늘에서도 풀리리라 진실로 다시 너희에게 이르노니 너희 중의 두 사람이 땅에서 합심하여 무엇이든지 구하면 하늘에 계신 내 아버지께서 그들을 위하여 이루게 하리라 두세 사람이 내 이름으로 모인 곳에는 나도 그들 중에 있느니라"(마 18:19-20)고 말씀하셨다. 사실 초대교회의 바울은 가정 교회들을 돌봄으로써 위대한 선교사역의 일을 감당하였다.

3) 가족 간의 원활한 의사소통

제임스 G. 엥겔은 "참된 커뮤니케이션은 쌍방 간에 모두 그 메시지를 이해하고 의도한 바대로 수신자가 행동에 옮겨질 때 일어난다. 그러므로 커뮤니케이션은 쌍방 간의 교통의 과정이다."라고 말했다.

가족 구성원 간에 원활한 의사소통이 이루어진다는 것은 건강한 가정의 상징이 된다. 현대인의 가정을 들여다보면 소통의 문제가 크나큰 이슈가 됨을 쉽게 알 수 있다. 가장의 직장생활에서 오는 피곤과 스트레스로 인한 대화의 기피 현상은 부부간의 단절을 야기하고, 자녀의 학교 공부와 입시 준비의 절박함이 부모와 자녀간의 의사소통을 막는 시대가 되었다. 이를 극복하는 것이 건강한 가정을 이루고 하나님의 자녀로서의 모범된 가정을 이룰 수 있는 길일 것이다.

부부 사이의 의사소통 장애 요인을 다음의 몇 가지로 분류해 볼 수 있다. 즉, 문화적 차이, 성 역할의 학습의 차이, 간접적인 의사소통의 오해, 용어 사용의 불일치 이해, 지나친 일반화나 불확실한 가정, 선택의 인지 문제, 모순적인 의사소통, 혼자서만 말하는 습관, 방어적인 의사소통과 같은 요인들이다.

기브(Gibb)는 의사소통의 가능성에 따라서 방어적 의사소통과 지지적 의사소통으로 분류하고 있다. 방어적 의사소통이란 독단, 통제와 전략, 무관심, 우월감 등의 역기능적인 의사소통을 의미한다. 그러나 지지적 의사소통이란 성실한 정보 추구, 정보 제공, 자발적인 문제 해결, 감정이입이 되는 이해, 대등함 등의 순기능적인 의사소통이다. 결국 우리는 부부간의 대화에는 지지적 의사소통이 요구됨을 알 수 있다.

이를 위해서 다음과 같은 노력이 필요하다고 스티텔은 말한다. 첫째는 대인관계에 대한 긍정적인 도덕성을 지녀야 한다. 둘째는 상호간에 존중이 필요하다. 셋째는 공통적 준거의 틀을 가져야 한다. 넷째는 상호 경청이 필요하다. 다섯째는 메시지의 의미를 파악한다. 여섯째는 공감한다. 일곱째는 상대방의 감정을 알고 있다는 것을 알린다. 여덟째는 자신의 의견을 분명하게 말한다. 아홉째는 자기를 투명하게 노출시킨다. 이러한 노력들이야말로 부부간의 의사소통에서 참으로 중요한 노력이 된다.

부모와 자녀간의 의사소통의 문제는 무엇인가? 부모와 자녀 간의 수용 결여의 요인, 세대 간의 용어 사용의 한계, 부모의 권위주의와 독단적 태도, 부모의 지속적인 불쾌한 정서, 부모의 부정적인 대화 방법, 부모에 대한 자녀들의 편견, 자녀의 자아 긍정성의 결여를 들 수 있다. 이러한 다양한 요인들에 의해서 부모와 자식 간에는 대화의 벽이 생기고 서로 소통하지 못하는 결과를 가져오게 된다.

이를 극복하기 위해 노력해야 할 요인을 살펴보면 다음과 같다.

첫째는 자녀의 의견에 수용적인 태도를 지녀야 한다. 둘째는 갈등을 인정하고 건설적인 방법을 찾는 노력이 필요하다. 셋째는 자녀의 문제를 스스로 알 수 있도록 만드는 대화법의 사용이다. 이러한 노력이야말로 부모와 자녀간의 원활한 의사소통이 이루어질 것이다.

4) 상처 입은 가족의 치료

현대의 가정 구성원들은 가족 내에서의 갈등과 가족 외적 요인에서 오는 스트레스로 상처를 입고 있다. 따라서 치료가 필요하다. 가족 치료의 명제는 증상이 어떠한가, 혹은 전통적인 진단법이 무엇인가는 문제되지 않는다. 만일 가족이 문제라면, 그 가족이 치료의 초점이 되어야 한다. 냉정히 살펴보면 그 가족 모두가 환자이다.

가족에 의해서 상처를 받았다면 가족으로부터 치료를 받아야만 한다. 가족 중심의 상담사들은 궁극적인 치료는 목회자나 심리치료사가 아닌 가족 자체에서 나올 것이라고 확신한다. 치료사는 가족들이 변화를 일으켜서 치료가 되도록 돕는 역할을 할 뿐이다.

존 찰스 윈(John Charles Wynn)은 가족의 치료를 위해서 치료사는 적극적으로 개입하여야 함을 말하면서 "비지시적 상담의 전통과는 다르게 대부분의 가족 치료에서는 단순히 경청자와 관찰자, 그리고 반영자가 아닌 그 이상의 치료사가 요구된다. 치료사는 가족이 보다 효과적으로 변화할 수 있도록 가족 체계에 적극적으로 개입하여야 한다. 치료사는 존경받는 친척처럼 체계에 개입하여 보다 나은 적응을 위한 협상들에 있어서 목적의

식적인 역할을 해야 한다."라고 말한다.

이를 위해 경험이 있는 치료사들은 가족의 체계 안으로 들어가서 그들의 언어를 채택하고, 그들의 의식을 관찰하고, 그들의 문화를 이해하려고 노력하는 것이 중요하다. 물론 모든 사역자들이 치료사로 활동할 수는 없다. 그러나 우리는 가족의 치료를 위해서 부단히 연구하고 실행해야 하겠다.

치료사가 지녀야 할 효과적인 기술을 열거해 보면 다음과 같다. 첫째는 치료사와 내담자 사이에 치유 관계를 형성하는 것이다. 치료사의 공감은 가족 치료에 필수적이기 때문이다. 둘째는 정서적인 관계에 관한 지식은 심리치료 작업을 행함에 있어서 필수적이다. 셋째는 신뢰와 확신과 객관성의 유지를 위해서 노력해야 한다. 이를 위해서 에베소서 6장에서 바울이 말한 전신갑주를 활용해야 한다. 넷째는 가족 치료의 상황적 요소들에 대한 상황 설명이 있어야 한다. 다섯째는 치료 과정의 중요성을 인식하는 것이다. 면담 기간 중이나 면담 시에 무슨 일이 일어나는가에 대한 주의를 기울이는 것이 치료에 필수적이다. 여섯째는 체계 안에서 상호작용이 중요하다. 개방된 의사소통을 모델화하는 것은 폐쇄된 가족들로 하여금 개방체계가 될 수 있도록 가르쳐 줄 것이기 때문이다.

가족 치료의 목적은 가족들이 다양한 문제들로 인한 고통으로부터 벗어나서 개선된 상황에 대해 만족해 하고 또 그들의 어려움을 새롭게 붙잡고 대처해 나갈 수 있도록 하기 위함이다.

5) 가정 선교를 향한 우리의 자세

하나님은 자신의 영광을 위해 가정을 만드셨다. 가정은 하나님의 형상을 간직한 도구이다. 가정이 사단의 공격을 받아서 점점 파괴되는 현실 속에서 우리 성도들이 승리하는 방법은 무엇인가? 우리의 가정의 중심에 예수 그리스도께서 주권자가 되시도록 만들어야 하겠다.

가정은 교회의 단위이다. 가정이 무너지면 교회가 무너진다. 교회가 무너지면 궁극적으로 하나님 나라의 건설에 큰 지장을 초래한다. 따라서 교회와 선교 단체는 가정 선교에 적극적이어야 하겠다.

Chapter **20**

아동 선교*

아동 선교의 이슈는 저출산으로 인한 인구의 감소와 깊은 관계가 있다. 한국의 인구는 구조적인 문제를 안고 있다. 다시 말하면 초고령 사회의 급속한 도래와 저출산이 가져온 산업 인력의 급격한 감소이다. 사실 한강의 기적을 일구면서 세계의 10위권의 경제대국으로 높아진 위상을 자랑하던 우리나라가 저출산이라는 암초에 부딪치면서 천천히 좌초되어 가는 느낌이다. 2009년의 합계출산율은 1.15명이다. 이는 지구촌의 186개국 가운데 184위이다.

일부 학자들의 견해에 의하면 한국에서 저출산의 시작은 1983년이라고 판단한다. 그때의 통계가 이미 출산율 1.1명 미만으로 나타났지만 1995년까지 산아제한 정책이 전개되어 이미 10년 이상 정부가 앞장서서 저출산 국가로의 진입을 장려한 정책이 이제 부메랑처럼 되돌아오게 된 것이다.

저출산의 결과는 교회의 성도 감소라는 문제를 야기하게 되었다. 즉, 교

＊이 글은 월간 「교회와 성장」 2012년 7월호 90-95페이지에 기고된 글이다.

회 아동부의 급감으로 말미암아 초등부에서부터 장년에 이르는 모든 부서들의 양적 감소와 교회성장의 정체 현상이 나타난다. 이제 한국교회는 미래의 교회성장을 위해 저출산의 문제를 해소함과 아울러 아동들에 대한 깊은 관심과 선교 전략을 갖는 것이 중요하다. 따라서 필자는 아동이 지닌 특수성을 이해함과 아울러 아동 선교의 필요성과 전략을 생각해 보고자 한다.

1. 아동의 정의

아동이라는 단어는 다양한 개념을 지니고 있다. 시기적으로 보면 6세에서 11세 정도의 나이를 보통 아동이라고 부른다. 이 시기의 아동들은 의존, 성숙, 민감성, 욕구, 적응의 특성을 지니고 있다.

첫째로 의존적인 요소는 다음과 같다. 아동들은 의존적인 존재로서 누군가의 사랑을 받기 원하는 마음이 있다. 이러한 욕구의 충족을 통해서 점차 독립적인 존재로서 성장하게 된다. 둘째로 성숙하는 요소가 있다. 아동들은 지속적으로 발달해 가는 존재이다. 개인의 발달 수준이나 능력에 따라서 차이는 있지만 운동하고, 말하고, 생각해 가면서 스스로 변화해 가는 것을 볼 수 있다. 셋째는 민감성이다. 아동들은 감정이 매우 예민하고 강렬한 시기이며, 욕구에 대한 만족을 즉각적으로 얻기 원하는 마음이 있다. 넷째는 욕구 분출의 요소가 있다. 그들은 식욕, 수면, 휴식, 배설, 호흡 등과 같은 것 외에도 심리적 안정과 신체적 안전을 느끼고자 한다. 또한 사랑받고 인정받고자 함과 아울러 자아실현의 욕구도 존재한다. 다섯째는 적응의 요소이다. 아동기에는 다른 어느 시기보다도 교육과 학습을 필요로 하는 시기이다. 이는 아동이 독립된 하나의 인간으로서 재대로 기능하기 위해서는 사회생활에 필요한 지식과 기술을 습득하도록 만드는 과정이 필수적이다.

위에서 언급한 다양한 특성을 고려해 볼 때에 어른들이 아동들을 어떻게 대하느냐에 따라서 장래의 삶이 결정되어진다는 것을 알 수 있다. 전통적으로 아동들을 성인의 소유물로 생각한 경우가 많았다. 이러한 잘못된 개념은 아동의 의사와는 상관없이 자녀의 생명을 자신의 소유물로 여기고 동반 자살을 하는 끔찍한 결과를 낳기도 한다. 그러나 현대적 아동관은 많은 변화를 가져온 것도 사실이다. 국가적으로는 어린이날과 같은 축제를 통해서 아동의 인권과 정체성을 존중하는 마음을 확산시키고 있다. 이러한 정책을 통해 아동을 가능성의 존재, 인격적이고 독립적인 존재로 받아들이는 경향이 사회 전반에 나타나고 있다.

2. 아동 선교의 필요성

아동기에 있는 어린이들은 장년들이 어떠한 모습을 보여 주느냐에 따라서 세계관이 달라진다. 우리는 아돌프 히틀러의 아동기를 가끔 이야기한다. 자신의 어머니와 유대인 남자의 불륜을 보면서 자라났던 히틀러는 어린 시절 경험이 증오심으로 자라나 그 결과 600만 명의 유대인을 학살한 무서운 범죄를 저지른 사악한 존재가 되었음을 알 수 있다. 한국의 속담에 "세살 버릇 여든까지 간다"라는 말이 있다. 그만큼 아동기의 성장 환경이 중요한 삶의 밑천이 된다는 뜻이다. 아동기의 유해 환경의 트라우마가 성년이 되었을 때에 정신질환으로 이어진다는 조사 결과가 나왔다. 아동들에게 복음을 증거하여 인류와 동포, 그리고 이웃에게 참다운 삶을 통해 하나님의 나라를 건설하는 모습을 갖도록 만들어 나가야 하겠다. 아울러 필자는 다음과 같은 이유를 들어서 아동 선교의 필요성을 강조하고자 한다.

첫 번째는 예수님이 아동들을 사랑하셨다. 대표적인 성구는 마가복음 10

장 13-16절에 나타나 있다. 사람들이 예수님께서 어린아이를 만져 주실 것을 기대하고 예수님께 데리고 왔지만 제자들은 그들을 꾸짖었다. 이에 예수님은 오히려 제자들을 꾸짖으면서 하시는 말씀이 "하나님 나라가 이런 자의 것이니라"고 하셨다. 현대 교회는 어린아이를 경시하는 풍조를 가지고 있다. 왜냐하면 교회 유지를 위해서 도움이 안된다는 이유를 들 수 있다. 즉, 어린이들은 교회의 재정 정책에 아무런 힘이 되지 않으로써 사역 순위에서 가장 낮은 분야로 밀린 것이 현실이다. 그러나 예수님은 장기간 동고동락하였던 제자들을 오히려 꾸중하시며 어린이의 출입을 금하지 않으셨다.

두 번째는 아동들이 사회의 구조악에 희생될 위기를 지니고 있기 때문이다. 최근에 우리는 중국에서 어린이 32명을 납치하여 외국에 넘기려는 일당을 잡아서 조치를 취했다는 뉴스를 보았다. 이는 어린이를 돈벌이 수단으로 여기는 어른들의 범죄행위이다. 이 외에도 아프리카나 중동의 전쟁터에서 총알받이로 아동들을 활용하는 예들을 볼 수 있다. 이러한 범죄는 분명 심판해야 한다. 그리고 그들을 향해서 침묵하는 것은 동일한 범죄를 짓고 있는 것과 같다. 따라서 만약 교회가 이에 대해서 침묵한다면 어떻게 되겠는가?

세 번째는 아동들은 하나님 나라를 지속적으로 확산시킬 자원이기 때문이다. 필자는 서두에서 아동 인구의 감소는 자연적으로 교회 성도의 감소로 이어짐을 역설하였다. 사실 하나님 나라의 지속적인 과업은 선교의 핵심 정책이다. 그러나 누가 그러한 일을 할 수 있는가. 결국 하나님 나라의 선교 도구인 인간이다. 따라서 아동의 감소는 당연히 선교의 추수꾼을 확보하지 못한 결과를 가져옴을 알아야 하겠다. 불행스럽게도 세계의 인구 분포를 측정한 기관에서 조사한 바에 의하면 머지않은 장래에 지구상에서 국호가 없어질 나라를 한국으로 꼽는 것을 깊이 생각해 보아야 하겠다.

네 번째는 아동들은 복음의 수용성이 강한 세계관을 지녔기 때문이다. 세계관이란 세상을 보는 창문과 같은 것이다. 어른들의 세계관은 경험, 사상, 철학 등으로 말미암아 복음에 수용적이라기보다는 튕겨져 나와 버린다. 그러나 아동들의 세계관은 아직 경험해 보지 못한 세계와 부족한 이성의 합리화로 말미암아 복음에 대한 수용성이 강하다. 이러한 기회를 놓치지 말아야 하겠다. 어린이 때에 교회에 나가서 전도사의 설교를 듣고 신앙생활을 했지만 청년과 장년의 시간을 보내면서는 방탕한 삶을 살다가도 어린 시절의 하나님의 은혜가 생각나서 다시 교회에 발걸음을 되돌린 간증을 듣기도 한다.

다섯 번째는 비정상적인 가정에서 오는 피해이다. 최근 박유미 기자가 쓴 중앙일보 인터넷판에 실린 기사를 살펴보면 다음과 같다. "충북에 사는 초등생 B군(7)은 어머니가 재혼한 뒤 새아버지로부터 수년간 심한 폭행을 당했다. 계부는 B군의 태도가 마음에 들지 않는다는 이유로 고무호스나 회초리를 휘둘렀다. 어머니는 경제적으로 새 남편에게 의존하고 있던 터라 아들이 당하는 폭행을 모른 척했다. 이웃의 신고로 아동보호전문기관 관계자들이 찾았을 때 아이의 엉덩이와 종아리는 시퍼렇게 멍이 든 채 부어 있었다. B군은 병원으로 옮겨져 입원 치료를 받았다." 비정상적인 가정으로 말미암아 아동이 얼마나 고통을 당하고 있는가를 알 수 있다. 통계에 의하면 2005년에 8,000여 건이던 것이 2011년에는 11,460건으로 증가하였다.

3. 아동 선교의 사례

성공적인 아동 선교의 사례들은 많이 있다. 그러함에도 어느 교회를 꼬집어서 말하기는 쉽지 않다. 따라서 선교 역사적인 관점에서 해외 사역과 국내 교회의 사례를 주어진 자료에 의해서 기술하고자 한다.

1) 해외의 선교 현장에 나타난 아동 선교

아동 선교의 중요성을 헤아려 보면서 자료를 통해서 찾아낸 것은 인도에서 종교적 희생물과 어른들의 성적 폭행의 희생물이 되었던 아동들을 구해낸 도나버 공동체의 성공적인 사역을 소개함이 타당하리라 본다.

에이미 카마이클(Amy Carmichael)은 1867년 북아일랜드의 한 유복한 집에서 태어났다. 그녀는 1892년 24세의 나이로 바울이 경험한 '마케도니아의 부름'을 받고 인도에서 55년 동안 독신으로 사역하면서 도나버 신앙 공동체(Dohnavur Fellowship)를 설립하여 사역한 선교사다. 그녀의 특징적인 사역은 인도의 도나버(Dohnavur)에서 사원에 팔려가 '신과의 결혼을 통한 합일'을 명목으로 힌두교 남성들의 성적 노리개가 되어 비참하게 생활하는 사원 아동들(Temple Children)을 건져내는 사역이었다. 이러한 사역이 결실을 맺어 12년 동안 130여 명의 여자 아동들이 구원을 받았다. 도나버 신앙 공동체를 통해서 수백 명의 아이들이 새생명을 찾는 계기를 마련하였다. 사실 여성 혼자의 힘으로 오래된 악습을 막기에는 역부족인 경우가 많았지만 하나님의 은혜로 귀한 선교사역을 감당하였다.

현대 선교에 있어서 아동 선교사역을 위해 노력하고 있는 단체도 있다. 현존하는 선교 단체인 YM(Youth with Mission)에서는 선교지의 아동들을 위해서 키즈 스쿨(Kid's School)을 운영하고 있다. 선교적인 차원에서 아동들을 교육함으로써 세속주의에 물들지 않고 성경적인 입장에서 인격을 성숙시키는 사역을 감당하고 있다. 필자는 선교사역 중에서 감사한 사건 하나를 말해야 한다고 하면 큰 자녀가 선교지 필리핀에서 이러한 교육을 받았다는 것이다. 귀국 후에 학교 폭력과 왕따와 같은 뉴스들을 접하면서 마치 다른 세계에 온 듯한 느낌을 받기도 하였다.

2) 국내의 아동 선교의 사례

국내의 많은 교회들 중에서 아동 선교에 깊은 관심과 사역을 하고 있는 꽃동산교회를 소개하고자 한다. 꽃동산교회는 어린이복음화와 학원 선교를 위한 교회로서 담임 목사의 비전이 어린이에 포커스를 두어 예산의 1/8을 어린이 선교에 쓰고 있다. 교회의 사역 체제 자체가 아동을 위한 체제로 만들어져 있어서 태아부, 신생아부부터 고등부까지 교회학교는 매주 같은 주제의 예배로 드려진다. 규모는 그리 크지 않은 교회지만 학년 예배를 통해서 같은 그룹들이 모일 수 있게 하고 있다. 즉, 1학년예배, 2학년예배, 3학년예배 학년별로 예배를 드리고 있다. 예배 시간은 9시반예배, 11시반예배, 1시반예배로 주일 3회의 예배를 드리고 있다. 이 교회는 교사의 비율이 높다. 교사 수가 약 1400명이다. 전교인 교사화의 비전을 갖고 새신자로 등록할 때부터 교사 봉사를 권장하며, 특징적인 것은 매주 교사를 임명하고 있다. 이런 결과를 통해서 3부 예배 때에는 학생과 교사가 1:1비율이나 1:3비율 혹은 1:5비율로 예배가 드려진다. 아동들을 위한 교회의 전체적인 행사의 규모가 크고, 아이들이 좋아하는 부분인 개그맨과 가수 초대의 간증 예배에 아끼지 않고 투자하고 있다.

이 교회의 아동 선교의 인상적인 부분은 두 가지로 꼽을 수 있다. 첫째로 생산성 있는 디엘 무디부를 육성한다. 가장 전도도 잘하고, 기획도 잘하며, 잘 어울릴 수 있는 청년과 장년으로 구성된 최고의 팀을 뽑아 디엘 무디의 비전을 따라 각자의 반 아이들을 찾아 나서는 팀이다.

두 번째로는 장애아를 위한 사랑부이다. 사랑부의 교사가 된다면 다른 봉사를 안 해도 될 만큼 성숙한 신앙으로 발전될 수 있다. 교사 관리에 대한 부분은 부장 중심 체제이기 때문에 부장을 비롯하여 부감이 교사를 관리하는 체제를 갖고 있다. 주중에 만나서 식사를 하거나 교사들을 다독여 주는 부분은 철저히 부장 중심 체제로 가고 있다. 행사는 교회 주관으로 하고 있다. 교육은 전체 교사 교육으로 외부 강사가 초대되어 진다. 교사에 대한 인센티브 제도가 있어서 전도를 많이 하거나 열심히 하는 교사는 해외선교를 보내주기도 한다.

꽃동산교회는 아동들에게 무엇보다 중요한 것은 신앙의 아름다운 추억을 만들어 줌과 아울러 그들을 통해서 하나님 나라를 이루자는 마인드를 갖고 사역에 매진하고 있다.

4. 아동 선교 전략

아동들에게 선교하는 전략은 다양한 측면에서 생각해 볼 수 있겠다. 물론 교회의 크기와 재정적 규모, 그리고 인적 자원의 유무에 따라서 일률적으로 적용할 수는 없지만 다음의 몇 가지 전략들을 시도해 볼 수 있겠다.

1) 교회학교의 활성화 전략

먼저 생각해 볼 수 있는 전략은 교회학교의 활성화 전략이다. 카르낙(H. E. Carnak)은 전도에 관련하여 교회학교 교육의 삼중적 목표를 다음과 같이 말했다. 첫째는 학생을 그리스도에게로 인도하는 것이다. 둘째는 어린이들을 그리스도 안에서 양육하는 것이다. 셋째는 아동을 그리스도의 일꾼으로 만들어서 다시 세상으로 보내는 것이다. 이상에서 말한 이론은 지극히 타당하다고 판단된다.

교회에서의 아동들을 위한 선교 교육은 참으로 바람직한 활동이다. 교육을 통해서 인간이 변화를 가져올 수 있다. 특히 아동기의 교회 교육은 평생을 유지하는 신앙의 힘으로 축적되는 시기임을 이미 역설하였다.

2) 방학 특별 프로그램 전략

한국의 교육 정책은 아동들이 쉬는 날이 없게 만들어져 있다. 어떤 아동의 경우에는 몇 개의 학원을 거치다 보면 밤늦게 귀가하는 것이 일상이 되었다. 이러한 현실을 감안하여 생각해 볼 수 있는 아동 선교의 전략은 방학을 통한 특별 프로그램의 활용이다.

한국의 초창기 아동 선교의 대부분이 여름성경학교 같은 프로그램에 의해서 교회의 부흥과 아울러 부모님들에게도 복음이 들어가는 접촉점으로 활용되는 계기를 마련하였다. 필자도 어린 시절에 이러한 특별한 프로그램을 통해서 예수님을 알게 되었다. 시골구석에 성경책을 들고 찾아온 여자 선생님은 아름다운 마음씨와 성결한 생활, 그리고 지혜로운 말솜씨를 통해서 노래와 연극, 그리고 다양한 놀이를 통해 아동들에게 복음을 증거하였다. 지금은 아동 수련회라는 이름으로 방학을 맞이하여 기도원이나, 콘도 같은 집단 시설에서 아동들이 관심을 갖는 프로그램이 진행되어 많은 선교적 영향을 아동들에게 주는 모습을 보게 된다.

3) 직접 전도 전략

아동들이 자신의 친구들에게 직접적으로 전도하게 하는 전략이다. 아동들이 자신의 친구를 전도해야 하겠다는 강한 마음을 갖도록 기도로 무장시키는 작업이 선행되어야 하겠다. 사실 전도는 영적인 싸움터이기 때문에 사단의 방해가 심하다. 따라서 아동 교역자나 담임 선생님들은 아동들이 전도할 때에 생기는 다양한 요소들을 세심하게 배려하여 대비책을 세우는 것이 필요하다. 이를 위해서 기도와 전도 훈련, 그리고 복음을 거부할 때를 대비한 마음가짐 등을 먼저 교육하는 작업이 선행되어야 하겠다.

4) 초청 전도 전략

아동들은 다양한 명분을 통해서 초청할 수 있다고 판단된다. 예를 들면 크리스마스 시즌에 실시할 수 있는 '예수님 생일잔치의 초대'나 가정의 달에 실시되는 '가족과 함께 하는 아동 초청' 프로그램은 아동들에게 많은 호응을 얻을 수 있는 기회가 되리라 판단된다. 특히 크리스마스는 세계의 만인이 공유하고 있는 축제의 시즌이기 때문에 아동 가족의 동의도 얻어낼 수 있고, 아동들에게도 어린 시절의 추억을 만들어 줄 수 있는 좋은 계기가 된다.

지금까지 아동 선교의 중요성에 대해서 기술하였다. 창세기를 통해서 우리에게 준 선교의 명령은 "생육하고 번성하여 땅에 충만하라"(창 1:28)는 말씀이다. 그리고 "아들이 있는 자는 생명이 있고"(요일 5:12)라고 가르치고 있다. 하나님은 이 땅이 아동들로 충만하기를 원하시고 계신다. 그러나 불행스럽게도 자녀의 다산을 가로막은 사회 경제적 제도와 포스토모던 사조의 영향력이 사회에 넘쳐나고 있다. 교회는 하나님의 뜻을 가로막는 이러한 일들에 대해서 방관자가 아닌 해결자로서 사회를 선도해야 하겠다. 예를 들면 '한 자녀 더 낳기 운동' 같은 이벤트를 통해서 저출산의 하향 곡선이 전도될 수 있도록 사회를 이끌고 나가야 하겠다. 또한 아동 경시의 각종 정책에서 해방을 가져올 뿐만 아니라 아동을 상품화하는 모든 악들을 철저히 제거하는 일에도 앞장서야 하겠다. 그리고 교회의 앞날을 위해서 아동들을 하나님의 말씀으로 양육하여 선교의 도구가 되도록 더욱 매진해야 하겠다.

Chapter 21

이슬람의
한국 유입과 선교*

초대교회 이후에 세계는 불행스럽게도 이슬람이라고 하는 특수한 밭을 가졌다. 637년을 기점으로 확산된 이슬람교도들은 기독교 세계를 점령해 나갔고, 21세기인 현재 무슬림들이 거주하는 지역은 돌밭이 되어 버렸다 (마 13:1-9). 심지어 기독교 복음의 옥토라 여겼던 한국인의 심적 토양에도 무슬림이 점진적으로 자리 잡으면서 복음을 수성함과 아울러 진리의 말씀으로 그들을 변화시켜야 하는 두 영역의 싸움이 시작되었다. 우리의 속담에 "적을 알고 나를 알면 백전백승"(知彼知己 百戰百勝)이라는 고사성어가 있다. 따라서 필자는 그동안 우리의 주변적 요소로만 알았던 이슬람교 대한 이해를 넓힘과 아울러 교회의 선교적 대책을 제안하고자 한다.

＊이 글은 월간 『교회와 성장』 2012년 11월호 88-94페이지에 기고된 글이다.

1. 마호메트와 이슬람의 발흥

이슬람교를 창시한 마호메트(Mahomet)는 570년경에 현재의 사우디아라비아에 있는 메카에서 태어났다. 불우한 어린 시절을 보냈으며 25세 때 15세 연상의 부유한 과부인 카디쟈(Khadija)와 결혼하였다. 가족으로는 11명의 부인과 2명의 첩을 두었다. 632년 62세의 일기로 생을 마쳤으며 그의 이름은 '찬양 받을 자' 라는 뜻을 가지고 있다.

창시자 마호메트는 카디쟈와 결혼한 후 메카 북쪽의 수마일 떨어진 히라(Hira) 동굴에서 며칠씩 명상을 하였다. 40세쯤 된 어느 날 밤 영적 경험을 통해서 깊은 영적 우울, 의심, 불확신의 시간을 갖게 되었다. 이러한 영적 경험이 기독교의 성령체험으로 선전하기도 한다. 그러나 이 문제는 많은 논쟁이 되어 왔고, 대부분의 복음주의 학자들은 이를 절대 부인하고 있다. 필자도 이들의 의견에 전적으로 동의하고 있다.

637년 종교화되기 시작한 이슬람 세력의 팽창은 놀라운 속도로 기독교의 요새들을 함락시켜 나갔다. 638년에는 예루살렘, 640년에는 가이사랴, 642년에는 알렉산드리아가 실함(失陷)되어 나갔다. 결국 650년경에는 고대 페르시아 제국이 무슬림에 의하여 멸망되었다. 그들은 아프리카 해안을 따라서 서쪽으로 계속 전진하여 697년에는 카르타고를 점령하였다. 715년에는 스페인의 대부분이 무슬림의 수중에 들어갔다. 결국 1453년 콘스탄티노플이 이슬람의 투르크 손에 함락되었다. 사실 이슬람의 정복은 기독교 세계에 일대의 재앙이 되었다.

2. 이슬람의 종교적 특징

이슬람교는 기독교처럼 경전을 가지고 있는 고등 종교이며 유일신 사상으로 무장된 집단이다. 따라서 사무엘 헌팅톤(Samuel Hunting)은 "21세기는 문명의 충돌이 기독교와 이슬람 사이에 있을 것"이라고 예견하기도 하였다. 간단하게 그들이 신앙하고 있는 요소들을 밝혀 보고자 한다.

1) 신앙 경전 코란(Koran)

마호메트가 히라 동굴의 영적 체험을 통해서 제자들에게 가르쳤던 것을 그의 사후 정성껏 수집하여 만든 책이 코란이다. 코란의 최종 편집은 그의 사후 12년이 지난 제3대 칼리프인 우트만(Uthman, 644-650)에 의하여 완성되었다. 코란은 총 114장으로 되어 있으며, 총 6,236절이다. 코란의 내용은 첫째는 다가올 심판의 경고이다. 둘째는 선지자에 관한 긴 이야기이다. 셋째는 이슬람 공동체 생활에 관한 규정들이다. 무슬림들은 코란 자체를 타종교 경전보다 신성한 요소가 있음을 주장한다. 따라서 최근에 아프가니스탄에서 미국 군인들이 코란을 함부로 다루었다고 하여 폭동을 일으키기도 하였다.

교리적인 측면에서 코란은 신약성경과 결정적으로 충돌한다. 코란의 유일신 알라와 신약의 삼위일체 하나님은 유사하지만 다르며, 코란의 율법은 하나님의 은혜와 충돌하고, 그리스도의 십자가의 죽음과 부활을 절대적으로 부인한다.

2) 이슬람교의 신앙

모든 무슬림들이 태어나서 죽을 때까지 견지해야 할 행위 규범을 제시해 놓았다. 종교적 의무는 다섯 기둥으로 요약된다. 이는 무슬림으로서 자신의 정체성을 지키면서 평생 살아가는 동안 지켜야 할 생활 규범이라고도 볼 수 있다. 이를 살펴보면 다음과 같다.

첫째, 신앙고백(Shahada)이다. 즉, "알라 이외에는 다른 신은 없으며,

모하메드는 알라의 사도이다."(La ilaha illa Allah; Muhammad rasul Allah)라는 고백을 끊임없이 반복해야 한다. 둘째, 기도(Salat)이다. 하루 다섯 번의 기도 시간을 갖는다. 셋째, 자선(Zakat)이다. 즉, 가난한 자, 궁핍한 자, 빚진 자, 노예, 여행자, 거지에 대한 자발적인 선물이나 여러 가지 자선 행위를 의미한다. 넷째, 금식이다. 이슬람의 아홉 번째 달인 라마단 (Ramadan) 달을 코란이 내려준 거룩한 달이라 하여 금식한다. 다섯째, 순례(Hajj)이다. 일생 동안 한 번은 남자와 여자를 막론하고 모든 무슬림은 메카를 순례해야 한다.

3) 지하드(聖戰) 사상

다섯 기둥들 이외에 또 다른 종교적 의무는 지하드(Jihad)이다. 이것은 불신자와의 전쟁에 내려지는 합법적인 소집에 모든 어른 남자들에게 지워지는 의무이다. 중동 국가가 서방을 향하여 목소리를 높일 때마다 부르짖는 것이 성전(聖戰)이다. 얼마 전에 죽은 오사마 빈 라덴(Osama Bin Laden) 같은 이슬람 지도자들은 서방 세계가 항상 이슬람을 모독했다는 이유로 무슬림들로 하여금 테러를 통해서 이슬람의 종교성을 방어하도록 촉구시키기도 하였다. 곧 지하드에서 죽은 사람은 순교자이고 낙원을 보장받는다고 주장하기도 한다.

4) 이슬람교의 교파 이해

여러 학자들에 의하면 이슬람의 종파는 약 150개 정도의 분파가 있다. 그러나 크게 두 개의 주류가 존재한다. 하나는 정통 무슬림인 수니(Sunnis) 파이며, 다른 하나는 시아(Shiites)파이다. 시아파는 소수로서 이란과 이라크, 그리고 예멘에만 있다. 수니파는 순나(Sunnah: 모하메드의 언행)를 이상으로 삼는 이슬람교 정통파로서 이슬람 세계의 90%를 차지하고 있다.

3. 이슬람의 한국 유입

한국은 어디를 가나 십자가의 철탑이 뾰쪽하게 솟아 있어서 타종교들은 발을 붙이지를 못할 것이라는 생각을 가졌다. 그러나 다양한 방법을 통해서 한국 사회가 점점 무슬림들이 합법적으로 거주하는 공간이 되었음을 알 수 있다. 이들의 유입을 세 가지 줄기에서 살펴보고자 한다.

1) 산업 인력으로 유입

1990년대부터 산업 인력의 유입이 급증하면서 이슬람교의 신앙을 가진 인력들도 유입에 속도를 내기 시작하였다. 예를 들면 방글라데시, 파키스탄 같은 국가들은 이슬람교 신앙이 두드러진 국가들이다. 이들이 산업 연수생이나 불법체류를 통하여 공단 주변으로 모여들었다. 중소기업들은 값싼 인력을 통해서 노동력을 확보할 수 있다는 점 때문에 그들을 무분별하게 수용하고 노동 현장에 투입하였다. 따라서 소규모 공장 주변에는 무슬림 공동체가 형성되어 자생적으로 자국의 문화와 음식, 그리고 스스로를 보호하는 집단이 형성되었다.

2) 결혼 이주민들로의 정착

국제결혼은 한국 사회의 결혼관을 바꿀 만큼 크나큰 이슈로 자리 잡게 되었다. 현재는 결혼한 열 쌍 중에서 한 쌍은 국제결혼이다. 물론 국제화와 21세기가 갖는 민족 이동을 통한 다문화인들과의 결혼은 불가피한 현실이다. 결혼이 갖는 특수성은 종교와 문화, 그리고 생활 습관들이 유입된다는 것이다. 엄밀히 말해서 다문화인의 한국 유입에 가장 신경을 써야 할 부분이 결혼 이민자들이다. 왜냐하면 결혼은 합법적으로 한국 시민권을 소유할 수 있을 뿐만 아니라 가장 오랜 기간을 거주할 수 있는 특권이 부여되기 때문이다.

3) 유학생으로 거주

한국의 교육 시장은 대학 인구의 자연적 감소로 말미암아 해외에 눈을 돌릴 수밖에 없는 상황이다. 물론 현재까지는 이슬람권보다는 중국 및 동남아시아 유학생들이 많이 유입된 것이 사실이다. 그러나 최근에는 이슬람권에서도 많은 수의 학생들이 IT나 관광, 그리고 의료 분야에서의 기술을 배우기 위해서 한국으로 유학을 오는 경우가 많다. 이들을 주목해 보아야 할 필요가 있다. 왜냐하면 캠퍼스는 타종교를 가장 손쉽게 유포할 수 있는 장소이기 때문이다.

4) 스쿠크(이슬람 채권)법을 통한 자원 유입 시도

이슬람의 한국 유입은 지금까지 설명한 인력의 유입뿐만이 아니라 스쿠크 법을 통해서 경제적으로 한국 정부를 움직이려는 시도도 있었다. 이슬람 은행들이 오일달러 붐과 더불어 성장하면서 1990년대에 이슬람 금융이 두 자리 수의 성장을 경험하였다. 2001년 9·11 테러 이후 미국의 이슬람의 오일달러의 자금 흐름에 대한 감시와 압박이 강해지면서 새로운 투자처를 물색하고 나섰다. 기존 이자보다도 0.3%에서 0.4%가 싼 이자들은 말레이시아, 사우디아라비아, 그리고 아랍에미리트 등지에서 많이 이용하게 되었다. 결국 한국에도 문을 두드려서 2010년 12월에 스쿠크 거래로 인한 조세특례법이 국회 소위를 통과했다. 그러나 12월 7일에 몇 명의 의원들의 반대로 스쿠크 자금 유입이 무산되었다. 중요한 것은 이처럼 중동 자금들이 싼 이자를 미끼로 유입되면 다음에 요구될 다른 요구들을 거부할 명분과 힘이 약해지는 것이 큰 문제로 작용한다. 즉, 그들의 관습법을 우리가 들어주어 무슬림 사회의 한국 정착을 더욱 공고히 하겠다는 숨은 뜻을 알아야겠다.

4. 이슬람의 한국 유입에 대한 선교적 대응

이슬람의 한국 유입은 선교적 패턴을 바꾸어야 하는 급박한 상황 전개를 가져왔다. 그동안 우리는 파송 선교의 중요성을 강조해 왔다. 그러나 우리의 텃밭이 서서히 무너지는 현상을 보면서 유럽의 현상들을 타산지석으로 삼아야 할 시간이 되었다.

이슬람의 한국 선교 전략인 '다와'(Da'wah)가 한국에서 진행되고 있음을 알아야 할 것이다. 2007년 서울의 기독교회관에서 열린 '이슬람의 세계 변화 전략'이라는 주제의 세미나에서 윌리엄 와그너(William Wagner) 박사는 이슬람교의 한국 유입을 경계하는 말을 하였다. 그는 이슬람교가 "한국을 2020년까지 이슬람화하여 아시아 이슬람화의 전초기지를 삼는다."라는 전략을 가졌다고 말했다. 이를 구체적으로 실행시키기 위해서 이슬람 강의의 보편화, 봉사활동, 이슬람 관련 자료 번역 및 출판, 이슬람 대학 설립 등이라고 하였다. 참으로 무서운 현실이 아닐 수 없다.

이와 같은 이슬람의 한국 공략을 우리는 어떻게 극복하고 기독교를 방어할 뿐만 아니라 오히려 그들을 복음화할 것인가? 필자는 몇 가지 전략을 소개하고자 한다.

1) 성화된 삶의 모범을 통하여 감동을 주는 전략

이슬람의 신앙은 체계화된 종교적 산물이다. 보편적인 종교들이 자신의 신념들을 신앙화하여 자력 구원을 위한 도구로 삼고 있다. 따라서 그들에게는 종교 생활에서 오는 내적 평안, 소망, 사죄의 확신과 성령 안에서의 능력 있는 삶이란 존재하지 않는다. 어쩌면 너무나 체계화된 종교성 때문에 바울이 고백한 "오호라 나는 곤고한 사람이로다 이 사망의 몸에서 누가 나를 건져 내랴"(롬 7:24)를 내부적으로 반복할 수밖에 없다. 이러한 비참한 내적 갈등을 겪는 그들에게 우리의 참된 신앙의 삶을 보여주는 것이 그들의 내적 변화를 유도하는데 중요한 기회를 마련할 수 있음을 알아야 하겠다.

예를 들면 서울의 한 지역에서 운영되는 쉼터의 성과이다. 이 쉼터는 무슬림들에게 거부감이 없는 명칭의 모임 장소를 마련하고 이들의 한국 정착을 돕고 있다. 한글학교, 컴퓨터 교실, 그리고 음식 나누기 등을 통해 모임이나 쉼터 행사에 참여한 무슬림과 한국인들이 자연적으로 친밀감을 갖도록 한 다음에 복음을 증거하고 있다. 이러한 전략은 단기간의 프로젝트가 아닌 오랜 기간의 나눔과 친목, 그리고 진정한 마음의 교류가 이루어진 다음에 복음을 소개할 수 있는 특징이 있다. 상호 신뢰의 과정 중에 어려움을 느낄 때도 있지만 그리스도의 사랑의 위대함이 그들을 감복시킬 때 마음의 문을 열게 된다는 사실을 알 수 있다.

2) 세계 정세의 흐름 속에서의 변화 유도의 전략

무슬림의 대부분은 고정관념을 갖고 있다. 왜냐하면 정치와 종교가 분리되지 않은 상황 속에서 오랫동안 생활했기 때문에 외부세계와 단절된 상태이다. 따라서 그들은 변화를 두려워한다. 심지어 서방에서 말하는 문명의 이기들도 세속화라는 미명 아래 배제시키는 훈련을 받고 자랐다.

이들의 사고를 교정해 줄 필요가 있다. 인간의 삶이란 기본적으로 모두 보편적인 요소가 있음을 인지시켜야 하겠다. 그리고 발전된 문명의 이기들은 이러한 인간의 삶을 윤택하게 할 수 있음을 가르쳐야 할 것이다. 결국 문명을 거부하는 사고의 틀을 교정시키는 작업이 선행되어야 한다. 즉, 폐쇄적인 마음으로 모든 것을 거부하는 태도가 얼마나 무익한 것인가를 가르쳐야 하겠다. 이러한 과정을 통해 언젠가는 그들이 기존의 신앙과 삶의 체제를 서서히 바꾸어 가고 더불어 복음이 수용될 수 있는 공간이 확보될 것으로 기대한다.

3) 사이버 공간을 통한 복음 증거 전략

무슬림의 대부분은 자신들의 공동체를 중심으로 움직이기 때문에 공적 장소에서는 기독교의 진리를 받아들이는 것을 머뭇거린다. 사실 그들은 배교자를 혹독하게 다룬다. 따라서 개종은 항상 일방적이다. 이는 이슬람교로 개종(to Islam)할 수는 있지만, 이슬람으로부터의 개종(from Islam)은 허락되지 않는다. 이러한 기독교로의 개종을 막기 위해서 유학생이나 산업 연수생으로 가장한 이슬람교 선교사들의 국내에 조직되어 있는 무슬림 공동체를 관리하는 경우도 있다. 그들의 사회적 결속이 기독교 선교의 방해물이다. 따라서 사회의 결속을 해치는 체제(이슬람에 반하는 정치체제)는 과감히 거부한다. 결국 이들을 위해서 사이버 교육을 제공해야 할 필요가 있다.

사이버 공간은 익명을 활용하여 서로 소통할 수 있다. 이러한 상호작용은 내면적 동기의 상담을 통해서 삶을 나누는 계기가 된다. 처음에는 일반적으로 가정의 일, 국가의 정책에 관한 일, 문화의 다름에서 오는 불편과 같은 대화들에서 발전하여 점차 영혼의 문제에까지 접근할 수 있는 중요한 매개체가 될 수 있을 것이다.

지금까지 이슬람의 유입에 따른 선교 전략을 간단히 살펴보았다. 중요한 것은 먼저 그들의 실체를 정확히 아는 일이다. 종교적으로는 이슬람교는 자신들이 최후의 계시를 받은 종교이기 때문에 교리적으로 성경과 상충될 때에 코란이 최종적인 권위를 갖는 것으로 판단한다. 그리고 그리스도의 신성과 죽음을 부인한다. 알라 이외에는 다른 신은 존재할 수 없기 때문이며, 우주의 주권적 힘을 가진 하나님이 그의 선지자를 그토록 비참한 종말을 맞이하도록 놔둘 수 없다는 그들의 신관 때문이다.

이와 같은 사고를 가진 그들을 하루아침에 변화시킬 수 있다는 생각을 버려야 한다. 실제적으로 무슬림 지역에서 선교 활동을 해 온 어느 선교사에게서 25년 동안 한 명을 회개시켰다는데 만족할 수밖에 없었다는 고백을 들은 적이 있다. 정말 척박한 돌밭과 같은 그들을 변화시키는 작업은 오직 성령님만이 하실 수 있음을 인식하고 접근할 것을 당부한다.

Chapter 22

교회의
도시 선교*

오늘날 세계 인구의 약 40%가 도시에 살고 있다. 그러나 UN 통계에 의하면 2025년에는 이 숫자가 62%에 달할 것이며, 인구 100만 명 이상인 도시 일곱 개 중에서 다섯 개는 2/3세계 안에 있게 될 것이라고 내다보고 있다. 세계의 인구수가 증대될수록 점점 도시화되어 가는 것이 세계적인 추세로 보인다. 아놀드 토인비의 말대로 "이 세계는 거대화된 도시가 되어 갈 것이다."라고 한 말이 현실로 우리 앞에 왔음을 알 수 있다.

한국에서도 다양한 계층을 대상으로 다양한 전도 방법들이 행해졌다. 즉, 민중신학은 사회의 빈민층을 대상으로 사회주의 복음 운동을 펼치고 있으며, 대형교회는 전인 구원을 목표로 사회사업을 실시하고 있다. 그러나 이러한 운동들이 단편적인 면에 한정되어 있다면 도시 선교를 위한 전문화된 전략이 필요하다. 따라서 도시 선교를 위한 원리를 제시하고자 한다.

＊ 이 글은 월간 『교회와 성장』 2013년 1월호 138-143페이지에 기고된 글이다.

1. 도시화의 특성

도시의 형성 과정은 이농 현상에 따른 사람들의 유입을 통해서 이루어진
다. 한국은 1960년대부터 시작된 산업화의 과정 속에서 대도시 형성이 극
대화되었다. 이러한 대도시의 인구 증가 현상은 인간 생활 양식의 변화를
의미하며 농업사회에서 산업사회로 탈바꿈하는 사회·경제적 변화의 과정
이다. 도시화된 사회는 전통 사회와는 다른 특성을 지니고 있다.

폴 호튼(Paul B. Horton)은 도시사회의 특징으로서 다음과 같이 여섯
가지의 특징을 말하고 있다. ① 도시는 많은 전문적 직업이 발생하고, ②
혈육보다 직업과 사회계층에 기초한 사회조직을 가지고 있으며, ③ 가족보
다 지역에 기반을 둔 형식적인 정부 기관이 있으며, ④ 교역 체계의 형성이
두드러지고, ⑤ 커뮤니케이션의 수단과 기록의 발달함과 아울러 ⑥ 합리적
인 기술 등을 예시하였다.

이어서 소로킨(P. A. Sorokin)은 도시의 사회 구조적 특성을 말하기를
여덟 가지로 구분하여 말하고 있다. ① 공업, 상업, 전문직, 관료 등 비농업
적 직업인으로 구성되고, ② 자연이 지배하는 농촌과는 달리 인위적 환경
에 지배되고, ③ 지역사회의 규모가 농촌보다 크며, ④ 인구밀도는 조밀하
며, ⑤ 인적 구성 요소가 이질적이며, ⑥ 사회분화와 계층구조가 복잡하며,
⑦ 지역적 직분적 및 사회적인 이동이 농촌에 비하여 심하고, ⑧ 접촉 범위
가 넓고 많다는 것 등이라고 하였다.

결국 도시에 거주하는 사람들은 농촌 사람과는 다른 생활 구조와 의식구
조, 그리고 문화를 가지고 있다. 일반적으로 도시인은 생활의 구심력을 이
루는 직업이 개별화에 따라서 그들의 사회적 작용이 이해관계 속에서 일어
나며, 이러한 양상들에 의하여 생활 구조가 형성되고 있다.

2. 도시 선교의 성경적 근거

초대교회의 도시 선교의 효시는 사도 바울의 사역에서 찾을 수 있다. 사도 바울은 선교의 전략적 차원에서 인구가 많은 대도시를 중심으로 주변 도시나 지역으로 확산시키는 선교사역의 방법을 택했다. 아시아종교연구소의 전호진 소장은 "사도행전의 선교는 대도시 등 전략적 가치가 있는 곳에서 시작하여 빌립보, 데살로니가, 고린도, 아덴 등 지방에 중심 도시를 먼저 정복하고, 그 도시의 신흥 교회가 주변 지역을 선교하였다."라고 말하였다.

바울 당시에 대도시들은 선교의 전진기지로서 선교와 밀접한 관계가 있었다. 예를 들면 안디옥은 초대교회의 선교 모델로서 자리매김하였다. 수리아의 수도 안디옥은 로마제국 당시에 로마, 알렉산드리아에 버금가는 3대 도시이자 아름다운 국제도시였다.

당시 안디옥은 제우스와 아폴로 신전이 있고 헬라의 신전 판테온(Pantheon)은 수리아의 바알 종교가 숭배된 장소이다. 또한 신비 종교 및 신의 죽음과 부활과 구원을 가르친 종교도 있었음을 찾아 볼 수 있다. 도덕적으로는 참으로 부패하여 사납고 잔인한 춤을 추는 자도 있었다. 1세기의 로마의 Javernal이라는 시인은 "안디옥의 죄악이 로마 부패의 원인이 된다."라고 말하였다. 이러한 도시가 이방 도시의 전초기지가 되어 하나님의 복음을 전하게 된 것은 하나님의 크신 은혜의 신비라 아니할 수 없다.

선교적인 측면에서 안디옥이 너무나 귀한 일을 하였다고 높이 평가해도 부족함이 없다. 안디옥교회는 오순절 사건을 통하여 예루살렘을 방문했던 평신도들이 귀향하여 세운 교회로 여겨진다. 또한 이 교회는 훌륭한 지도력을 갖춘 교회였다. 예를 들면 바울과 바나바 같은 지도자를 소유한 교회였음을 볼 수 있다. 그리고 베푸는 교회로서의 특징이 있었다. 심지어 모교회라고 할 수 있는 예루살렘 교회를 도왔다. 특이한 사항은 '크리스천'이라는 이름이 붙은 교회였음을 볼 수 있다.

3. 도시화의 문제들

도시에 인구가 집중할 때 착취, 범죄, 질병, 굶주림, 무주택, 실업 등 엄청난 문제가 생긴다. 특히 '고용'의 문제가 심각하며 국제노동기구에 따르면 세계 도시의 노동력 40%가 실업이나 불완전 고용 상태에 있다고 한다.

1) 환경적 요인
대부분의 도시는 자동차 매연이 인간 생존에 부정적인 영향을 미치고 있다. 지나친 매연은 건강은 물론 대기오염을 증대시켜서 생태계에 치명적인 결과를 가져온다. 또한 전기, 수도, 위생 등의 기본 서비스가 형편없는 곳에 살기 때문에 질병과 사회병리 등의 호된 시련을 당한다.

자동차의 증가로 인한 공공 주차장과 도로 부족, 교통 체증도 심각한 문제이다. 이로 인한 시간 낭비, 공기와 수질오염의 문제가 있다. 이들 정부는 복지보다는 산업화에 관심을 집중하기 때문에 도시인구는 급속도로 증가하는 반면, 자원이나 관리능력, 그리고 공해의 문제에 신속하게 대처하지 못하는 경향이 있다.

2) 도시 빈곤과 빈민가 문제
도시 문제 가운데 가장 중요한 것 중의 하나는 빈곤 문제 해결의 방안이다. 빈곤 문제로 인해 범죄를 비롯한 도시의 거의 모든 문제가 파생된다고 해도 과언이 아니기 때문이다. 도시로 이주한 농민들은 거처할 보금자리가 턱없이 부족한 실정이며 정부는 주택을 건설한 재원이 없다. 설령 주택이 제공되더라도 수준에 맞은 지불 능력이 없고 수입의 70-80%을 먹고 입는 데 사용하며 실제로 도시인구 가운데 1/3 이상이 포장 상자, 금속 조각, 진흙, 나뭇가지로 지은 집들이 모인 빈민가에서 살고 있다.

심각한 것은 공공사업이 반드시 가장 가난한 자들에게 사용되는 것이 아니라 공항 활주로 확장, 도로 확장 등 경제개발과 사회간접자본의 확충에만 관심을 갖고 진행된다는 것이다. 이처럼 '갖지 못한 자들' 을 외면하고 '가진 자들' 의 편의만을 도모하는 정책들을 시행하고 있는 제3세계의 도시에서는 사회 갈등의 골이 날로 깊어가고 있다.

3) 도시 청소년과 범죄 문제

제3세계는 청소년들이 매우 많으며 세계 빈민가 주민들의 약 40%가 15세 이하인 것으로 추측된다. 이들은 도시 문제 때문에 가장 많은 피해를 당하는 희생자들이다. 현재 전 세계의 청소년들 가운데 2억 이상이 거리에서 먹고 자고 일하며 산다. 이들은 대개 집안의 가장 노릇을 하며 먹을 것을 찾아 길거리를 나돌아 다니거나, 성적, 육체적인 학대를 피해 집을 도망쳐 나와 도시의 거리를 전전한다. 도시화로 인한 범죄 문제는 도시의 빈곤, 마약문제, 청소년 문제, 매춘 등의 문제와 밀접하게 맞물려 있는 것이다. 이러한 악순환의 구조가 도시 청소년 문제, 도시 문제에 내포되어 있는 것이다.

4. 도시 선교의 사례

첫째로 유럽 사회를 예로 들어보면 다음과 같다. 유럽은 19세기에 접어

들면서 산업혁명이 발생하고, 이로 인하여 도시로 모여든 근로자들은 슬럼 가를 형성하게 되었다. 이러한 사회적 현상은 육과 영을 동시에 선교의 모델로 보는 전인 구원(holistic mission)을 필요로 한다. 이러한 때에 맞추어 영국에서는 슬럼가 전도를 위해 조직된 '구세군'이 등장하였다. 이 같은 선교 운동은 지금도 연말연시에 자선냄비를 통해 희망을 잃고 고통당하는 이웃을 위해서 사랑을 나누고 있다.

한편, 미국에서는 심슨(A. B. Simpson)에 의한 사중복음이 등장하였다. 그는 뉴욕에서 이태리 이민자들을 교회에 모으고 선교를 시작하던 중 교회의 상류 계층과 마찰이 생기자 그 교회를 사임하고 선교를 시작했다. 그 선교 단체가 성장하여 오늘의 기독교연합선교회(Christians & Missions Alliance) 선교 단체가 만들어졌다. 선교회의 사역 목적은 도시 속에서 사랑의 손길이 필요한 대상들을 위해서 치유와 복음의 나눔이었다.

한국의 도시 선교 예시는 서구의 선교사들의 입국과 함께 전개되었다. 한국은 1884년 미국 북장로교 선교부의 파송을 받은 의사 알렌에 의하여 도시 선교의 문이 열리고, 1985년 4월 5일 언더우드와 아펜젤러 가족들이 속속 입국하면서 구체적으로 선교의 활동이 시작되었다. 그들의 사역을 통해서 1887년 10월 8일에 창립된 정동감리교회와 1987년 9월 27일 첫 예배를 드린 새문안교회의 시작이 도시 선교의 효시가 되었다. 이렇게 시작된 도시 선교는 일제에 의하여 수난도 많았다. 그러나 초창기 한국에서의 도시 선교는 민족 복음화의 자원과 기폭제가 되었다.

5. 미래의 도시 선교 전략

이제 세계는 점점 도시화되어 간다. 따라서 인구의 집중과 함께 다양한 문제들이 또한 도시에서 발생된다. 즉, 도시의 슬럼화, 인구 집중, 교통 문제, 공해 문제 등에서 오는 정신적인 방황과 함께 전통적인 가족의 해체로 말미암아 선교의 영역은 너무나 넓어진다. 따라서 21세기의 선교 과제는 엄격히 말해서 도시 선교의 성패에 따라서 교회의 활로가 측정된다고 해도 과언이 아니다. 필자는 이제 몇 가지 도시 선교의 전략을 제시하고자 한다.

1) 도시의 빈민 구제 사역

빈민촌은 도시나 도시의 외곽 지역에서 생활이 넉넉하지 못한 사람들이 공동으로 모여서 삶을 정착하는 곳이다. 빈민촌의 주민들이 고통받고 있는 것은 불완전한 고용의 문제가 가장 큰 요인이 된다. 영적으로는 자존감의 상실로 말미암아 이웃과 정상적으로 소통하지 못하는 경우가 많다. 이러한 틈을 이용하여 사단은 환경적으로 유혹을 하고 있다. 절도와 도박, 그리고 술집과 같은 환경은 절망을 더욱 깊게 만든다.

빈민촌에 존재하는 악들을 이기는 길은 예수님의 전도 방법에서 찾아야 한다. 예수님은 가난한 자는 마음에 겸손함을 만들어야 하나님 나라에 들어갈 준비의 요건이 된다고 말씀하고 있다. 가난은 복음에 긍정적으로 반응하도록 만든다. 교회는 세계적인 하위문화가 보편적으로 복음에 민감하게 반응한다는 사실을 직시하고, 도시 빈민들, 도시 이주자들을 위한 특별한 선교 전략을 개발해야 할 것이다. 아울러 개방적이면서도 폐쇄적인 도시민들을 복음화할 체계적이고도 종합적인 전략도 지녀야 한다.

2) 도시 노숙자들을 위한 사역

산업사회의 피해 가운데 하나는 직장을 잃고, 삶의 터인 가정마저 파산한 경우가 많다. 이러한 상황은 인간을 거리로 내모는 결과를 초래하게 된다. 따라서 도시의 노숙자들은 국가의 사회문제 방안이 실패하고 있다는 것을 반증하는 것이다. 따라서 노숙자의 양산은 사회와 교회가 도덕적으로 가장 민감해야 하는 부분이라고 보아야 한다. 만약 교회가 이들을 외면하고 돌보지 않는다면 한국교회는 어디에서도 가난한 자들을 섬겼다는 말을 할 수 없다.

3) 가출 청소년 사역

청소년들의 가출은 가정의 위기를 나타낸다. 부모의 이혼과 불화, 그리고 경제적 어려움으로 청소년들이 가정에서 사랑받지 못하고 가출을 하는 경우가 많다. 무작정 가출한 청소년들은 유해 환경에 노출된다. 가출한 청소년이 건전한 곳에서 일을 할 경우는 매우 드물다. 범죄 소굴의 유혹 속에 쉽게 떨어져서 사회악을 추종하는 세력으로 바뀔 수 있다. 가정에서 버림받았다고 생각하는 그들은 반사회적인 생각을 가지고 범죄 행동에 가담하기 쉽다.

교회는 위기 속의 청소년들에게 관심을 갖고 선교적 대안을 세워야 할 것이다. 청소년들이 많이 모이는 곳에 청소년 쉼터 같은 곳을 운영하면서 상담과 치유, 그리고 교육을 통하여 그들의 앞길을 선도하는 사역이 전개되어야 한다.

4) 물물교환 은행의 설립과 나눔

다양한 사역 가운데에서 도시에서의 사역 가운데 하나는 물물교환 은행의 설립을 통한 나눔의 사역이 중요하다고 본다. 물물교환이란 자신이 사용했던 물건이나 옷가지들을 교회에 기부하여 필요한 사람들이 사용하도록 만드는 제도이다.

사회적으로는 '아름다운 가게' 같은 운동이 실시되고 있으며, 기독교를 중심으로 '아나바다' 운동 같은 예들이 좋은 선례라고 볼 수 있다. 이러한 운동이 단회적인 것이 아니라 지속적으로 활용되어야 하겠다. 여의도순복음교회에서는 매주일 성도들이 들고 오는 헌옷 같은 자원을 모아서 선교지에 보내는 일을 하고 있다. 이처럼 교회가 조그만 것이라도 나누는 모습을 보여 줄 때에 민중들의 마음을 사로잡아 교회 부흥을 이룰 수 있을 것이다.

5) 건강 보조 사역

도시 환경의 요인들 때문에 인간은 건강을 잃어 간다. 인간은 하나님 안에서 건강의 회복의 축복을 누려야 한다. 사실 도시 지역의 주민들이 달라지기 위해서는 지역사회를 대상으로 실시되는 보건 프로그램 같은 것들이 필요하다. 그들의 생활환경을 개선함으로써 질병을 예방할 뿐만이 아니라 위생에 대해서 중요성을 인식하기 때문이다.

도시 사회의 보건 프로그램은 교회가 정부의 힘을 빌려서 실시할 수 있다. 예를 들면 불충분한 화장실의 개선, 예방주사, 건강을 위한 체조 프로그램 등은 지역 주민들에게 건강 개선의 의식을 개발시킬 것이다. 지금 많은 대형교회들이 레저 스포츠 시설을 갖추고 지역사회의 주민들에게 봉사하는 모습을 본다. 참으로 바람직한 교회의 대민 봉사 사역이라고 평가한다.

오늘날 교회의 도시 선교에 대해서 기술하였다. 도시화는 가속화되어 가고 있다. 앞으로 세계는 대부분 도시화의 영향력 아래 있게 될 것이다. 급속한 도시화는 슬럼화 형성 문제, 인구 집중의 문제, 교통 문제, 공해 문제가 도래한다. 이러한 상황을 극복해 나가는 것이 교회가 해야 할 선교의 사명임을 논증하였다.

PART 3

교회의
전문인 선교사
양성 전략

Mission in Strategies

Chapter 23

교회의 선교
NGO 육성*

예수님의 전도 사역 가운데 율법교사와 영생의 문제를 가지고 대화하는 모습이 나온다. 율법교사는 예수님을 시험하면서 말하기를 "내가 무엇을 하여야 영생을 얻으리이까?"(눅 10:25)라고 질문한다. 이때 예수님은 선한 사라미아인의 선행을 예로 들며 율법교사에게 행할 길을 가르쳐 주신다. 이러한 교훈은 현대의 교회들에게도 동일하게 적용되는 말씀일 것이다.

선교학 이론 가운데 존 스토트(John R. W. Stott)가 주장한 전인 구원의 선교(holistic missions)라는 용어가 있다. 이는 영적 구원뿐 아니라 육신의 안녕도 필요하다는 것을 의미한다. 이러한 이론을 뒷받침해 줄 수 있는 사역 중 하나가 선교 NGO 사역이라고 생각된다. NGO란 비정부기구를 말한다. 비록 조직상으로는 비정부적인 기구이지만 때로 NGO는 정부가 할 수 있는 것을 훨씬 뛰어넘는 중요한 역할을 한다. 특히 오늘날과 같이 세계가 이념과 종교, 그리고 민족 간의 갈등 요소를 통해 대립하는 현실 속에서

---

* 이 글은 월간 『교회와 성장』 2010년 12월호 106-112페이지에 기고된 글이다.

는 이러한 비정부기구들의 역할이 효과적인 관계 속에서 문제 해결을 가져오기도 한다.

이 장에서 이번에 다루고자 하는 주제는 '선교 NGO'이다. 일반적으로 NGO는 다양한 활동을 수행하고 있다. 복지 기능을 수행하는 NGO, 대변 기능을 수행하는 NGO, 조정 기능을 수행하는 NGO, 교육 기능을 수행하는 NGO, 모금 기능을 수행하는 NGO 등이다. 이 중에서 선교 NGO는 본질적으로 사람들에게 예수 그리스도의 생명을 심어나가며 삶 가운데 복음을 전하는 데 전략적 역할을 감당하고 있다.

사실 이 주제를 살펴보면 한국교회는 서방 선진국의 선교를 위한 NGO 단체들에게 큰 빚을 지고 있다. 통계에 의하면 1955년부터 1970년 사이에 한국에서 활동하였던 해외 NGO 단체들 가운데 47.7%가 선교 NGO 단체였다. 해외선교 단체들이 비정부기구 기관들을 앞세워서 한국교회에 많은 도움을 줌으로써 오늘날 우리나라가 기독교 국가로서의 위상을 확보할 수 있도록 도운 것이다. 그리고 이제는 더 나아가 한국에서 자생하며 발전해 온 다양한 NGO들이 세계의 분쟁 지역을 비롯한 제3세계 삶의 현장에 적극적으로 참여하고 있음을 볼 수 있다.

한국교회는 선교 전략적인 측면에서도 앞으로 선교 NGO를 적극 활용해야 한다. 21세기는 문명의 충돌 시대이다. 문명 충돌의 중심부에는 종교 충돌이 있다. 그렇기 때문에 이제 타종교 국가들 속에 기독교 선교사가 복음을 증거하고 뿌리를 내리는 것이 점점 어려워지고 있다. 따라서 이러한 상황을 극복하기 위해서 선교 NGO의 활용이 점점 더 힘을 얻게 될 것으로 생각된다.

1. NGO의 정의

NGO는 NPO와는 다른 개념을 갖고 있다. NPO(non profit organization)는 사회구성체에서 국가와 시장을 제외한 제3의 영역에서 자체의 관리 절차를 가지고 공공의 목적에 봉사하거나 조직 구성원의 공동 이익을 추구하는 다양한 자발적 결사체를 말한다.

NGO(non governmental organization)라는 용어는 비정부기구로서 1945년도에 UN에 의해 공식적으로 사용되기 시작하였다. 비정부기구란 정부 또는 정부 기관이 아닌 민간단체들을 부를 목적으로 명명된 것이다. 1950년과 1968년에 개정된 UN헌장 71조에 의하면, UN 산하 경제사회이사회(ECOSOC: Economic and Social Council)에 협의적 지위 기구로서 국가 주권의 범위를 벗어나 사회적 연대와 공공의 목적을 실현하기 위한 자발적 공조 조직을 NGO로 규정하고 있다.

NGO는 다양한 관점에서 분류를 해 볼 수 있다. 박상필에 의하면 활동 수준에 따른 분류, 조직 구조에 따른 분류, 법적 여건에 따른 분류, 설립 지역에 따른 분류, 단체 기능에 따른 분류, 활동 영역에 따른 분류로 대별해 볼 수 있다.

제3세계의 개발에 참여하는 NGO를 개발 NGO(Development NGO)라고 부르는데, 국제 개발 NGO는 개도국의 빈곤퇴치 및 경제개발을 돕기 위해 선진국으로부터 파견된 비영리, 비공식 사업 단체이다. 오늘날 국제개발 NGO들의 전신이 된 것은 19세기부터 서구 유럽의 기독교 윤리에 입각하여 구제나 복지사업을 벌이던 민간단체들로 1884년에 설립된 적십자사, 1919년에 설립된 영국의 아동기금(Save the Children Fund)등이 그 대표적인 기관들이다. 처음에는 소규모 구호나 복지사업으로 시작된 이들 단체는 개발 프로그램이나 개발 교육 등으로 점차 그 활동 규모나 영역을 넓혀 갔다.

특히 두 차례의 세계대전을 걸치면서 긴급구호나 유럽의 재건을 위한 크고 작은 NGO들이 설립되었다. 대표적인 단체로는 나치 점령과 동맹국들의 봉쇄로 아사 위기에 처한 그리스도인들을 돕기 위해 1942년에 설립된 영국의 옥스팜(OXFAM)과 1945년에 미국에서 유럽의 친지에게 소포 보내기 운동으로 시작된 미국의 케어(CARE)이다.

이러한 다양한 외국의 NGO 단체들은 6·25를 전후해서 한국을 돕기 시작했다. 한국에서 활동했던 NGO 단체들을 '외국민간원조단체'라고 하였는데, 1952년에는 이들 협회를 외국민간원조단체 한국연합회(Korea Association of Voluntary Agencies, KAVA)라고 부르기 시작했다. 외국민간원조단체는 자국(自國)의 통제를 직접 받지 않고 외국에서 활동하는 비정부조직(NGO)이었다. 그리고 이들의 1차적인 목적은 비영리단체였다. 구한말 이래로 한국에서 활동한 바 있는 국제 NGO 단체들은 총 147개로 16개국에서 조직되었다.

1960년대 들어서는 서구 선진국 NGO들의 인도적 원조가 아시아, 아프리카, 남미 등의 개도국으로 확대되었고, 그 활동 전략도 일회적인 구호에 그치는 것이 아니라 지속적인 원조를 위해 긴급구호에서부터 장기적인 경제개발 정책 마련에 역점을 두는 것으로 변화되기 시작했다.

1970년대부터는 국제개발기구나 서구 개발 NGO들의 도움에 힘입어 개도국에서도 NGO가 설립되기 시작하였다. 1980년대에는 빈곤퇴치나 민간 주도에 관심을 가진 NGO들이 급증하고 사적, 공적 기부금 등을 통해 활동에 필요한 재정도 확보하면서 NGO는 국제개발원조에서 핵심적인 행위자로 급부상하였다. 1980년대 후반에 들어서면서 '개발 자원이 제도화된 형태'(institutional forms of development resources)로서 NGO를 평가하는 시각도 높아지게 되었다.

특히 주목할 만한 것은 1980년대 이래 개발의 개념이 단순한 경제개발 차원에서 사회개발, 인간개발, 환경친화적 개발 및 토착민 보호와 같은 인간 중심의 개발과 같은 지속적인 개발(sustained development)로 확대되어 가면서, 자국의 이익이나 기득권에 집착할 필요 없이 장기적인 안목으로 활동하는 NGO들의 역할이 점점 증대해 간다는 것이다.

2. 성경적 의미에서 바라본 NGO의 활동

성경은 가난한 자들을 도울 것을 여러 차례에 걸쳐 말하고 있다. 힘없고 소외된 자들을 돕는 것은 하나님의 뜻이다. 그리고 이런 자들을 돕는 기관으로서 NGO와 같은 활동을 허락하셨다. 성경에는 가난한 자들에 대한 복음이 여러 곳에서 기록되었다.

또한 예수님의 사역에서는 가난한 자들이 중심적인 역할을 차지했다. 누가복음 4장 16-21절의 선교적 의미를 생각하면 예수님의 의도를 추론해 볼 수 있다. 예수님은 "주의 성령이 내게 임하셨으니 이는 가난한 자에게 복음을 전하게 하시려고 내게 기름을 부으시고 나를 보내사 …"라고 말씀하셨다. 이 사건을 배치한 문맥과 그 내용을 볼 때에 저자인 누가는 굉장한 중요성을 부여한 것으로 볼 수 있다. 또한 이 말씀은 예수님의 공생애 전체의 서문이며, 심지어는 복음서 전체의 요약으로서 역할을 한다. 더불어 마태복음의 산상수훈과 같은 역할을 누가복음에서 담당하는 "표제적인 강화"라고 볼 수 있다.

쇼트로프(Luise Schottroff)와 스터케만(Wolfgang Stegemann)의 논평에 의하면 "우리가 누가복음을 소유하지 않았다면 우리는 아마도 가장 중요한 것은 아니라 할지라도, 가장 초기의 기독교 전승의 중요한 일부분과 가난한 자들의 희망으로서 예수님의 인물과 메시지에 대한 그 전승의 강한 관심을 상실했을 것이다."라고 기록하고 있다.

누가는 고난당하는 모든 자들의 명단을 제공할 때에 그가 가난한 자를 그 명단의 머리(4:18, 6:20, 14:13, 14:21)에 두거나 또는 절정으로써 그 명단의 끝(7:22)에 두고 있음을 볼 수 있다. 불행을 경험하는 모든 자들은 실제적인 의미에서 가난한 자들이다. 이것은 특히 병든 자들에게 해당된다. 또한 누가복음에서 이야기하는 빈곤은 주로 사회적인 범주에서 발생하는 빈곤을 의미한다.

보쉬(David J. Bosch)는 자신의 책인 『변화하는 선교』에서 누가복음의 중요성을 언급하면서 예수님의 선교를 세 가지 부분에서 논증하였다. 첫째는 누가복음 4장 16-21절에 대한 해석의 중요성이다. 최근에는 또 다른 성경 본문이 선교의 성경적 기초에서 매우 중요한 논쟁거리가 되었는데. 예수님께서 그의 고향에서 행하신 설교에서 이사야 61장 1절의 예언을 자신과 자신의 사역에 적용하였다는 것이다. 이 구절은 교황청과 해방신학 진영에서 인식되었다. 즉, 누가가 기록한 4장 16-21절의 말씀은 그리스도의 선교뿐만이 아니라 교회의 선교를 이해하기 위한 본문으로서 실제적인 목적 때문에 마태복음이 말한 선교의 대위임령을 대체하였다. 이 상황만으로도 누가의 선교 이해를 자세하게 고찰해야 할 이유가 될 것이다.

둘째는 초대교회의 선교를 고찰하면서 누가를 선택하게 된 중요한 이유는 누가의 저작들 속에 나타난 선교의 중심성 때문이다. 즉, 누가는 복음서뿐만이 아니라 사도행전을 기록했다.

셋째는 누가와 마태의 비교에서 볼 수 있다. 마태복음은 70년경에 일어난 중요한 사건들로 인해서 충격을 받은 유대인으로 주로 이루어진 기독교 공동체를 위해서 쓰인 가장 유대적인 기독교 저작이었다. 이에 반해서 누가는 신약성경의 유일한 이방인으로서 이방인 출신인 기독교인들을 위해서 기록되었다. 게다가 누가는 마태복음이 한 단일 공동체에 관심을 두었던 것과는 달리 많은 공동체들을 염두에 두고 기록하였다.

누가가 예수님과 초대교회 이야기를 할 때에 거듭해서 들어가는 주제들이 있다. 성령의 사역, 회개와 용서의 중심성, 기도의 중심성, 원수의 사랑과 용납의 중심성, 인간 상호간의 정의와 공평의 중심성이다. 그리고 또 하나 그의 저작들 속에서 주목받은 특별한 범주는 사람에 관한 주제이다. 그것은 바로 가난한 자들에 대한 것으로 예수님과 여인들, 세리들과 사마리아인들과의 교제 등이다. 이는 당시의 가부장적인 사회의 통념상 파격적인 요인이었다. 예수님의 전체 사역과 예수님과 소외된 사람들과의 교제는 누가의 저작물들 가운데에서 교회가 본받도록 요청받은 장벽을 깨뜨리는, 예수님의 사랑의 사역을 증거한다.

거듭해서 우리를 놀라게 한 것은 예수님의 선교의 포괄성이다. 그것은 부자와 가난한 자, 억압자와 피억압자, 죄인과 탐욕을 품는 자 모두를 수용한다. 그분의 선교는 소외를 해소하고 적대의 벽을 허물고 개인과 집단들 사이에 존재하는 벽을 무너뜨린다. 하나님께서 우리를 은혜로 용서하심과 같이 우리는 우리에게 죄 지은 자를 용서해야 한다.

이처럼 누가복음에 나타난 예수님의 사역은 가난한 자들에 대한 문제를 심도 있게 다루었음을 알 수 있다. 여기에서의 가난이란 비단 경제적인 요소만을 의미하지 않는다. 정신적으로 물질적으로 정치적으로 자신을 가눌 수 없는 약자들을 의미하는 것이다. 그리고 NGO는 이러한 상태에 처해 있는 인간들에게 희망을 선사하는 기관이라 할 수 있을 것이다.

3. 성공적인 선교 NGO의 활동상

선교 NGO는 세계의 구석구석에서 활발하게 사역을 전개하고 있다. 아프리카 오지에서 우물을 파서 사람들에게 생수를 공급하는 일부터 의료 기관을 통해서 환자를 치료하는 일, 그리고 교육을 통해서 지식과 지혜의 눈을 뜨게 하는 일에 이르기까지 폭넓은 활동을 감당하고 있다. 효과적인 선교 NGO 사역을 간략히 열거해 보자면 다음의 기관들을 소개할 수 있다.

첫째는 선교 현지에서 출발한 방글라데시개발선교회(Korean Development Association in Bangladesh, KDAB)이다. 1984년부터 방글라데시에서 사역하는 KDAB는 당시 서로 다른 교단과 선교단체에 의해 파송되어서 사역하던 장순호와 민은주(감리교단 소속), 강원희(장로교 소속), 그리고 장성희(의료선교협회 소속) 등 선교사들에 의해서 조직되었다. 이후 감리교, 장로교, 성결교단과 의료선교협회, 가나안농군학교 및 각 선교 후원 교회들이 후원 단체가 되어 1989년 회교 국가인 방글라데시 정부의 공식 허가를 받고 공동체, 교회개척, 기도원 사역, 농촌 및 사회 개발, 교육 사업 등을 펼치고 있다.

특히 농촌개발 사역은 "모든 것은 신(알라)의 뜻이다."(인샤 알라)라는 말을 연발하며 모든 것을 체념하며 살아가는 이 나라 사람들에게 "심은 대로 거둔다." 또는 "일하기 싫으면 먹지도 말라."는 기독교적 개척 정신을 심어주고 있다.

함께 농사를 지으며 희망 없이 살아가는 이들에게 용기를 주며 그리스도를 향한 믿음을 심기 위해 시작된 농촌개발 사역은 방글라데시 정부의 적극적인 협조와 원주민들의 호응 아래 시행되고 있다. 현재 가나안농군학교의 분교가 세워져 농민들을 중심으로 한 정신 교육과 기독교적 농촌 지도자 양성, 시범 농장, 청소년 교육 사업들이 활발히 진행되고 있다. KDAB의 특징적인 요소는 선교지에서 초교파적인 협력 사역을 구축했다는 것이다. 이는 이슬람교의 특수한 상황에서 합법적으로 거주하면서 선교사역을 감당하는 수준 높은 선교 전략이라고 말할 수 있겠다.

두 번째는 여의도순복음교회의 굿피플(Good People)이다. 굿피플은 여의도순복음교회 내에서 실천해 왔던 각종 봉사활동을 보다 체계적이고 전문적으로 감당하기 위해 시작되었다. 지난 1993년 3월 아프리카 케냐 성회에서의 미션센터 설립을 기점으로 '한국선한사마리아인회' 라는 이름으로 탄생한 굿피플은 인종과 국경, 그리고 종교를 초월한 구제와 봉사, 나눔과 섬김의 손길을 실천함으로써 더불어 사는 지구촌 건설의 실현을 목적으로 하고 있다.

지난 1999년 7월에는 제3세계를 향한 구호와 개발 사업에 중점을 두어 사업을 전개하고자 외교통상부에 사단법인으로 등록하여 우리나라 최초의 교회 NGO로 자리 잡게 되었다. 또한 이와 함께 선한사람들로 개명하여 "가서 너도 이와 같이 하라"(눅 10:37)는 주님의 말씀에 의지해 인종과 국경, 종교와 이념을 초월하여 사회복지, 교육, 문화, 환경, 의료, 구호 사업 등 다양한 분야에서 주님의 사랑을 실천하고 있다. 그리고 2007년 2월에는 사단법인 굿피플로 단체명을 변경하고 UN 경제사회이사회(UN ECOSOC)로부터 특별협정 지위를 부여받은 국제개발 NGO로서 국내의 10개 지부를 포함한 해외 15개 지부를 통해 다양한 지역개발 및 긴급재난구호 사업을 펼치고 있다.

굿피플은 다가오는 통일을 준비해야 하는 시대적 사명 앞에 자유이주민들의 남한 사회 정착의 중요성을 인식하고 동포애적, 인도적, 민족적 차원에서 1999년부터 자유이주민을 대상으로 정착 지원 사업 및 정서적 지원 사업을 실시해 왔다.

굿피플이 국제개발 NGO로서 역할을 한다면 '영산조용기자선재단' 은 국내의 어두운 부분을 밝게 만들어가는 사역이다. 조용기 목사의 은퇴와 함께 기독교의 3대 정신인 사랑과 섬김과 나눔을 통해서 가까운 이웃과 소외된 계층부터 아우르는 사업이다. 이를 위해 영산조용기자선재단은 의료비 지원, 주택 개·보수 사업, 저소득 생계비 지원, 호스피스를 통한 임종 환자 지원, 그리고 법률 및 세무 상담 지원을 펼쳐 나가고 있다. 굿피플과 사랑과 행복나눔 재단의 특징적인 요소라면 사회의 그늘진 곳을 교회가 지속적으로 돌봄으로써 교회의 선교적 직임을 충실히 지키고 있다는 것이다.

세 번째는 국제기아대책 이다. 1971년 기독교 정신을 바탕으로 설립된 기아대책은 지구촌의 기아 상황을 전 세계에 알리고 굶주린 이들에게 떡과 복음을 전하는 사역을 하고 있다. 한국지부는 1989년에 설립되었으며 기아봉사단을 파송하고, 개발 사업과 긴급구호 사역을 감당하고 있다. 지금은 하나님의 부름을 받은 한국기아대책의 정정섭 전 대표는 젊은 시절 한국대학생선교회(KCCC)에서 신앙 훈련을 받았고, 전국경제인연합회의 총무이사를 역임하기도 하였다. 현재 기아대책은 국내에서는 70여 개의 지역회와 99개의 운영 시설에 결손가정과 독거노인, 그리고 장애인을 위한 복지사업을 하고 있으며, 북한 지원 사업도 전개하고 있다. 특히 해외에는 36명의 풀타임 선교사를 파송하여 주재국의 선교사들과 함께 효과적인 사역을 감당하고 있다.

네 번째는 컴패션(Compassion)이다. 컴패션은 한국전쟁 당시 폐허 속에서 버려진 고아들을 목격하게 된 에버렛 스완슨(Everett Swanson) 목사에 의해서 시작되었다. 그리고 50여 년이 지난 오늘날, 세계의 24개국의 100만 명에 달하는 어린이들을 돌보는 단체로 성장하였다. 2003년에는 최초의 수혜국인 한국에서 아시아 최초의 컴패션이 설립되어 빈곤에 찌든 북한 어린이 돕기 등을 비롯한 다양한 사역을 진행하고 있다. 한국 컴패션의 대표인 서정인 박사는 대학의 교수직을 사임하고 어린이들을 위한 헌신의 길을 택했다. 그 결과 한국 컴패션을 통해서 7만 명을 양육하게 되었고 우리나라는 짧은 시간에 세계 4위의 후원국으로 등극하는 열매를 맺기도 하였다.

사실 위에서 소개된 선교 NGO 외에도 하나님의 선교사역을 충성스럽게 감당하고 있는 선교 NGO들이 많지만 지면 관계로 다 담지 못했음을 밝혀 두고자 한다.

선교 NGO는 하나님이 쓰시는 이 시대의 선교 도구이다. 식민지 시대의 종언을 고한 이후, 많은 나라들이 독립하면서 종교적 복고주의가 심화됨과 동시에 종교원리주의가 극성을 부리고 있다. 이처럼 선교사가 합법적으로 거주하기가 점점 어려워지는 현실 속에서 선교 NGO는 중요한 역할을 하리라 생각된다. 특히 한국교회는 세계의 빈곤퇴치와 문맹퇴치, 그리고 병든 자를 고쳐야 하는 일에서 책임감을 부여받고 있다. 하나님의 선교는 인종과 정치적 이념을 뛰어넘은 인류애 속에 나타나야 한다. 한국교회가 선교 NGO를 통해서 이 일을 함께 감당할 수 있게 되기를 기대해 본다.

Chapter 24

전문인 일터
선교사 육성*

인간에게 있어서 삶의 자리란 매우 중요한 요소이다. 사람들은 각자 삶의 자리에서 자신의 발전을 도모하고 가족을 책임지고 사회에 봉사하면서 살아간다. 우리가 삶의 자리를 생각하다 보면 자연스레 직업 또한 생각하지 않을 수 없다. 직업은 곧 전문성과 연결되는데, 21세기 사회의 특징적인 요소는 빠른 속도와 투명성, 그리고 전문성이다. 세계선교의 현장을 살펴보면 전문성을 가진 사역자들이 많이 활동하고 있다. 물론 선교의 전문성은 말씀을 옳게 해석하여 복음을 증거하고 신앙을 일으켜서 주님의 제자로 삼는 일련의 일들에서 나타날 수 있다. 그러나 통칭 전문인 사역자란 '신학을 전공하여 목사 안수를 받고 선교사로 투입된 사역자'가 아닌, '자신의 달란트의 전문성을 살려서 선교하는 사람'을 일컫는다. 이와 같은 전문인 선교사의 증가는 사회의 다양성과 무관하지 않다. 다양화된 시대를 살고 있는 오늘날, 이러한 다양성 속에서 복음을 증거하는 것이 시대적 사명이라고 한다면 전문인 사역자의 증가는 당연한 결과일 것이다.

＊이 글은 월간 『교회와 성장』 2011년 8월호 140-146페이지에 기고된 글이다.

1. 전문인 일터 선교의 역사

오늘날 전문인 선교를 담당하는 단체들이 상당수 존재한다. 그러나 선교 역사 가운데 가장 먼저 생각해 볼 수 있는 단체가 모라비안(Moravian, 18 세기 보헤미아에서 등장한 복음주의자들을 이르는 말)의 지도자 진젠도르 프(Ludwing Zinzendorf)가 창설한 '형제단'이다. 모라비안이란 지금의 체코에 속해 있었던 이들로, 종교개혁자 얀 후스(Jan Hus)의 개혁 사상과 함께 신앙의 정절을 지키기 위해서 노력했던 사람들이다. 그들은 종교 박해를 피해서 진젠도르프의 영지인 헤른후트에 정착하며 그곳에서 평신도 선교의 중심지를 이루게 된다.

모라비안 교파의 선교는 1732년에 그 첫 발을 내디뎠다. 당시 진젠도르 프와 동료들이 카리브해의 노예들이 고난을 당하고 있다는 소식을 듣고 로 날드 도버와 데이빗 닛치만을 카리브해의 성 도마 섬(Island of St. Thomas)으로 파송한 것이다. 모라비안 교도들의 선교적 열정은 매우 강하여 18세기 말에 이르러 서인도제도에 76명, 그린란드의 에스키모에게 18 명, 남아메리카의 원주민에게 25명, 북아메리카의 인디언에게 10명, 아프리카의 희망봉에 10명, 인도에 5명, 캐나다의 래브라도에 26명의 선교사를 파송하였다. 그 결과 1760년까지 모라비안 교파는 226명의 선교사들을 세계 곳곳에 파송하였다. 선교의 확산은 계속되었으며 1930년까지 총 14 국가에 3,000여 명의 선교사들을 파송하였다. 진젠도로프가 하나님의 부르심을 받은 1760년에는 그린란드의 13개 지역과 중북부 아메리카, 서인도제도 등지에서 약 6,125명의 선교사가 활동했다.

선교역사 가운데 진젠도르프의 모라비안 선교의 특징은 크게 세 가지로 나타난다. 첫째, 선교사들이 평신도였다는 점이다. 모라비안의 형제단 교회는 선교가 성직자의 전유물이 아니라 그리스도의 구원을 체험하고 내적 소명을 느낀 모든 그리스도인들의 당연한 의무라고 생각했다. 그들은 외적 신분보장이 확실치 않았음에도 불구하고 속(續) 사도행전의 역사를 이룰 수 있었던 것은 받은 바 소명에 대한 흔들리지 않는 믿음이 있었기 때문이다. 공동체 내 평신도의 역할에 대하여 충분히 인지하고 훈련되어 있던 형제단 교회는 평신도의 능력과 사역을 선교의 실제적 현장에까지 연결시킨 좋은 본보기가 되고 있다.

둘째, 모든 선교 활동이 자비량으로 이루어졌다는 점이다. 이들은 모두 수공업자였거나 생계유지에 필요한 기술 훈련을 쌓은 자들이었기 때문에 스스로 생계를 해결하는 데에는 지장이 없었다. 형제단 교회 선교사들은 대체로 농장 경영, 상점 경영, 그리고 소공장 경영 등을 통하여 현지에서 직접 선교비를 조달하였다. 자비량 선교는 형제단 교회의 선교 원칙으로 준수되었고 예외적인 경우에 한해서만 독일 본부의 재정적인 지원이 허락되었다. 그들의 경제적 자립 능력은 선교 사업의 확장에 큰 도움이 되었으며 그 결과 모라비안은 18세기 세계선교를 주도할 수 있었다.

셋째, 미전도 종족을 대상으로 선교 활동을 하였다는 점이다. 형제단 교회는 성 도마 섬의 선교에서 인디언을, 남아프리카에서는 식인종을 각각 그 선교 대상으로 선택했다. 형제단 교회 선교사들이 남들이 꺼리는 선교의 길을 선택한 데에는 남다른 이유가 있었다. 그것은 그들 중 대부분이 모라비아 출신으로 고난에 익숙했기 때문이다. 그들은 그리스도의 이름을 위하여 고난당하는 것을 말할 수 없는 은혜로 생각했다. 형제단 교회의 선교사들은 십자가의 신학을 입술로 고백하는 데에 그치지 않고 선교 현장에서 삶으로 실천했던 것이다.

넷째, 선교지의 원주민들과 형제적 유대 관계를 형성했다는 점이다. 형제단 선교사들이 이교도들에게 따뜻한 형제애를 보여줌으로써 그들을 감동시켜 그리스도에게로 이끈 사례는 형제단 교회의 선교역사에서 쉽게 찾아볼 수 있다. 그 예로 성 도마 섬에서의 흑인 선교를 들 수 있다. 선교사들은 흑인 노예들을 자신들의 진정한 형제로 생각하면서 곤경에 처해 있을 때나 병들었을 때 위로와 사랑을 전하며 형제적 유대 관계를 형성했다. 형제적 유대는 원주민들의 신뢰 획득이라는 실제적 이유를 넘어 형제단 교회를 특징짓는 하나의 신학적 요소가 되었다.

진젠도르프의 평신도 선교팀은 현대 선교에도 지대한 영향을 미치고 있다. 이들로 인해 국가주도적인 선교로부터 벗어나 독자적으로 선교가 이루어질 수 있게 되었고, 서구 문화 확장의 일환에서 분리되어 순수한 복음, 곧 회개와 예수 그리스도에 대한 믿음만을 전파하는 선교를 하게 되었다. 또한 평신도의 교회 활동과 선교 참여의 기회가 확대되어 전문인 선교사의 활동이 활발해졌고, 사회 선교적인 실천으로 교육과 의료 및 실질적인 사회 참여를 병행하는 데 많은 영향을 끼치게 되었다.

2. 전문인 일터 사역자의 사역 유형

전문인 일터 사역 유형에 대해서는 풀러신학교의 피터 와그너(Peter C. Wagner) 박사의 이론에 기초하여 다음과 같이 나누어 설명할 수 있다.

첫째는 현존의 선교 유형이다. 소금의 존재함이 음식물 보존을 위한 요인이 되듯 그리스도인의 현존은 복음전파의 요인이 된다는 것이다. 그리스도인은 구원받지 못한 자들에게 적극적인 증거가 될 복음의 생활화로 그들에게 복음을 전파하여야 한다. 현존전도는 봉사나 사회 활동으로 불리는 행위 가운데 반영되어 있다. 이는 곧 그리스도의 이름으로 '냉수 한잔을 대접하는 것'이라고 할 수 있겠다.

둘째는 선포의 유형이다. 예수 그리스도의 기쁜 소식을 알림으로써 불신자들이 이를 듣고 이해하게 하는 것이다. 이는 일반적으로 복음전도자에 의한 설득 없이 복음을 적극적으로 선포하는 것을 의미하는 것으로 이해된다. 영국의 성공회 신학자인 제임스 패커(James. I. Packer)는 저서인 『복음전도와 하나님의 주권』에서 선포 전도를 주장하고 있다.

또한 패커는 영국교회의 대주교들이 1981년 기술한 복음전도에 대한 성명서를 다음과 같이 고쳐서 읽었다.

> 복음화하는 것은 성령의 능력 안에서 그리스도 예수를 소개함으로써 사람들이 그를 통해 하나님을 그들 자신의 구세주로 받아들이고 그의 교회의 교제 가운데 자신들의 왕으로써 섬기게 할 수도 있다는 것이다.

성명서 속 '할 수도 있다'의 원래 구절은 '해야 한다'였다. 이 '해야 한다'에는 복음전도란 실제적 결과를 수반한다는 의미가 들어있다. 그러나 '할 수도 있다'라는 말은 전도자를 그 결과에 대한 책임으로부터 해방시켜준다.

스위스의 로잔에서 개최되었던 복음전도에 관한 협의에서 존 스토트는 복음전도에 대해 "어떤 일이 일어나도록 전파함이 아니고 어떤 일이 일어나는 여부와는 상관없이 전파하는 것이다."라고 말했다. 전도자들이 그 결과를 헤아릴 아무런 의무도 가지지 아니하고 단순히 복음을 선포할 때에, 그들은 하나님께 순종한 것이며 자신의 의무를 완수한 것이 된다는 것이다.

셋째는 설득의 유형이다. 이는 복음을 선포할 뿐 아니라 구원받지 못한 사람들이 이에 응답하도록 설득하거나 유도하는 행위를 포함한다. 설득전도는 결과에 관심을 둔다. 만일 복음선포의 과정이 효과적일 경우, 그 전도자는 불신자로 하여금 그리스도께 나오도록 강청해야 한다는 것이 설득전도의 이론이다. 즉, 설득전도란 사람들을 그리스도께로 인도하고 책임적인 교회의 일원이 되도록 하기 위한 의도적인 설교인 것이다. 설득전도를 믿는 사람들은 "그러므로 너희는 가서 제자를 삼아 …"(마 28:19)라는 명령 속에 설교자가 전도의 성과를 이룰 의무를 진다는 의미가 내포되어 있다고 주장한다. 제자들의 수효(數爻)를 셀 수 있으며, 따라서 그 수가 늘어날 수 있다. 결국 제자들이야말로 복음전도의 성과인 것이다.

설득의 성서적 근거는 '설득하다' 라는 단어에서 찾을 수 있는 바, 이는 '상대방으로 하여금 어떠한 관점을 갖게 만든다.' 라는 의미를 지니고 있다. 바울은 말한다. "우리가 주의 두려우심을 알므로 사람들을 권면하거니와 …"(고후 5:11). 또 바울이 고린도에서 설교하였을 때는 이렇게 설명되어 있다. "안식일마다 바울이 회당에서 강론하고 유대인과 헬라인을 권면하니라"(행 18:4).

넷째는 그리스도의 제자화 사역이다. 선교의 결과는 제자화를 통해서 나타나야 한다는 것이다. 제자화에 대한 성경적 원리는 제자들을 향한 주님의 명령에서 나타난다(마 28:18-20). 그리고 초대교회(행 14:21-28)를 통해서 실증되었다. "제자를 삼으라"는 말은 곧 어떤 사람을 그리스도께로 인도하라는 의미이지만 한편으로는 그 사람이 그리스도를 영접하도록 결단을 내리게 하라는 뜻 또한 내포되어 있다. 여기에는 그 사람이 그리스도의 제자로서 따르도록 동기를 부여한다는 의미가 담겨있는 것이다. 이 같은 해석이 곧 설득전도에 부합될 것이다.

그렇다면 선교에 있어서 왜 제자화가 필요한가? 선교는 본질적으로 문화의 가장 깊은 곳에 자리 잡은 세계관을 해체하는 것이다. 타종교나 예수님에 반한 문화를 가진 세계관을 그리스도의 세계관으로 바꾸는 작업이야말로 진정한 선교의 열매가 맺어지기 때문이다. 전문인 일터 사역자는 자신의 위치가 어디이든, 무슨 일을 하든 위에서 언급한 네 가지 종류의 사역을 위해서 노력해야 할 것이다.

3. 전문인 일터 사역의 종류

전문인 일터 사역자는 다양한 분야에서 사역을 할 수 있다. 21세기 직업이 다양하듯 선교의 종류도 그만큼 다양한 요소를 지니고 있다. 5장의 교육선교와 33장의 의료선교를 다루었는데, 이러한 분야도 엄밀히 말하면 전문인 일터 사역의 유형이 될 수 있다. 여기에서는 의료와 교육을 제외한 분야에서 전문인 일터 사역의 유형을 소개하고자 한다.

1) 비즈니스 선교사역

비즈니스 선교는 사역지에서 사업을 하면서 하나님께 받은 사명을 감당하는 사역을 일컫는다. 이는 종래의 자비량 선교의 개념을 훨씬 뛰어넘는 선교사역의 전략이다. 기업가는 사업 현장에서 많은 사람들에게 일자리를 제공함과 아울러 이윤을 추구한다. 따라서 복음이 전해지기 힘든, 소위 '폐쇄 국가'라고 불리는 타문화권에서 합법적으로 하나님의 복음을 증거하기 쉬운 것이다. 따라서 이러한 사업가들은 비즈니스를 통해 타문화권에서 사역하는 선교사라고 부를 수 있을 것이다. 데쓰나오 야마모리(Tetsunao Yamamori)와 케네스 엘드레드(Kenneth A. Eldred)가 엮은 『킹덤 비즈니스』에서는 중앙아시아에서 비즈니스 선교 중인 한국인인 최병호 사장에 대해서 소개하고 있다. 최 사장은 영국계 은행에서 10여 년 동안 근무하였다. 그러던 중 독일에 살던 친구의 소개로 중앙아시아에서 유통업과 건설업을 시작하게 된다. 그는 그곳에서 사업하면서 숱한 어려움을 극복하고 그 가운데 100여 명이 넘는 직원들을 복음화시켰다. 그는 아침 시간을 이용하여 직원들을 복음화시켰다. 그는 아침 시간을 이용하여 직원들로 하여금 성경 공부와 기도 모임을 하게 한 후에 일터로 보냈다. 대부분 무슬림들로 꽉 차 있는 그곳에서 초창기의 반대를 무릅쓰고 기독교의 복음을 증거한다는 것은 쉬운 일이 아니었지만 시간이 흐르면서 점차 정착하고 있다고 한다. 최 사장의 장래 비전은 합창단을 조직하여 순회공연을 통해 실크로드를 개척하고자 하는 것이다.

그러나 비즈니스 선교를 시작할 때 고려해 볼 문제가 있다. 바로 기업의 윤리 측면이다. 기업이란 이윤을 추구하는 곳이다. 따라서 비즈니스 선교에 임할 때에는 기업의 이윤과 봉사의 균형을 맞추는 것이 중요하다. 사역은 잘하지만 비즈니스가 약해졌을 경우 현지 국가들로부터 의심을 받는 경우도 생길 수 있으니 사업과 사역을 적절하게 균형을 맞추어야 할 것이다.

2) 컴퓨터 관련 직업교육 사역

오늘날 지구촌은 컴퓨터를 통해서 커뮤니케이션을 이루고 있다. 먼 것만 같았던 지구촌의 세계화는 IT의 혁명의 결과라고 할 수 있다. 최근에는 페이스북 등 SNS(Social Network Service)를 통해 전 세계 사람들과 시시각각으로 교류하며 각자의 삶의 자리를 개척해 가고 있다. 따라서 세계의 모든 지역에서 컴퓨터 관련 사업이나 기술 교육 측면 등 IT 관련 종사자는 대환영이라는 이야기이다.

때문에 컴퓨터 관련 파송 사역자들을 학생 자원자들로 구성할 필요가 있다고 본다. 한동대학교 교수로 근무하는 김기석 박사는 'FM&C'(Frontier Mission & Computer)를 조직하여 컴퓨터 교육과 복음을 통한 전문인 선교사역을 넓혀가고 있다. 특히 컴퓨터 관련 고급 인력을 무슬림 지역에 파송하고 기술대학과정 및 기술학교를 창립하여 지역사회에서 호감을 갖고 복음을 받아들이게 하는 전략을 구사하고 있다. 따라서 대학생 자원봉사자들을 활용하여 방학기간이나 특별한 시간을 투자하여 전문인 선교사역에 도전을 주는 것도 한국교회의 과업일 것이다.

3) 비정부기구(NGO) 사역

1960년대에는 서구 선진국 비정부기구(Non Government Organization, 이하 NGO)들의 인도적 원조가 아시아, 아프리카, 남미 등의 개도국으로 확대되기 시작했고, 그 활동 전략도 일회성 구호에 그치는 것이 아닌, 지속적인 원조를 위해 긴급구호에서부터 장기적인 경제개발 정책 마련에 역점을 두기 시작했다. 1970년대부터는 국제개발기구나 서구 개발 NGO들의 도움에 힘입어 개도국에서도 NGO가 설립되기 시작하였다. 1980년대 들어서는 빈곤퇴치나 민간 주도에 관심을 가진 NGO들이 급증하고 공·사적 기부금 등을 통해 재정도 확보하면서 NGO는 국제개발원조에 있어서 핵심적인 행위자로 급부상하였다. 1980년대 후반 들어 '개발 자원이 제도화된 형태(institutional forms of development resources)' 로서 NGO를 평가하는 시각도 높아지게 되었다. 특히 주목할 것은 1980년대 이래 개발의 개념이 단순한 경제개발의 차원에서 사회개발, 인간개발, 환경친화적 개발 및 토착민 보호와 같은 인간 중심의 지속적인 개발(Sustained development)로 확대되어 가면서 자국의 이익이나 기득권에 집착할 필요 없이 장기적인 안목으로 활동하는 NGO들의 역할이 점점 커졌다는 것이다.

대표적 기관으로는 한국 정부의 한국국제협력단(KOICA)이 있으며, 민간기구로는 한국국제기아대책기구(KFHI) 등이 있다. 오늘날 기아대책기구를 통해서 수많은 선교사들이 해외에서 활동하고 있다. 이들은 육적인 기아 해결은 물론 영적인 기아 해결로 전인 구원의 목표를 달성해 가고 있다.

4. 전문인 일터 사역자 파송 대책

전문인 일터 사역자를 파송하는 데 있어서 가져야 할 선교적 대책에 대해서 이야기하고자 한다. 한국의 전문인 선교사역을 이끌고 있는 김태연 박사는 전문인 선교사의 파송에 대해서 다음의 몇 가지를 들고 있다.

첫째, 검증된 사역자를 파송해야 한다. 검증된 사역자란 전문인 선교사의 자질과 관련되어 있다. 선교사가 되기 원하는 자는 영성 관리에 철저해야 한다. 전문인 선교사가 선교 현지에서 목회자 출신의 선교사와 비교해서 영적으로 탁월하기만 하다면 자연스럽게 선교에 정착할 수 있다. 새로운 것을 배우려는 열린 마음의 소유자로 다양한 가운데 조화를 이룰 수 있는 자여야 한다.

둘째, 타문화권에 나가서 자급자족할 수 있는 사람이어야 한다. 타문화권에 나가서 자급자족할 수 있는 기본적인 대책이 세워지기 위해서는 기업체, 신문사 특파원 등 해외 진출이 가능한 직업과 협동하여 보편적인 일일지라도 자급자족을 할 수 있어야 한다. 이렇게 함으로써 어떠한 환경에서도 잘 적응하는 유연성을 갖게 된다. 그렇지 않으면 점점 선교 환경이 열악해질 것이기 때문에 선교지의 일정한 지역에 깊숙이 침투하지 않으면 선교를 전혀 할 수 없게 될 것이다. 즉, 삶의 자리를 확고하게 만들어 놓지 않으면 다양한 환경에 의해 흔들리게 된다는 것이다.

셋째, 전문직에서 종사하는 유능한 사람이어야 한다. 즉, 자신의 영역에 있어서 다른 사람을 인도하고 이끌 수 있어야 한다는 것이다. 현지인의 기술력보다도 뒤떨어진다면 신뢰감을 상실하고 존재 이유 또한 없어지게 된다.

넷째, 국제적인 감각을 갖추고 상황에 대비하는 사역자여야 한다. 전문인 일터 사역을 위해서는 삶의 자리의 변동과 국제적 상황에 민감해야 한다. 또한 선교사들이 중심이 되어 있는 지역적인 전략 회의를 참석하여 정보를 교환하는 것이 매우 중요하다.

이 장에서는 전문인 일터 사역에 대해 언급하였다. 예수님께서는 현 상황이 어떠한가보다는 앞으로의 삶의 자리를 어떻게 가꾸어 나가느냐가 중요하다고 말씀하신다. 선교도 마찬가지일 것이다. 우리는 직업을 통해서, 혹은 허락하신 달란트 활용을 통해서 주님의 선교적 사명을 성취해야 한다. 또한 평신도들의 선교사역이 증대되고 있는 시점에서 한국교회는 이를 적극 활용하길 바란다.

Chapter 25

캠퍼스 선교 *

어느 사회에서든지 학생은 미래의 자산이자 소중한 가치를 지닌 존재로 인식되어 있다. 따라서 선교에 있어서도 학생이 갖는 의미는 매우 크다고 할 수 있다. 이번 장에서 세계의 선교 역사에 큰 영향을 끼쳤던 캠퍼스 사역들을 정리해 보면서 한국교회가 지향해야 할 캠퍼스 선교를 심도 있게 살펴보고자 한다.

1. 캠퍼스 선교의 시원

역사적으로 기독 대학생들은 부흥운동에 역동성을 불어 넣는 역할을 해왔다. 초대교회와 중세교회의 수도원을 중심으로 일어난 복음운동은 종교개혁 이후 18세기에 이르러 대학가에서 기독학생운동으로 성장하게 되었다.

기독학생운동의 시발지는 역사적으로 볼 때 18세기의 영국의 옥스퍼드

---

* 이 글은 월간 「교회와 성장」 2011년 9월호 99–104페이지에 기고된 글이다.

대학교(The University of Oxford)라고 할 수 있다. 영국의 '홀리클럽' (Holy Club)은 1729년에 찰스 웨슬리(Charles Wesley, 1707-1788)에 의해서 태동되었다. 그리고 형인 존 웨슬리(John Wesley, 1703-1791)는 홀리클럽을 다방면에서 도왔다. 후에 존 웨슬리는 성화론의 새로운 지평과 함께 감리교도들을 하나로 묶어 영국 교회와 세계 교회의 부흥운동에 중심 인물이 되었다.

또한 홀리클럽의 많은 회원들 가운데 1733년 9월 조지 휫필드(George Whitefield, 1714-1770)의 가입은 기독학생운동의 역사에 있어서 주목해야 할 사건이 되었다. 정준기 교수는 홀리클럽의 영향에 대해 "성경적 성화 이론의 정립, 영적 지도자의 양성, 성경적인 사회참여 활동, 평신도연합 학생운동을 드러내어 영적 각성 운동을 이루었다."라고 평가했다.

영국에 홀리클럽과 같은 영적인 선교 단체가 있었다면, 미국에는 1817년에 결성된 일명 '건초더미 그룹'(The Haystack Group)이 있었다. 사무엘 밀즈(Samuel G. Mills)를 중심으로 윌리엄스대학교 안에서 모인 학생들은 세계선교를 가슴에 품고 기도하던 사람들이었다. 이후 이들은 몇 명의 멤버들과 함께 엔도버신학교(Andover Seminary)에서 공부하는 동안 '선교 주제연구회'(Society of Inquiry on the Subject of Mission)를 조직하여 더욱 활발하게 선교를 향한 결의를 다져 나갔다. 나아가 이들의 회중 교회 목회자들의 마음을 움직이기 위한 노력으로 인해 1810년 6월 28일에 해외 선교회(Foreign Mission Board)가 결성되기에 이르렀다.

이러한 선교운동이 점점 증대되어 후에 '자발적 학생운동'(Student Volunteer Movement)으로까지 연결되었다. 이 운동은 1880년대에 프린스턴대학교 졸업생이었던 로버트 월더(Robert P. Wilder), 19세기 가장 위대한 전도자 무디(D. L. Moody), 당시에 코넬대학교의 학생이었던 존 모트(John R. Mott)에 의해서 시작되었다. 그리고 이 운동의 기폭제 역할을 했던 것이 바로 1886년 여름에 개최된 매사추세츠의 헐몬산(Mount Hermon) 수련회였다. 무디는 이 집회에서 100명의 대학생들과 신학생들이 "하나님의 뜻에 따라 선교사가 되겠습니다."(It is my purpose, if God permits, to become a foreign missionary.)라고 선언한 프린스턴 서약(the Princeton Pledge)을 얻어냈다. 이 운동은 1888년 뉴욕시에서 '해외선교를 위한 자발적인 학생운동' 이라는 공식 기구로 발전하였다.

영국과 미국의 캠퍼스에서의 복음운동은 지역 교회에게 영향을 주어 영적 재생산의 기회를 제공함과 동시에 국가 교회를 깨우는 역할을 하였던 것을 볼 수 있다. 따라서 대학생들의 신앙 운동은 국내외의 복음 사역의 현장에서 역동적인 능력을 발휘한다.

2. 현대 학생선교운동

현대 학생선교운동 가운데 대학생과 청소년들을 위한 단체를 언급하자면 CCC와 YFC를 빼놓을 수 없다. 두 단체의 캠퍼스 운동에 대하여 설명하고자 한다.

1) 국제 CCC 선교 운동

1951년에 빌 브라이트(Bill Bright, 1921-2003) 박사에 의해서 창설된 CCC(Campus Crusade for Christ, 국제대학생선교회)는 대학생 복음화에 기여한 단체다. 빌 브라이트 박사는 헨리에타 미어즈(Henrietta C. Mears) 박사의 신앙 운동에 깊은 도전을 받았다. 그가 풀러신학교에 재학 중이었던 어느 날 밤, 기도 가운데 불과 몇 초도 되지 않는 짧은 순간에 주님께서 자신의 생활과 사역에 대한 지시를 마음의 스크린에 쭉 펼쳐 보이셔서 CCC

를 창설하게 된 것이라고 알려져 있다.

첫 사역은 당시에 가장 저항이 심했던 캠퍼스인 캘리포니아주립대학교 (UCLA)에서 시작되었다. CCC의 사역이 미국에서 크게 부흥을 이룰 수 있었던 계기는 'Explo 72 대회'를 통해서였다. 1972년 텍사스 달라스에서 이 대회가 개최되었을 때에 10만 명이 운집했고, 그 후 한국에서 'Explo 74 대회'가 개최되었고, 6년 후 '80 복음화대성회', '84 세계기도대성회'를 열었다. 특히 'Explo 90 대회'를 통해서는 세계의 1,000여 도시에 동시에 복음이 선포되기도 했다. 또한 평신도 사역의 일환으로 'Here's Life Training Center'가 운영되고 있다. 현재 CCC는 197개국에 지부를 세우고 활동하고 있다.

2) 청소년 선교 기관인 YFC 선교 운동

국내에서 활동하고 있는 대표적인 청소년 선교회는 YFC(Youth For Christ, 십대선교회)이다. 이는 세계적인 혼란기였던 1930년대에 방황하는 청소년들을 예수 그리스도의 복음으로 변화시키고 신앙으로 일어설 수 있게 하기 위하여 뜻있는 청소년 지도자들이 미국과 캐나다, 영국 등지에서 대규모의 청소년 전도 집회를 갖기 시작한 데서 그 기원을 찾을 수 있다. 세계대전 종전 전후의 암울한 상황이었던 1940년대에 들어 이 운동은 더욱 확대되어 세계 여러 곳에서 '그리스도를 위한 젊은이'(Youth For Christ)라는 기치 아래 크고 작은 집회와 정기적인 모임들이 일어나게 되었다. 청소년들을 성령운동으로 이끌고 나가기 위해 1944년 여름 여러 교계 지도자들에 의해 첫 모임이 개최되었다. 1945년 7월 첫 '국제 YFC 대회'를 열렸고 초대 국제 YFC 회장으로 토리 존슨(Tory Johnson) 박사가 선출되었다. 또한 국제 집회를 인도하고 YFC 집회와 운동이 세계의 여러 곳에서 전개되도록 힘쓸 YFC 전임 순회 전도자로 빌리 그래함(Billy Graham)

이 임명되었다. 그리하여 YFC 운동은 놀라운 속도로 세계에 전파되었다. YFC는 현재 세계 127개국 879개 도시(국내 19개 도시)에서 수많은 청소년들을 그리스도에게로 인도하여 구원을 얻게 하고, 청소년 범죄를 감소시키는 데 일조하는 등 영향력 있는 청소년 선교 활동을 벌이고 있다.

3. 한국의 캠퍼스 선교

한국의 캠퍼스 사역은 위에서 열거한 서구 선교 단체들의 유입에서 시작되었다. 각각 중요한 의미를 담고 있는 세 기구를 소개하고자 한다.

1) 한국 CCC 선교 운동

한국 CCC는 1958년 김준곤 목사에 의해 설립되었다. 한국 CCC의 착근기에는 간사들과 함께 주로 기도와 수련회를 통해서 사역을 확대해 나갔다. 최초의 대학생 수련회는 1964년 7월 25일에서 경기도 입석수양관에서 6박 7일 일정으로 658명이 참석한 가운데 진행되었다. 수련회가 끝날 무렵 한 사람도 빠짐없이 주님을 영접하였고 모두가 감사와 찬송으로 감격해 하였다. 이 해의 놀라운 결실을 계기로 한국 CCC의 전도 운동이 폭발하게 된 것이다. 하나님은 이 일로 영광을 받으셨고 계속해서 민족복음화의 비전을 생생하게 심어가셨다.

그 다음해인 1965년에는 각 지구 혹은 도별로 분산 개최되었다. 1967년 개최된 수련회는 7월 31일부터 8월 5일까지 5박 6일 간 "어둠에서 빛을 발하라!"는 주제로 전국에서 대학생 300명이 모였다. 이 대회의 특징은 수련회를 마친 후에도 의료봉사, 농촌 봉사 등에 주력을 하게 된다는 것이었다. 이러한 신앙 수련회를 통해서 김준곤 목사는 민족복음화 운동을 위한 기반을 조성했다는 평가를 받고 있다.

한국 CCC의 학생운동은 민족복음화 운동의 초석을 다지는 계기가 되었다. 한국 CCC의 역사적인 '민족복음화 운동'의 선언은 1971년 0시를 기해 제야의 종소리와 함께 기독교방송을 통하여 선포되었다. 민족복음화 운동의 상징적인 구호인 "민족의 가슴마다 피 묻은 그리스도를 심어 이 땅에 푸르고 푸른 그리스도의 계절이 오게 하자!"라는 문구는 1970년대와 1980년대 한국교회의 간절한 소망을 나타내 주는 말이기도 했다.

한국 CCC는 'Explo 74 대회'와 같은 대형 집회와 일 년에 2회씩 개최되는 수련회, 기타 지방을 순회하면서 진행된 집회들을 통해서 얻어진 자원들을 통해 요원들을 훈련시켰다. 그러한 일련의 사역들이 민족복음화 운동의 동기부여가 된 것이다. 한국 CCC를 창설한 김준곤 목사는 몇 년 전에 소천했지만 그의 사위인 박성민 총재를 통해 사역이 계승되고 있다.

역사학자인 박용규는 "초교파 선교 단체가 미국 복음주의 운동의 발흥에 매우 중요한 역할을 했던 것처럼 선교 단체는 한국의 복음주의 운동의 발흥에 있어서도 결정적인 역할을 하였다. 그 중에서도 한국 CCC의 역할은 한국교회의 성장과 세계선교의 산파역을 1970년대 대중운동을 통해서 감당했다."라고 말했다. 필자도 그의 견해에 적극적으로 동조한다.

2) 한국 YFC(Youth For Christ) 사역

YFC의 국내 사역은 해방 직후 교계와 사회 지도자들에 의해 시작되었으나 국가적 혼란으로 침체 상태에 놓여 있었다. 그러나 1960년경 당시 미국에서 귀국한 김장환 목사를 포함한 여러 교계 지도자들을 중심으로 1961년 서울에서, 1962년에는 수원에서 정식으로 발족하여 1966년에는 전국 10개 지구의 대표들이 총회를 소집하여 초대 회장에 김장환 목사가 선출됨을 시작으로 YFC 운동이 본격화되었다. YFC는 청소년 범죄율이 급증하고 윤리적 부패와 도덕적 불안이 가중되는 현 사회 분위기 속에서 예수 그리스도의 복음만이 청소년들을 변화시킬 수 있다는 믿음으로 사역하고 있다. 첫째로는 중·고등학교의 교외지도 활동을 적극 돕고, 둘째로는 청소년 선도 운동을 후원하며, 셋째로는 그리스도의 교회로 젊은이를 인도하기 위하여 Evangelism(전도-선교), Christian Life(그리스도적 생활), Life Line(선도와 봉사활동)등 3대 활동 방향을 세우고 활동하고 있다. 이를 성취하기 위한 사역 전략으로 불신의 현대 청소년을 그리스도에게로 인도하고, 승리하는 신앙생활을 강조하며, 젊은이를 통한 민족복음화를 추진한다. 그 방법으로는 YFC Rally(정기토요집회), Campus Life Club(학교 내 클럽), Bible Class(성경연구반)가 운영되고 있다. 이상의 모임을 중심으로 건전한 음악, 미술, 체육, 영어 성서 등 정서, 윤리, 종교, 기능 활동을 살려 이 나라 청소년의 비전과 미래를 세계적 차원으로 양성시키는 구국 및 선교 운동을 하고 있다.

3) NEXTION을 통한 청소년 캠퍼스 선교

NEXTION이란 차세대를 이끌어 갈 청소년들에게 꿈을 심어주자는 취지 아래 임방수 목사가 설립된 단체이다. 이 단체의 임지혜 간사는 사역 현황을 다음과 같이 소개하고 있다.

> 수원의 벧엘비전교회는 9년 전 십대들에게 주님의 복음을 전하고 사랑으로 섬기는 청소년 선교의 시대적 비전을 가지고 사역을 시작하였다. 교회개척 후 얼마 되지 않는 시기여서 일꾼도 적고 환경도 열악했지만 하나님께서는 지역의 중·고등학교로 간사들을 파송하였다. 이들은 작은 예배팀을 꾸려 수원 지역의 한 중학교 음악실에서 찬양을 하고 복음을 전하는 일을 시작하였고 이를 계기로 청소년 선교의 문이 열리기 시작했다.

이 과정에서 효과적인 선교를 위해서는 개교회의 이름으로 선교하는 것보다는 중립적인 선교 단체를 표방하는 것이 좋다는 결론을 내렸다. 그래서 NEXTION(Next Visionary Generation)이라는 이름의 초교파 선교 단체를 공식적으로 세워 청소년 선교를 본격화하게 되었고, 이후에 예배, 영상, 문화, 청소년 복지, 상담, 교육 등의 파트를 두게 되었다. 점차 각 분야의 리더들이 세워지면서 사역은 점점 확장되기 시작하였다.

NEXTION을 통한 청소년 캠퍼스 선교 현황을 살펴보면 다음과 같다. 첫째, 학생 리더를 양성하기 위해 약 3년간의 다양한 훈련들을 통해 학생 리더를 세웠다. 그 학생들이 자신의 학교에서 함께할 친구 1-2명과 함께 기도하고 준비하여 복음전파를 위한 매주 정기적인 모임을 연다. 이 때 한 학기당 15-20명가량의 불신 청소년들이 정기적인 모임에 참석하게 되어 한 학기만에 두 개의 모임을 번식하게 되었다.

둘째, 기독교 학교인 경우 채플 시간을 허가받아 청소년의 취향에 맞는 열린 예배를 드렸다. 즉, 10대에 맞는 찬양, 퍼포먼스, 메시지, 선물 등을 준비하여 예배를 드릴 때 많은 불신 청소년들이 기독교에 대해 호의적인 태도를 갖게 되고 복음에 대해 관심을 보였다. 또한 준비된 믿음의 청소년들은 매주 만남을 통해 미션 스쿨 내의 사역의 핵심팀으로 세워질 수 있게 되었다.

셋째, 청소년들에게 복음을 전하는 집회로 CFG(Change Your Future With God)를 실시하였다. 하나님께서는 이전의 형식에서 벗어난 새 일을 행하기 원하셨다. 찬양, 공연, 홍보, 전도 등 모든 것을 청소년 스스로 준비하는 시스템을 구성하여 수원 전 지역의 청소년들을 대상으로 한 CFG를 열게 되었다. 2010년에 열린 6번째 CFG는 수원의 한 공연장을 빌려 개최하게 되었는데, 수원 전 지역 캠퍼스에서 봉사자를 모집하여 홍보, 전도,

공연의 모든 과정을 직접 준비하여 하나님께 올려드렸다. 이 결과 200여 명의 불신자 청소년들이 예수님을 영접하게 되었다.

2011년에 열린 7번째 CFG는 이제까지와는 달리 좀 더 색다른 방식으로 '한 지역을 품고 그 지역의 청소년들을 모두 모아보자.' 라는 각오로 통돼지 바비큐 파티를 열었다. 비가 엄청나게 쏟아졌지만 450명의 청소년들이 모였고, 다 같이 춤추고 노래하며 복음을 전파하였다. 청소년들에게 통돼지 바비큐 파티는 효과적인 복음전파의 방법이었다. 그리고 수능시험일 저녁에는 고3 학생들을 대상으로 TEEN'S PARTY를 열었다. 여태껏 고생하며 공부해 온 것들이 단 하루에 평가되는 그 날, 가장 위로받아야 할 학생들이 세상이 아닌 주님 품에 있는 광경을 기대하며 새로운 역사를 쓰고자 한 것이다.

본 장은 캠퍼스 선교에 대해서 설명하였다. 선교역사를 볼 때에 캠퍼스 선교는 그 안에서만 머물지 않고 선교의 동력으로서 세계 교회 속에 존재하였음을 알 수 있다. 종교가 다원화되고 학원이 민주화를 부르짖는 가운데 기독교의 목소리는 점점 작아지고 있다. 이러한 가운데에서도 십자가의 복음을 증거하고 있는 CCC와 YFC, 그리고 수원 지역을 중심으로 사역하고 있는 NEXTION의 사역들은 우리에게 큰 의미를 부여한다.

한국교회는 청소년과 대학생들의 캠퍼스가 복음의 모판이 될 수 있도록 기도하고 협력해야 한다. 교회와 선교 단체는 상호 협력 관계 속에서 파트너십의 선교를 이루어야 한다. 이를 위해 몇 가지 제언을 하고자 한다.

첫째, 교회는 캠퍼스 사역자들을 훈련시켜서 파송할 수 있는 성숙한 선교의 교회가 되어야 한다. 초대교회의 바울처럼 선교에 불타는 인력을 캠퍼스 복음화를 위해 발굴하여 대학생들과 중·고등학생들에게 파송해야 하겠다.

둘째, 사역자들을 실제적으로 도와야 한다. 자금이 있는 교회는 캠퍼스에서 일하는 사역자들의 생활비와 활동비 등을 지원해야 한다. 성도들에게 캠퍼스 선교의 중요성을 인식시키고 헌금하도록 하여 캠퍼스 선교사들에게 공급해야 할 것이다.

셋째, 캠퍼스에 파송된 사역자들은 지역 교회와 끈끈한 유대 관계를 가져야 한다. 학생들의 생각과 행동, 그리고 미래의 방향까지도 공유할 수 있어야 한다. 이러한 정보의 공유를 통해서 교회는 시대의 흐름을 직감하고 대책을 세울 수 있어야 한다.

결국 교회와 선교 기관은 열차의 두 레일처럼 주님의 나라를 위해서 함께 달려가야 한다. 이렇게 될 때에 캠퍼스 사역을 통해서 한국교회의 성장이 지속될 것이다. 또한 교회의 귀한 헌금과 기도는 한층 더 발전된 캠퍼스 복음화에 기여할 것이다. 이로써 교회와 선교 기관이 서로 윈윈(win-win)하는 결과를 가져올 것이다.

Chapter 26

실업인을 통한
비즈니스 선교[*]

20세기는 선교의 세기이기도 했다. 교단에서 선교를 장려했고, 막 신학 수업을 마치고 사명감으로 충만한 신학생들과 교사, 의사와 같은 사람들은 앞다투어 세계 곳곳에 복음을 전하러 나갔다. 그러나 이러한 선교의 열정도 국가의 이념에 따라 막히는 경우가 많았다. 사회주의는 물론이거니와 민족자결주의를 부르짖는 국수주의자들에게 막힐 때도 종종 있었다. 이러한 이념적 상황을 극복해 내기 위한 새로운 선교의 패러다임이 실업인을 통한 비즈니스 선교이다.

비즈니스에는 국경이 없다. 자본과 기술 이동은 일자리를 창출하고, 가정 복지를 이루어 낼 수 있는 길이기 때문에 모든 국가에서 환영하고 있다. 이 장에서는 우리 한국에 주어진 경제적인 축복을 선교 전략에 연결시키고자 한다.

<small>* 이 글은 월간 『교회와 성장』 2011년 11월호 106-112페이지에 기고된 글이다.</small>

1. 실업인 선교의 성경적 배경

사도 바울의 사역을 조명해 보면 그의 2차 선교 여행 가운데 옷감 장사 루디아와의 만남을 주시해야 한다. 루디아는 하나님을 섬기는 실업인이었다. 학자들은 루디아가 상당한 부를 축적하고 주위에 영향력을 행사할 수 있는 위치의 사업가였다고 기술한다. 성경을 보면 "두아디라 시에 있는 자색 옷감 장사로서 하나님을 섬기는 루디아라 하는 한 여자가 말을 듣고 있을 때 주께서 그 마음을 열어 바울의 말을 따르게 하신지라 그와 그 집이 다 세례를 받고 우리에게 청하여 이르되 만일 나를 주 믿는 자로 알거든 내 집에 들어와 유하라 하고 강권하여 머물게 하니라"(행 16:14-15)고 기록되어 있다.

바울과 루디아의 만남은 선교에 있어서 매우 유익한 일이 되었을 것으로 여겨진다. 바울의 사역을 위해서 선교 헌금을 기부하는 것에서부터 지역 교회를 섬기는 일, 물심양면으로 교인들을 돌보는 일 등에 많은 역할을 담당했을 것으로 추측된다.

또한 고린도 지역에서 만난 아굴라와 브리스길라 부부를 빼놓을 수 없다. 바울은 이 부부와도 함께 비즈니스를 했다.

> 아굴라라 하는 본도에서 난 유대인 한 사람을 만나니 글라우디오가 모든 유대인을 명하여 로마에서 떠나라 한 고로 그가 그의 아내 브리스길라와 함께 이달리아로부터 새로 온지라 바울이 그들에게 가매 생업이 같으므로 함께 살며 일을 하니 그 생업은 천막을 만드는 것이라 안식일마다 바울이 회당에서 강론하고 유대인과 헬라인을 권면하니라(행 18:2-4).

선교지에서 만난 그들은 천막을 만드는 비즈니스를 통해서 동역을 하게 된다. 이들의 관계가 얼마나 깊었는지 알 수 있다.

> 너희는 그리스도 예수 안에서 나의 동역자들인 브리스가와 아굴라에게
> 문안하라 그들은 내 목숨을 위하여 자기들의 목까지도 내놓았나니 나뿐
> 아니라 이방인의 모든 교회도 그들에게 감사하느니라(롬 16:3-4).

특별히 이 구절은 초대교회 선교사역에서 비즈니스와 선교의 관계를 나타내 주는 구절로 생각해 볼 수 있다. 성령님의 인도로 아시아에서 유럽으로 방향을 잡는 바울의 선교 여정 가운데 있었던 두 사건은 오늘날 선교에 있어서 실업인의 역할에 관한 이정표를 제시해 주는 것으로 응용해 볼 수 있다.

2. 실업인 선교의 성공적 사례

비즈니스의 최대 목표는 이윤을 극대화하는 것이다. 그러나 그 같은 노력의 결과를 통해서 인류에게 기여해 줄 것이 있느냐에 따라서 사업의 가치는 달라질 것이다. 칼빈은 "많이 벌어라, 그리고 가난한 자를 위해서 많이 자선하라."고 말했다. 필자는 최근에 출판된 데쓰나오 야마모리(Tetsunao Yamamori)와 케네스 엘드레드(Kenneth A. Eldred)의 『킹덤 비즈니스』에 소개된 남아시아 피난민을 위한 비즈니스 사례를 인용하여 실업인 선교의 방향성을 잡아 나가고자 한다.

이 책에 나오는 다니엘 바첼더(Daniel Batchelder) 일행은 비즈니스를 위해 남아시아 대륙에 도착했다. 그들이 남아시아의 한 나라에 방문하였을 때 길거리에는 아기를 안고 구걸하기 위해 손을 벌린 여인들이 즐비했다.

당시 남아시아는 23년간의 잔인한 무력 충돌과 인권유린, 그리고 계속되는 가뭄 등으로 국민들은 매우 열악한 환경 속에 있었다. 이 참혹한 현실을 목격한 다니엘 바첼더 일행은 구호를 목적으로 그 나라에 간 것은 아니었지만, 이 나라에 도움을 줄 궁리를 할 수 밖에 없었다. 그리고 눈앞의 배고픔의 해결보다는 궁극적인 경제 발전에 초점을 두고 문제 해결을 모색했다.

1) 과부 퀼팅(quilting) 사업

첫째로 이들은 계속되는 전쟁으로 한 도시에만 3만 명 이상의 과부가 있었다는 점에 주목했다. 이 여인들은 공공장소에 혼자서는 나갈 수 없었고 학교에서 글을 배울 수 있는 처지도 아니며, 남자 의사에게는 진료를 받을 수도 없고, 남자와 동행하지 않고는 집밖에 한 발자국도 나갈 수 없었다. 특히 그들이 생활하고 있는 50여 개에 달하는 수용소의 상황은 생필품이 매우 부족한 상황으로 추운 밤 아이들의 추위를 막아 줄 이불조차 없는 상황이었다. 이에 착안한 것이 수용소의 과부들을 고용해 가족들의 체온을 유지할 수 있는 이불을 만들어서 보급하는 사업이었다. 이름 하여 '과부 퀼팅 사업'을 시작한 것이다.

그런데 과부 퀼팅 사업에는 두 가지 난관이 있었다. 하나는 여성을 집 밖으로 내보내는 일이 불법이므로 공장을 세울 수 없는 것이었고, 나머지 하나는 이불을 판매할 판로의 개척이었다. 공장 부지의 문제는 일감을 배달하는 것으로 해결했지만 판로의 문제는 쉽게 해결되지 않았다. 수용 시설에 격리된 이들에게 돈이 있을 리가 만무했기 때문이다. 결국 미국과 캐나다의 교회와 사업체, 개인 가정 등에 이불의 구매를 홍보했고, 이들이 구매한 이불을 수용소에 다시 나누어 주는 기부를 통해 해결될 수 있었다. 다니엘 바첼더 일행은 이러한 판로로 이불 한 개에 5달러의 기부금을 받고 급여와 이불을 수용소의 과부들에게 전달했다.

과부 퀼팅 사업을 통해서 여성들에게는 3만 개가 넘는 일자리를 제공했고, 전쟁의 후유증에 시달리고 있는 가정을 구하고 어린이들을 먹일 수 있었다.

2) 양계 사업

둘째로 자립할 능력을 잃어버린 나라였기에 식량은 턱없이 부족했고 그 양은 연간 2천 3백만 톤으로 측정되는 상황이었다. 무엇보다 빠른 시간 내에 이들에게 식량을 조달하는 것이 관건이었다. 여기에 착안한 사업이 '양계 사업' 이었다. 달걀은 21일 만에 부화하며 닭과 달걀 모두를 먹을 수 있었기 때문이다. 특히 다행스럽게도 이 나라에서는 닭을 좋은 음식으로 여기고 있었다.

처음 시작은 인공부화기 3대를 매입하여 사업을 진행할 가정에게 지급한 것이다. 그리고 가정은 부화된 병아리를 한 달 내지 석 달을 기르고 수정 닭과 식용 닭을 구분한 다음에 공급하게 했다. 이것은 영양의 공급은 물론 삶의 질을 개선시키는 효과를 가져다주었다. 또 장기적으로도 수용소 생활을 접고 고향으로 돌아가는 사람들에게도 유용한 기술이 되었다.

3) 직파 농업

셋째로 가뭄이 계속되고 있는 이 지역의 농업은 최악으로 치닫고 있었다. 다니엘 바첼더 일행은 이 지역에는 밀을 키우는 농법이 유용하다는 것을 금방 발견할 수 있었다. 그래서 밀 재배 기기를 구입하고 유엔식량농업기구에서 씨앗을 공급받아 농민들에게 밀 재배 기술을 전했다. 결과는 대성공이었다. 강우량이 부족한데도 농사를 거둘 수 있었고 이 사실은 나라 전체에 회복할 수 있다는 커다란 희망을 안겨 주는 사건이 되기도 했다.

지금까지 언급한 다니엘 바첼더 일행이 일했던 지역은 정확한 지명이 기재되어 있지는 않다. 다만 필자의 견해로는 여성의 인권이 무시되고 있는 상황을 견주어 볼 때 이슬람 국가 속에 자리 잡고 있는 지역이라고 판단된다. 개인적으로 이 책에서 한 가지 아쉬운 점이 있다면 복음전파에 관한 기록이 배제되었다는 느낌을 받는다는 점이다. 하지만 결론적으로 다니엘 바첼더 일행의 사례는 척박한 땅에서는 무엇보다 직접적인 복음전파보다는 비즈니스를 통한 간접 선교 전략이 효력을 발휘할 수 있음을 일깨워 준다. 특수 지역인 만큼 비즈니스 선교가 복음의 매개체 역할을 할 수 있는 좋은 기회가 됨을 쉽게 추론할 수 있다.

3. 실업인 선교를 위한 교회의 대책

선교는 하나님의 말씀을 증거하는 사역이다. 그래서 대부분의 사람들은 선교사는 반드시 신학대학원을 나와서 목회자가 되어야 가능하다고 생각하기 쉽다. 그러나 실업인은 신학대학원에서 배출되지 않는다. 이는 신학생의 역할과 실업인 선교의 역할이 다르기 때문이다. 그러나 실업인 선교를 위해서는 목사가 되는 전문적인 신학 교육까지는 아닐지라도 성경에 나타난 하나님의 선교의 뜻은 정확히 알아 둘 필요가 있다. 다음에 언급할 몇 가지 전략들은 이 시대의 실업인 선교를 위해서 알아 둘 하나님의 요청이라고 말하고 싶다.

1) 경제특구의 활용 방안
모든 나라들이 경제특구를 만들어 자본을 유치하고 있다. 이와 같은 현상은 국가의 정치적 제도, 종교적 이념, 인간 집단의 사상을 초월한 삶을 위한 몸부림이다. 그만큼 다급하게 느끼고 있는 분야가 경제적 요소이다.

따라서 국가는 문을 열고 외국자본을 받아들이고 있다. 중국은 덩샤오핑(鄧小平) 같은 지도자의 경제사상에 의해서 개방의 길을 걸었고, 베트남은 도이 모이(Doi Moi: 새롭게 함, 쇄신을 뜻하는 베트남어로 공산주의를 유지시키며 대외 개방과 시장경제에 자본주의를 접목시킨 경제 우선의 개방 정책) 정책을 통해 적대국이었던 서방의 자원을 받아들였다. 또 먼 해외의 사례에서뿐만 아니라 우리와 가까운 북한에서도 자본의 유치를 위해서 몸부림을 치고 있는 모습을 볼 수 있다. 이를 반영하는 것이 개성공단이며 최근 남북 관계의 냉각 속에서도 개성공단은 유지되고 있다. 또한 최근에는 중국과 협정을 맺고 나진과 선봉에도 같은 지역 특구를 조성했다고도 한다.

한국교회는 이와 같은 개방화의 추세를 잘 활용하여 특구 속에 기업을 만들고 일차적으로 종업원들에게 자연스럽게 복음이 들어가도록 노력하는 작업이 있어야 하겠다. 물론 공산체제로 무장한 그들 속에 복음이 당장 들어가기는 쉬운 일이 아니지만 그렇다고 우리의 선교 자세도 강박관념을 가질 필요는 없다. 왜냐하면 실업인들을 통해서 교두보가 확보되고 나면 복음 사역자들을 통해서 서서히 문을 열어 갈 수 있기 때문이다.

사실 초대교회 이후에 선교 현장에서 쉬운 일이란 없었다. 초대교회는 로마의 철권 정치와 싸워야 했으며 카타콤의 순교 정신을 가져야만 하였다. 한국에서의 복음의 착근은 어떠하였는가? 천주교 박해 시기에는 새남터의 북소리를 들어야 했고, 개신교의 토마스(Robert J. Thomas) 선교사는 서해안 바닷물에서 순교해야만 했다. 동족상잔인 6·25전쟁에서도 기독교는 살아서 오늘날 세계적인 한국교회가 되었다. 비록 더딜지라도 반드시 성취될 날이 올 것이다.

2) 실업인 선교사 양성

한국교회는 전문적인 실업인 선교사를 양성할 시기가 되었다. 하나님 나라의 기업가 정신은 기업가와 선교사가 지닌 기술을 통한 선교 전략이다. 최근에는 직업 선교사들이 자신의 비즈니스를 활용하여 선교 현장에서 능력을 발휘하는 사례가 증가하고 있다.

필자의 지인인 호산나 치과의 구하라 원장은 평촌을 비롯한 주변의 지역에 몇 개의 치과의원 사업을 하고 있다. 하지만 바쁜 사업 일정 가운데에서도 몽골과 필리핀, 중국 등지에서 의료 사역을 통해 열심히 선교하고 있다. 또한 그는 선교를 이론적으로 확립할 필요를 느껴서 신학대학원에 재학하면서 선교학을 공부하기도 했다. 이 사례 또한 전문 비즈니스를 통한 의료 선교의 모델이 될 수 있다고 판단된다.

스티븐 런들(Steven L. Rundle)은 『킹덤 비즈니스』에 실린 그의 글 "차세대 하나님 나라 기업가"에서 실업인 선교사 육성에 관한 프로그램을 다음과 같이 제언하고 있다. 첫째는 선교신학, 비즈니스, 선교와 비즈니스 통합, 둘째는 타문화 선교를 위한 매개체로서 비즈니스를 활용하는 실제적 문제, 셋째는 영리를 목적으로 한 특정 비즈니스 방식과 사례 연구 등이다.

이러한 프로그램은 실업인 선교사로 하여금 비즈니스와 선교를 통합적으로 연결시키는 계기를 마련하게 될 것이다. 이러한 교육의 결실은 비즈니스를 통한 선교의 효율성뿐만 아니라 현지 실업인 선교의 제자화를 이룰 수 있을 것이라 기대한다.

3) 현지 교회 지도자와의 협력

실업인 선교가 현지의 교회들과 협력해야 할 이유는 주재국의 법률 및 경제 운용과 관련되어 있기 때문이다. 공장을 세워서 운영한다든지, 종업원들을 선발하여 작업을 하게 만든다든지, 자제를 조달한다든지 하는 모든 과정이 현지의 인력과 제도와 관련되어 있다. 따라서 현지의 사정에 밝은 지도자들과 협력하여 일을 하게 될 경우에는 다양한 문제들에서 비껴갈 수 있다.

필자의 친구 중에 네팔에서 사역하고 있는 미국인 세섬즈 선교사가 있다. 세섬즈 선교사 가족은 한세대학교에서 오랫동안 영어와 신학과정을 강의하였던 교수이지만 선교 사명을 완수하고자 네팔로 향했다. 그의 선교 전략은 철저히 현지 교회의 지도자들과 함께 하는 사역이었다. 다양한 사역 가운데 하나는 현지에 컴퓨터 관련 학원을 세우고 교육하는 비즈니스였다. 이를 위해서 그는 15명쯤 되는 현지 교회의 사역자들을 통하여 학생들을 수급하고, 봉사자들을 조달하고, 교사들을 확보하였다. 학원이 정상화되기까지는 많은 어려움이 있었지만 현지인들과의 협력 관계로 인해서 복음전도에 유용한 기관이 되어가고 있다고 하였다. 앞으로 현지 사역자들과 힘을 합쳐서 주변 지역에 컴퓨터 학원 비즈니스를 확대할 계획도 가지고 있다.

4) 교회의 실업인 선교회 육성

교회 안에는 다양한 기관들이 존재한다. 특히 각종 선교회에서는 나름대로 복음전도에 총력을 기울이기도 한다. 그러나 가장 힘이 있게 사역할 수 있는 기관은 실업인 선교회라고 판단된다. 왜냐하면 생각과 기도를 전략화할 수 있는 재정이 뒷받침되기 때문이다.

실업인 선교회는 교회의 재정 부분에서도 중추적인 힘이 되는 장점을 가지고 있다. 세계 오순절 운동에 크게 기여한 '순복음실업인연합회'(Full Gospel Business Men's Fellowship)는 1951년 데모스 샤카리안(Demos Shakarian)이라는 부유한 낙농업자에 의해서 창설되었다. 이 연합회의 초교파적 월례 모임은 평신도와 목회자에게 교파에 좌우되지 않고 기도와 간증을 할 수 있는 기회를 제공하였다. 1980년에는 세계 27개국에 2,300여 개의 지회로 발전하면서 하나님 나라의 확장을 위해서 쓰이고 있다.

국내의 경우에는 여의도순복음교회의 (사)순복음실업인선교연합회를 통해서 국내외 선교 현장에 많은 재정들이 공급되고 있다. 본 교회와 지교회의 회원들이 정기적으로 모임을 갖고 선교의 비전을 나눔과 아울러 선교를 위해서 재정을 출연하여 돕고 있다. 참고로 여의도순복음교회를 통해서 해외사역을 하고 있는 선교사는 700여 명에 이른다. 이들 모두 (사)순복음 실업인선교연합회의 도움을 받고 있음을 물론이다.

이 장에서는 실업인이 하나님의 선교에 참여해야 하는 이유를 논증하였다. 우리 개인의 달란트가 주님을 위해서 쓰여야 하는 것처럼 실업인 또한 자신의 비즈니스 달란트를 주님께 영광을 돌리는데 쓰는 것이 사명이 아닐까 생각한다. 마치 초대교회의 옷감 장사 루디아, 아굴라와 브리스길라 부부의 물질이 바울 선교에 유익하게 사용되어진 것처럼 말이다.

세계의 선교 지형은 급속도로 달라지고 있다. 그러나 달라지는 지형과 함께 그 장벽도 달라짐을 같이 한다. 정치적인 장벽이, 이념적인 장벽이, 종교적인 장벽이 깨지고 또 다시 둘러쳐진다. 그러나 주목할 것은 세계의 경제적인 장벽은 점점 허물어지고 있다는 사실이다. 이제 우리는 경제적인 무기를 선교에 활용해야 하겠다. 선교사역을 위해서 훈련받은 실업인은 자신이 가진 달란트를 통해서 선교의 교두보를 만들도록 하자.

Chapter 27

스포츠 선교*

필자가 한국 대학생선교회(CCC) 간사로 사역할 당시에 미국의 대학생으로 구성된 AIA(Athletes in Action) 야구팀을 가까이에서 지켜본 적이 있다. AIA 야구팀은 경기 도중에 잠시 시간을 내어서 복음전도의 시간을 갖는다. 대표적인 스포츠 스타가 자신의 간증과 더불어 예수님을 구주로 모실 것을 권유하고 다시 시합에 임하는 형식이다. 스포츠는 우리 속에 가깝게 다가와서 삶의 활력소는 물론 깊은 영향력까지 주고 있다. 이것은 스포츠 역시 선교의 도구로 활용할 수 있다는 이야기다.

1. 스포츠의 어원적 고찰

스포츠란 어원은 라틴어에 뿌리를 두었고 프랑스어로 사용되었다. 본래는 disport라 했으나, 영어로 바뀌면서부터 di가 없어지고 sport가 되었다.

＊ 이 글은 월간 「교회와 성장」 2012년 1월호 106–112페이지에 기고된 글이다.

원어에서 dis라는 것은 '분리' (分離)의 뜻을 나타내는 접두어로 away에 해당하며, port는 '나르다' (carry)의 뜻이었다. 따라서 disport는 carry away라는 뜻으로, 즉 '자기의 본래의 일에서 마음을 다른 곳으로 나른다는 것', 다시 말하면 '일에 지쳤을 때에 기분을 전환하기 위하여 무엇인가를 하는 것', '생활의 성실한, 또는 슬픈 장면을 떠나서 기분 전환을 하는 것' 이라는 의미이다.

스포츠의 개념이 국제화된 것은 19세기 이후의 일이기에 스포츠를 명확하게 한마디로 정의한다는 것은 곤란한 일이나, 대체로 그 용례를 다음의 세 가지로 나눌 수가 있다. 첫째는 각 사회나 개인이 관습적으로 하는 스포츠, 둘째는 경기나 투기(鬪技)로서 하는 운동, 셋째는 현대사회에서 운동의 기능이 중요해져서 스포츠가 운동의 주요한 부분을 차지하기 때문에 운동의 개념과 거의 같은 의미로 사용되고 있다. 신더(Snyder)에 의하면 스포츠란 "제도화된 규칙에 의해 지배되는 인간의 경쟁적인 신체 활동"으로 정의되고 있다.

2. 스포츠가 현대 생활에 주는 유익성

스포츠는 선수와 관객이 함께 어울려서 펼쳐지는 축제의 마당이다. 그렇기 때문에 스포츠의 정신은 근본적으로 화합과 평화에 두고 있다. 그러나 한편으로는 경쟁의 장이기 때문에 경기력 측면이 극대화되어 처절한 경쟁의 구도로 가기도 한다. 그러나 본질적으로 스포츠란 영원해 보이는 세계에 자신을 던지는 모험과 도전이다. 모험의 세계에서 위험은 오히려 매력적으로 작용한다. 그래서 스포츠의 진정한 매력은 자신의 한계를 뛰어넘는 과정에서 실패와 좌절을 경험하는데 있다고들 말한다.

스포츠는 개인적 꿈의 성취 무대임과 동시에 국가적인 경쟁을 통해서 국위를 선양하기도 한다. 국위의 선양은 더 나아가서 국제 무대에서 국가적인 힘을 과시함과 더불어 외교의 가교 역할을 하기도 한다. 대표적으로 축구 스타인 박지성 선수는 영국의 최고 명문 축구단인 〈맨체스터 유나이티드 FC〉에서 뛰면서 한국인의 자긍심을 높이고 있고, 피겨 스케이팅의 김연아 선수는 세계의 100대 영향력을 행사하는 브랜드로 자리 잡기도 했다.

아울러 스포츠는 시민들의 일상생활에도 삶의 활력소를 제공해 준다. 운동을 하였을 경우에는 유산소 대사를 촉진시켜서 산소를 근육으로 운반하고 이산화탄소를 폐로 운반하여 배출시키며, 체열을 피부로 운반하여 발산시키고, 호르몬들을 표적기관에 운반하여 생리작용의 조절을 일으킨다. 따라서 새벽 시간이나 식사 후에 많은 사람들이 산행이나 헬스클럽에서 운동을 통해서 자신의 건강을 증진시키는 모습을 보게 된다. 심지어 타종교의 수행법인 요가 같은 운동을 통해서도 건강을 유지하려는 사람들이 늘어가고 있다.

3. 스포츠 선교의 필요성

체육과 스포츠 프로그램은 현대사회에서 가장 보편적이고 광범위한 대중적 호소력을 갖는 매개체이다. 선수들은 자유롭게 펼쳐진 방송망을 통해 널리 알려진다. 또한 스포츠 프로그램은 매스미디어뿐만 아니라 가정, 학교, 직장, 군부대, 교회 등에서 가장 쉽게 노출되고 개방하는 역할을 하기 때문에 복음전도의 좋은 접촉점을 충분히 마련할 수 있다.

이것은 스포츠 선교가 선교 영역의 중요한 한 부분을 차지해야 할 당위성으로 자리한다. 현대사회에서 스포츠가 사상, 인종, 언어, 문화의 장벽을 넘어 가장 많은 사람들이 가장 소통할 수 있는 커뮤니케이션 매개체라는 점에서 더욱 그렇다. 정치적·종교적으로 도저히 들어갈 수 없는 나라에도 스포츠는 들어갈 수가 있고 가장 진실하고 사실에 근거한 대화를 할 수 있는 여건과 상황이 부여될 수 있는 것도 바로 스포츠이기 때문이다.

스포츠를 통한 선교는 현대사회와 같은 일명 '스포츠 애호 시대'에 좋은 선교적 도구가 된다. 따라서 교회는 스포츠 선교를 통하여 성장 전략을 세우는 것은 시대적인 요청이다.

대표적인 스포츠 선교 활동으로 축구 선수인 박주영을 들 수 있다. 전 세계인은 그가 골을 넣을 때마다 장소에 상관없이 하나님께 기도를 하는 모습을 보게 된다. 심지어 무슬림 지역의 운동장에서도 그의 기도는 계속되고 있다. 이는 자신의 신앙을 넘어서 기독교의 정체성을 확약시키는 좋은 선례라고 볼 수 있다.

4. 스포츠 선교의 사례들

스포츠를 통한 해외선교의 사례는 나날이 다양해지고 있다. 스포츠 선교는 집단적인 팀으로 사역하기도 하고 개인적으로도 다양하게 사역을 할 수 있다. 필자가 들은 바로는 탁구 전(前)국가 대표였던 양양자 선수도 선교사와의 결혼 이후에 몽골에서 귀한 스포츠 선교사역을 하고 있다고 한다. 다음은 스포츠 선교의 몇 가지 사례들을 소개하고자 한다.

1) 미국의 AIA(Athletes in Action) 야구단
미국의 AIA 야구단은 야구를 통해서 복음을 증거하는 기관이다. 대학생 선교단으로 구성된 AIA 팀은 세계의 야구 불모지를 돌면서 국가 대표나 실업팀을 대상으로 시합하며 하나님의 복음을 증거하고 있다. 이 팀이 한국을 찾은 때는 지금처럼 한국 야구의 수준이 높지 않은 시기였다. 1980년대 초반에 한국의 대학생선교회(CCC)에서는 미국 AIA 야구선교팀을 초청하여 대학생 국가 대표팀을 비롯하여 각 대학팀들과 전국을 순회하며 친선경기를 통해 효과 있는 선교 활동을 하였다. 이에 힘입어 1987년 1월에는 대학생선교회(CCC) 내에서 체육선교부를 발족하였고, 더 나아가 1999년에 체육선교부를 스포츠선교부로 개칭했다. 또한 2001년 1월 1일을 기점으로 사역의 범위를 넓혀서 캠퍼스 제자화, 무용선교, 국제 스포츠 이벤트 선교 등의 사역을 담당하고 있으며 태권도선교사역팀(TIA)을 운영하고 있다.

필자는 AIA 야구단이 동대문구장에서 한국의 대학생 대표와 시합하는 모습을 지켜볼 수 있었다. 때는 1982년도로 경기는 9이닝(inning)이 진행되고 있었는데 잠시 쉬는 시간을 이용하여 미국의 선수 중 한 명이 나와서 관중들을 향해 자신의 신앙을 간증하였다. 이어서 예수님을 영접하도록 초청하는 시간을 갖고, 예수님을 영접하기를 원하는 사람들의 명단을 받아서 지속적으로 관심을 갖고 신앙생활을 하도록 당부하는 모습을 보았다. 이들은 미국의 국가 대표급의 선수들로서 기량이 출중하였다. 당시 한국의 국가 대표급 선수들이 그들에게 17대 0으로 무릎을 꿇을 정도였다.

2) 한국 대학생선교회의 해외 스포츠 사역

한국 대학생선교회의 해외 스포츠 사역은 '새생명 2000 마닐라 대회' (New Life 2000 Manila)라고 판단된다. 1990년 마닐라에서 있었던 선교 대회는 스포츠 선교에 있어서 하나의 획을 긋는 사역임에 틀림이 없다. 우선 스포츠 선교팀을 종목별로 나누어서 편성하였다. 농구팀, 태권도팀, 발레팀으로 나뉘었는데, 이 중에서도 농구팀의 활동이 가장 활발했다. 왜냐하면 필리핀은 국기(國技)가 농구이기 때문에 마을 어느 곳에든지 농구장이 개설되어 있어 필리핀들의 관심이 높았기 때문이다. 순수 아마추어인 한국 대학생팀들은 그들을 이길 수 없었다. 번번이 졌지만 그 시간을 통해서 신뢰를 쌓음으로 복음을 전하는 중요한 기회를 가졌다.

두 번째로 활발하게 사역한 팀은 태권도팀이었다. 마을의 공터에 자리를 잡고 사람들을 불러 모은 다음에 태권도 시범과 함께 대련을 통해서 한국의 전통 스포츠를 선교에 마음껏 활용하였다.

세 번째 사역의 주역은 발레팀이었다. 발레는 서양 무용으로서 예술적 가치가 있는 운동이다. 특히 당시에 국립발레단으로 활동하고 있던 사역팀이 현지 마닐라에 도착하여 무대 위에서 다양한 발레의 진수를 펼침으로써 현지의 예술인들로부터 뜨거운 호응을 얻었던 모습을 기억한다.

3) 할렐루야축구단

할렐루야축구단(단장 이영무)은 축구 경기와 선교 집회를 통하여 그리스도의 복음을 널리 전파하기 위하여 국내 최초 프로팀(대한생명)으로 1980년 12월 20일 창단되었다. 할렐루야축구단은 원년 우승을 비롯하여 많은 경기에서 좋은 성적을 거두었고 선교 활동을 통하여 기독교 스포츠 문화를 보급, 확산함으로 일반 대중 속에 복음이 거부감 없이 전달되도록 복음의 길을 열어 놓은 역할을 감당했을 뿐 아니라 한국 축구의 발전과 스포츠 발전에도 커다란 공헌을 했다. IMF시기 대한생명의 경영 악화로 팀이 해체되었으나 이후 이랜드팀(구 임마누엘)과 연합하여 1999년 4월에는 할렐루야축구팀으로 재창단되어 지금까지 그 역할을 감당하고 있다. 현재는 안산 할렐루야팀으로 내셔널리그에서 활동하고 있으며 유소년 전도와 미래의 선수 발굴을 위하여 할렐루야 유소년 축구교실과 2009년부터 할렐루야 중등부 축구팀을 운영하고 있다.

5. 한국교회의 스포츠 선교 전략

전술한 바와 같이 스포츠는 동서고금을 막론하고 많은 사람들의 주요 관심사이며 사람들이 모이는 장을 마련한다. 지난 2002년 한·일 월드컵대회에서 한국 축구가 4강에 진출했을 때 거리로 쏟아져 나온 응원자만 해도 700만여 명이었다. 특히 국가 대표 선수 가운데 이영표, 송종국, 최태욱, 이천수 선수 등은 경기 중 골을 넣거나 시합을 마쳤을 때 그라운드에서 무릎을 꿇고 기도를 드림으로써 선교의 큰 영향력을 나타내었다. 해외 국가들의 활동도 두드러졌는데 2002년 월드컵 우승국인 브라질의 선수들이 우승을 확정지은 직후 유니폼에 'Jesus Loves You'라는 선교 문구를 보여주며 복음을 전파하였다.

그러나 자칫하면 스포츠 선교가 오락에만 치우친다든지 예배 생활에 방해가 되어 하나님을 섬기는데 지장을 초래할 수도 있다는 우려도 있다. 이에 대해 김이곤 교수는 스포츠 문화가 교회 안에서 선교의 도구로서가 아니라 말씀 신앙을 파괴하거나 방해된다면 '신바알주의'로 흐를 수 있음을 경고하기도 했다. 그러나 확실한 것은 스포츠를 단순한 오락이나 광적 열광주의에서 벗어나 전도의 기회로 삼을 수 있는 기회는 얼마든지 열려 있다는 점이다. 교회에서 스포츠 프로그램을 통한 스포츠 교실의 운영, 지역 친선 체육대회 개최 등 친교적 프로그램을 통하여 복음전파의 유용한 도구가 되게 할 수 있다. 필자는 스포츠 선교 전략을 다음과 같이 제안하고자 한다.

1) 태권도를 통한 해외선교

태권도는 한국인들이 자부심을 느낄 만큼 중요한 국제적 스포츠가 되었다. 올림픽의 정식 종목으로 채택되었음을 물론 모든 나라의 문화 속에 깊숙이 자리 잡고 있는 운동 종목이다. 태권도의 한국적 기원은 고구려 시대의 고분 벽화(BC 37-AD 66 추정)의 무용총에는 태권도의 겨루기 모습을 하고 있는 두 사람의 모습이 선명하게 나타나 있다. 이후 신라 시대에는 화랑도들의 심신의 단련으로써 수박(손과 발을 쓰는 무술)이 무예로서 기술되어 있으며, 조선 시대에는 무사들의 호신술로서 활용되었다. 일제 시대에는 민족말살정책으로 태권도의 보급이 수면 아래로 스며들어 갔으나, 1945년 해방과 함께 새로운 국면으로 접어들면서 1955년에는 태권도라는 정식 명칭을 갖게 되었다. 이어서 1963년 전국체육대회의 정식 스포츠 종목으로 채택되었고, 1971년에는 국기로 인정된 우리 선조들의 크나큰 유산이 되었다.

이러한 역사를 가진 민족 국기인 태권도를 선교의 도구로 사용하는 것은 우리에게 주신 놀라운 기회라고 생각된다. 이를 위해서 태권도를 해외의 선교 현장에서 사용할 수 있게 하는 훈련이 선교 이론과 함께 교육되고 육성되어야 하겠다.

한국교회가 반드시 태권도 선교사를 파송해야 하는 이유가 있다. 필자는 1988년 필리핀에서 선교 활동을 하고 있었는데 어느 캠퍼스의 광고란에 '월화도'라는 간판이 붙어 있는 것을 보았다. 수소문 끝에 월화도가 통일교의 문선명이 창시한 무술이라는 것을 알게 되었으며, 수련생을 모집하고 있음을 보게 되었다. 어떻게 보면 황당한 사건 같지만 태권도 선교의 시급함을 일깨워 주었던 기회라고 판단된다.

다행스럽게도 국내에서는 태권도를 도구로 선교를 하고자 하는 단체들이 많이 형성되어 있다. 예를 들면 할렐루야태권도단은 1987년 3월 31일 창단되어 100여 명의 선교사를 파송하고 있으며, 세계태권도선교회는 1990년 11월 선교사범훈련원을 개원하여 태권도 사범의 선교 훈련과 시범단을 운영하며 활동하고 있다.

세계태권도선교협회는 사단법인을 설립하고 순복음노원교회 중심으로 현재 미션시범단 운영과 미션 컵(Mission Cup)을 개최하고 토요 국기원 심사를 실시하고 있다.

국제태권도선교회는 1990년 12월 충북 현도면 양지산장에서 대전 할렐루야 태권도선교회를 창단 발족하고 세계태권도선교회 대전지회로 활동하다가 2001년부터 국제태권도선교회로 개명하고 충남지역 태권도 관장들을 중심으로 선교 활동을 하고 있고, TIA 태권도시범단은 1994년 한국 대학생선교회의 스포츠선교부에 태권도팀을 창단하여 서울 지역 신학교에 태권도선교단 창단 지원과 태권도 시범 활동 및 단기 선교, 그리고 T.M.S.(Taekwondo Mission School – 태권도 선교학교)를 운영하고 있다.

2) 생활체육 참여를 통한 지역 선교

물질적 풍요를 누리고 있는 이 시대는 상대적으로 생활체육에 대한 관심이 고조되어 있다. 모든 사람들은 장수하기를 원하며 건강하게 살기를 열망한다. 이에 사회적으로도 생활체육이 제도화되어 가는 듯한 느낌이 있다. 따라서 선교 전략으로서 교회의 생활체육 참여를 권하고 싶다. 예를 들면 지역을 주축으로 구성된 배드민턴 동호회, 탁구 동호회, 조기축구 동호회 같은 모임에 적극 참여하여 복음을 증거하는 기회로 활용해야 하겠다. 특히 교회에서는 탁구장 같은 시설을 활용하여 전문가를 초빙한 탁구 교실을 열 수 있으면 좋겠다.

외국의 사례에서 찾아보면 규모가 있는 교회들은 체육 시설을 갖추고 주민들이 활용하게 하는 모습을 많이 볼 수 있다. 특히 청소년들에게는 농구 교실 같은 강좌를 열어서 방과 후나 주말에 교회를 통해서 클럽 활동을 장려하는 것도 시험과 학원에 지친 영혼들에게 안식을 주는 기회와 아울러 체력을 보강하는 기회를 제공함으로써 교회의 선교적 역할을 할 수 있을 것으로 보인다.

예를 들면 꿈의교회(김학중 목사)는 지역사회와 융화하는 목회사역을 위해 레포츠를 겸한 교회 시설을 바탕으로 지역 주민들이 가까이 할 수 있는 교회 공간으로 더욱 발전시켰다. 실제로 '레포츠 교회'라는 혁신적 개념으로 실제 지역 주민들과 불신자들이 끊임없이 교회를 스스로 찾아와서 다양한 레포츠 시설(헬스, 스쿼시, 수영장, 카페 등)을 이용하도록 개방하고 있다. 교인간의 교제와 친목을 도모하기 위하여 매주 주일 오후 3시 양지중학교에서 축구 경기를, 매주 주일 오후 2시 비전센터 지하 2층 로비에서 탁구를, 매주 지하 2층에서 당구 및 포켓볼을, 매주 셋째 토요일에는 등산을 해당 선교회에서 주관하고 있다.

여기까지 스포츠가 선교에 유용한 도구가 될 수 있음을 언급하였다. 스포츠는 종합예술이라고 표현할 만큼 전 세계인에게 호감을 주는 콘텐츠이다. 우리에게 주어진 스포츠를 복음적 상황에 포커스를 맞추는 것이 한국의 선교 패러다임을 미래로 향하게 만드는 계기가 될 것이다.

Chapter 28

상담 선교*

현시대를 일컬어 포스트모던 시대라고 말한다. 세상에서는 포스트모던적 사고를 현대 문명의 발전의 산물이라고 말하지만 포스트모더니즘의 중심축인 개체주의는 관계의 단절을 가져온다. 과학과 물질문명의 발달은 문명이라는 안락한 삶을 보장해 주지만 인간 내면의 세계는 피폐하게 만든다. 그에 따른 소외감과 허무함은 심리적·정신적·신체적 고통을 야기하며 심한 좌절감을 가져와 극단적인 방법을 택하게끔 하기도 한다.

포스트모더니즘과 교회의 상관관계는 밀접하다. 담임 목회자들의 설교에서 종종 등장하는 포스트모던, 포스트모더니즘이라는 단어는 이 시대를 살아가는 교회가 해야 할 일들을 너무나도 명확하게 말해 준다. 교회가 담당해야 할 중요한 사역 가운데 하나는 '상담'이다. 상담의 사전적 정의는 교양과 기술을 익힌 전문가인 상담사가 적응상(適應上)의 문제를 가진 상담자(來談者)와 면접하여 대화를 거듭하고, 이를 통하여 내담자가 자신의 문제를 해결해 나가는 인격적 발달을 도울 수 있도록 원조적 관계(援助的關係)를 전개하는 것을 의미한다.

✳ 이 글은 월간 『교회와 성장』 2012년 3월호 122-128페이지에 기고된 글이다.

1. 상담의 일반적 이해

'상담'은 영어 표현으로 카운슬링(counseling)이라고 하며 2가지 요소를 지니고 있다. 첫 번째 요소는 인간이 직면한 인격적 문제에 대한 표면적 처리에 의한 도움을 주는 것이다. 두 번째는 심리요법으로써 비교적 심층(深層)적 인격체제(人格體制)를 변용(變容)시키는 것을 목적으로 하며 장기(長期) 상담을 필요로 한다. 상담 이론의 첫 번째는 정신분석을 개작(改作)한 것이다. 두 번째는 인간의 행동과 인격의 변용을 꾀하려는 행동이론적(行動理論的)인 상담 기법이다. 세 번째로는 주로 진로 상담과 학업 상담에 관련하여 발달한 것으로 개인의 능력과 적성에 관한 객관적 진단을 바탕으로 하는 상담을 전개시켜 나가는 특성·인자이론(特性·因子理論) 상담 기법이다. 네 번째는 정서장해(情緒障害)를 다소간 가진 내담자를 대상으로 치료에 성공한 경험을 기초로 해서 제창된 내담자 중심의 상담 기법이 있다. 특별히 내담자 중심의 상담 기법의 제창자인 로저스(Carl R. Rogers)는 『카운슬링의 이론과 실제』에서 상담자는 내담자에 대하여 무조건 존경하는 마음과 있는 그대로의 모습으로 대해야 함을 주장하고 있다. 즉, 상담자에게 필요한 소양은 내담자의 체험과정(體驗過程)에 대한 적극적인 공감과 이해이며, 내담자가 자신의 체험과정을 명확하게 의식할 수 있도록 도와주고 내담자가 건설적으로 자기실현을 전개해 나갈 수 있도록 유도해 나가는 것이 목표가 되어야 한다는 의미이다.

2. 기독교 상담의 정체성

기독교 상담과 일반 상담은 내담자가 겪고 있는 문제의 해결을 돕기 위해 내담자의 의견을 들어준다는 공통분모를 지니고 있다. 그러나 기독교 상담에는 내담자와의 상담 속에 신앙의 요소를 활용하는 개념이 포함된다. 레이 앤더슨(Ray S. Anderson)은 기독교 상담자의 자질과 자격을 5가지로 정리하고 있다.

첫째, 기독교 상담자는 상담을 위해서 소명을 분명히 해야 한다. 상담자에게는 자신을 찾아와서 어려움을 호소하는 내담자를 인내와 사랑을 가지고 응대하여 어려움을 극복하게 하려는 자세가 필요하다. 특히 상담 업무를 수행하기 위해서는 하나님이 내담자의 영혼과 삶의 올바른 방향을 위해서 자신에게 맡겨진 사명감을 가짐이 필요하다고 하겠다.

둘째, 기독교 상담자는 사역자여야 한다. 여기에서 사역자란 '목회자를 포함한 선교사 그리고 영혼을 사랑하여 복음을 증거하기를 열망하는 사람'이라고 정의된다. 사명이 있는 사역자에게는 인간의 속성과 상태를 누구보다도 깊이 통찰하면서 내담자의 위치를 파악할 수 있는 영적인 안목을 지니고 있다고 판단되기 때문이다.

셋째, 전문적인 교육을 받은 자라야 한다. 전문적인 교육이란 일반 상담학 과정을 포함하여 심리학, 인류학과 같은 인문사회 분야이다. 그러나 성경적인 상담을 위해서는 성경이 말하는 인간의 상태와 죄의 해결의 문제를 포함한 영적 치유의 근원이 어디에서 오는가에 대한 신학적인 요소를 담아내야 한다. 최근 국내의 기독교 대학과 대학원에서는 상담학이 많이 개설되어 수강생들을 확보하여 상담에 기여하고 있다.

넷째, 윤리적으로 깨끗한 삶을 사는 사람이어야 한다. 물론 인간은 본질적으로 완벽하지 못하다. 따라서 모든 사람이 죄인이라는 기독교적 인간관이 일리가 있다. 비록 죄인일지라도 상담자는 사회로부터 존경을 받는 위치에 있어야 하며 특히 성화된 삶을 유지해야 한다. 이러한 삶을 다른 말로 하면 성령의 열매를 지속적으로 맺고 있는 삶이라고 할 수 있겠다.

다섯째, 역동적인 열정으로 상담을 진행해야 한다. 뿐만 아니라 사랑의 마음을 가지고 적극적으로 내담자의 문제들을 파악할 수 있어야 한다.

이상에서 언급했듯이 기독교 상담자는 예수 그리스도의 심장을 가지고 내담자의 문제를 다루어야 함이 그 특징이라고 볼 수 있다.

3. 상담 선교의 효과

상담이 선교적인 도구가 된다는 사실은 예수님께서 직접 우리에게 보여 주셨다. 요한복음 4장에는 예수님께서 사마리아의 수가 성을 지나면서 물을 길러 온 여인과 나누신 '우물가의 대화'가 기록되어 있다. 당시의 정황 상 유대인 남성이 사마리아 여인과 대화를 나눈다는 것은 있을 수 없는 일이었다. 그러나 예수님이 여인과 하셨던 단순한 대화는 필요 충족의 문제와 윤리적인 문제를 넘어서 죄의 극복을 위한 문제, 결국에는 영생의 문제로 자신의 구원 문제뿐만이 아닌 다른 이들의 구원을 위해서도 노력하는 여인의 모습으로까지 연계된다. 그렇다면 상담 선교의 효과에는 어떤 것들이 있는가?

1) 내담자와의 커뮤니케이션을 통한 바른 삶의 인도

기독교 심리학자 게리 콜린스(Gary R. Collins)는 "상담은 어떤 한 삶이 겪는 삶의 고난을 보다 효과적으로 다룰 수 있도록 도와주는 돌봄의 관계를 포함하고 있다. 따라서 상담자는 무엇보다도 내담자 내면의 갈등을 해결하도록 돕고, 내담자가 성경적 가르침에 따라 살고 예수 그리스도의 제자로서 성장하도록 조언해 주어야 한다."라고 언급한 바 있다.

2) 영적으로 바로 설 수 있게 된다

상담은 그리스도인으로서 바로 살게 만드는 성화의 과정을 취급한다. 아담스(Jay E. Adams)는 "성화의 과정을 걷게 하기 위해서는 옛 습관을 버리고 새로운 습관을 가지도록 해야 한다."라고 말했다. 사도 바울은 에베소서 4장을 통해서 변화의 문제를 성경에 언급하였다. 즉, 구습을 좇는 '옛사람'(엡 4:22)을 벗어 버리고 '새사람'(엡 4:24)이 되라고 교훈하고 있다. 이처럼 상담은 인간에게 변화를 가져오게 만든다.

물론 인간이 지금껏 걸어오던 길을 버리고 변화의 길을 간다는 것은 쉬운 일이 아니다. 그렇기 때문에 내담자들은 끊임없이 타고난 기질과 학습된 행동 패턴을 고치는 과정 속에서 혼란함을 느낀다. 그러나 상담자가 인내심을 갖고 노력한다면 내담자의 삶 속에 영적인 변화를 통해서 성령의 열매를 맺게 만드는 결과를 가져올 수 있다.

3) 하나님의 은혜를 체험할 수 있다

기독교 상담은 내담자와의 시간을 보내면서 영적인 눈을 떠서 하나님을 바라보게 만드는 것이다. 전요섭은 기독교 상담의 도구로서 은혜의 방편(the means of grace)을 사용한다고 주장하고 있다. 은혜의 방편에 대해서 랄프 언더우드(Ralph Underwood)는 기도, 대화, 성경, 화해, 세례와 성찬 등으로 이해하였다. 즉, 상담 과정에 이러한 도구들을 사용하여 내담자의 영적인 눈이 밝아져서 하나님의 은혜를 체험할 수 있게 된다는 것이다.

4. 상담 선교의 전략

1) 교회의 상담실 설치 운영 사례

교회 내에 상담소를 설치하고 운영하여 교인들의 삶을 인도하는 교회들의 예를 살펴보겠다. 첫째로 한국의 대표적인 교회인 여의도순복음교회(이영훈 담임 목사)이다. 이 교회는 1978년부터 결혼 상담소, 1980년에는 청소년 상담소, 같은 해 5월에는 사랑의전화, 1982년에는 신앙 상담소를 개설하였다. 이후 1999년에는 상담소가 상담국으로 승격되면서 평신도들에게도 상담 교육을 제공하며 상담 사역을 담당하게끔 하고 있다. 현재 여의도순복음교회에서는 인터넷 상담실, 청소년 상담실, 신앙 상담실, 아가페전화 상담실이 운영되어 상담이 필요한 이웃들에게 현장 선교를 감당하고 있다.

둘째로 온누리교회(이재훈 담임 목사)를 들 수 있다. 온누리교회는 1999년 3월부터 상담소 운영을 시작하여 전화 상담과 대면 상담을 진행하고 있다. 특징은 상담 사역자를 위한 훈련 프로그램을 두란노서원과 연계하여 실시하고 있다는 점이다. 현재 교인을 넘어서 많은 기독교인들에게 가정사역학부, 상담학부, 결혼예비학교 등의 전문 상담 교육을 실시하고 있다. 이 외에도 수없이 많은 교회들이 상담을 선교의 도구로서 활용하여 교회의 부흥을 이루고 있다.

2) 청소년의 계도 상담

한국의 청소년들은 참으로 큰 어려움 속에서 생활하고 있다. 그 어려움이란 학교 공부와 부모의 기대치에 부응해야 하는 중압감, 그리고 또래들과의 관계 속에서 오는 열등감 같은 것이다. 18장 청소년 선교에서도 언급한 바 있지만 갈수록 우리 사회의 청소년 문제는 심각하다. 아이들은 아이들대로, 부모는 부모대로 학교 폭력으로 점철된 현재의 세태를 보면서 불안해 한다.

청소년에 관한 다양한 문제 중에서 사회와 가족에게 치명적인 고통을 주는 가장 큰 문제는 자살일 것이다. 사실 자살이란 무작위적이거나 목적이 없는 행동이 아니라 강렬한 고통을 가져오는 문제들, 혹은 위기로부터 탈출하고자 하는 도피 방법으로 스스로 자신의 목숨을 끊는 것이다. 그러므로 자살은 견딜 수 없는 현실을 벗어나기 위해서 의도적으로 자신의 생명을 파괴하는 자기 가학적인 행동이라고 할 수 있다.

청소년 문제의 대안에서 상담은 큰 효과를 발휘하고 있다. 전문가들은 다음의 5가지 활동을 제시하며 이것으로 청소년들의 자살 예방에 현저한 도움을 줄 수 있다고 말한다. 첫째, 심리적 불안과 부담을 줄여 줄 수 있도록 칭찬과 사기를 북돋워 주어야 한다. 둘째, 건전한 가정의 회복이다. 셋째, 올바른 신앙 교육이다. 넷째, 청소년으로 하여금 확실한 자아 정체감을 갖도록 하는 것이다. 다섯째, 전문적인 상담가를 찾는 것이다.

3) 노인 상담

가속화되고 있는 사회의 노령화 또한 빼놓을 수 없다. 노령화가 될수록 신체적, 지적, 심리적으로 느껴지는 급속한 사회적 변화를 경험할 수 있다. 이에 노인들에게는 4가지 고통이 함께 따라오게 된다.

첫째는 경제적인 어려움이다. 젊어서는 잘 벌고 잘 쓰며 풍족하게 산 것 같았으나 나이가 들수록 경제적인 도움을 받아야만 살 수 있는 입장이 된다. 둘째는 질병의 문제이다. 나이가 들수록 각종 질병에 시달리는 것은 어쩔 수 없는 이치이다. 셋째는 역할 상실의 문제이다. 가장과 지도자로서의 역할을 상실하게 됨과 아울러 소외감과 서운함이 일시에 몰려오게 된다. 넷째는 고독감의 문제이다. 젊어서 함께 했던 친구들은 물론 자녀들조차도 자신의 삶을 지탱하느라 힘들기 때문에 나이 든 부모를 돌보지 못하게 됨에서 오는 외로움이다.

위에서 언급한 고통은 우울증과 죽음에 대한 공포로 다가온다. 그렇기 때문에 노인들에 대한 상담은 필수적이다. 사실 노인이 되면 젊었을 때보다도 더욱 사소한 일에도 신경이 쓰이고 걱정거리가 많아진다. 신체적으로는 쉽게 피곤하여 의욕이 떨어지고 죄의식에 사로잡혀 살게 된다. 잠을 설쳐 숙면을 취하지 못함에서 오는 불안과 답답함은 누군가에게 의존하고자 하는 마음이 들게 한다. 그러나 그러한 것들이 충족되지 않을 때에 심한 자괴감과 우울증이 엄습해 온다.

이러한 노인들의 상태를 기독교 상담을 통해서 적극적으로 대처하고 예방하는 것은 매우 중요하다. 이를 위해 기독교 상담자가 할 수 있는 4가지가 있다. 첫째, 교회 안에서 신앙적 봉사 활동, 전도 활동 등에 참여하도록 유도하는 것이다. 교회 활동을 통해 잠시 잃어버린 삶의 활력은 물론 이전의 역동성까지 찾아주게 된다.

둘째는 노인의 일자리 창출에 대한 상담이다. 지속적인 상담으로 상대적으로 위축되어 있는 경제적 관념에 희망을 주고 구직 활동에 대한 끊임없는 지지를 보냄으로써 노인의 삶에 윤활유와 같은 경제적 요소를 더해 가족 내의 위치까지도 찾도록 도울 수 있다. 비록 젊은 사람들처럼 일할 수는 없지만 자신의 역량에 맞는 일거리를 찾아서 노력하는 것은 노인들이 건강한 삶을 영위할 수 있다는 점에서 매우 중요한 의미를 가진다.

셋째는 교회의 프로그램인 레저 교육과 참여의 독려를 도울 수 있다. 예를 들어 교회 안의 노인대학에서 다양한 지식을 습득하게 함과 아울러 즐길 수 있는 취미와 오락을 활용하게 할 수 있다.

넷째는 죽음을 준비하는 보다 심층적인 상담을 담당할 수 있다. 상담을 통해 죽음은 어느 누구에게나 찾아오는 자연스러운 과정이라는 것을 받아들일 수 있게 함으로써 보다 깊은 기독교인의 본향을 사모하도록 돕는다.

4) 부부 상담

한국은 산업사회와 포스트모던을 거치면서 가정 안에서도 시대적 변화를 경험하고 있다. 즉, 아내를 '안사람' 이라 하고, 남편을 '바깥양반' 이라고 칭하던 것은 이제 옛말이 되었다. 맞벌이 부부가 생겨나면서 직장 생활과 사회생활 속에서 정보의 다양성으로 인해 여성의 위치는 점점 강화되고 있다. 가정에서는 사소한 일에도 갈등을 하게 됨으로 자녀 교육은 물론 주변의 사람들에게도 덕스럽지 못한 경우가 많아진다.

콜린은 부부간의 갈등의 원인을 5가지 요인으로 정리했다. 첫째는 잘못된 의사소통, 둘째는 방어적이고 자기중심적인 태도, 셋째는 서로 간의 긴장 상태를 야기한 성, 역할, 신앙, 가치관 욕구, 돈 등의 요소들, 넷째는 외부로부터의 압력, 마지막 다섯째는 결혼 생활과 일상생활 속에서 오는 권태감이다. 이상에서 언급한 갈등의 요인들로 인해서 극단적으로는 서로가 갈라서는 이혼에 이르게 된다. 이혼이 가져온 결과는 참으로 비참하다. 특히 부모님의 사랑과 관심을 갖고 성장해야 할 자녀들에게는 치명적인 상처를 안겨줌과 아울러 가정의 해체를 가져오게 된다.

이러한 부부 관계의 위기를 무엇으로 해결할 것인가? 이혼을 극복하기 위한 상담이 필요하다. 상담을 통해서 첫째는 가정의 중심이 예수 그리스도를 의지하는 신앙으로 이끌어야 한다. 둘째는 믿음 생활을 통해 삶과 의사소통에 있어서 변화를 가져오게 해야 한다. 셋째는 소망을 품고 서로 사랑하는 가정의 풍토를 이루어 나아가야 한다.

상담을 통해서 선교를 이루어 갈 수 있다. 이와 같은 모델을 성경에서 찾아 볼 수 있다. 예수님은 최고의 상담가이셨다. 주님은 하나님의 종으로서 범죄한 인간을 위해 십자가 위에서 완벽한 구원의 커뮤니케이션을 이루셨다. 그뿐만 아니라 주님은 성령님을 통하여 인간의 삶속에 '보혜사' 로서 좌정하시며 지금 이 순간도 우리에게 말씀하시고 계신다. 실제로 '보혜사'는 영어성경 중에서 '상담사' (counselor)로 번역되기도 하였다(NIV; NASB).

인간들의 삶의 실존 속에서 고통받고 소외되고 의지할 곳 없는 이웃을 기독교 상담을 통해 도와야만 한다. 상담 또한 선교의 도구로 사용될 수 있다는 것이 논증되는 것이다.

Chapter 29

치유를 통한
회복 선교*

현대인들은 전문화를 위한 자기계발과 급속한 환경과 긴장의 연속성 속에서 많은 스트레스를 받고 있다. 이러한 환경으로 인해서 직장에서의 퇴출과 가정적으로는 이혼이나 자녀들의 탈선 같은 부정적인 일들이 많이 일어난다. 또한 불안전한 사회적 상황으로 인한 미래에 대한 불안은 약물중독이나 알코올중독을 급증시키고 있다. 정신적인 측면에서는 복음의 진리를 모르고 헤매는 상태에서 잘못된 종교들과 혼합된 영적 침투로 말미암아 가정이 파괴되고 공동체에 어려움을 주어 인간의 정상적인 삶과 마음을 허물어뜨리고 있다. 이러한 인간의 비참한 현상을 치유해야 하는 것이 곧 선교이다.

이 글을 통해서 우리 인간들이 현대사회 속에서 안고 있는 다양한 병리적 현상에서 벗어나 하나님의 창조 목적이 가르치고 있는 회복된 삶을 살기 위한 방안으로 선교 전략을 기술하고자 한다.

＊이 글은 월간 「교회와 성장」 2013년 5월호 108–113페이지에 기고된 글이다.

1. 치유의 성경적 의미

치유에 대한 성경의 용례는 다양하게 사용되었다. 성경이 말하고 있는 치유가 인간의 구원과 회복에 어떤 의미가 있는가를 살펴보고자 한다.

1) 전인 구원의 의미

예수님은 자기 백성을 죄에서 건지실 구세주로 오셨다. 인간은 원래 하나님의 형상대로 지음받은 존재이지만(창 1:27), 아담의 범죄로 타락하여 하나님의 형상을 잃어버렸다. 인간은 하나님께로부터 부여받은 지혜, 미덕, 거룩함, 의, 진리 등을 상실하였다. 그 대신에 맹목, 허약, 허영, 불순, 각종 질병이 오게 됨과 아울러 후손에게 유전시켰다. 이러한 상태를 성경은 죄의 결과라고 언급하고 있다.

인간을 병으로부터 치유하기 위해서는 죄의 문제를 해결해야 한다. 죄로 인하여 부패되고 상실한 인간을 하나님의 형상으로 회복케 하는 것이 치유를 통한 회복의 선교이다. 메시아로서 오신 예수님은 치유 사역을 통해서 죄인들을 고치고 회복시켜 인류 구원의 길을 여셨다. 결국 예수님의 사역을 통해 알 수 있는 사실은 인간이 육체적, 정신적, 영적 질병으로부터 하나님의 형상으로 회복되도록 우리를 사랑하신다는 것이다. 폴 투니어(P. Tournier)는 "진정한 치유란 몸, 정신, 영혼의 합일로 이뤄지며 치유와 구원이 연합된 상태"라고 말하였다.

치료의 의미로 쓰인 헬라어의 소조(σωξω)는 '보존하다, 상하지 않게 지키다, 구제하다, 죽음으로부터 구원한다.'라는 의미를 지니고 있다. 이 단어는 치료의 의미로서 사람을 질병이나 죽음으로부터 구원한다는 의미이기도 하다. 헬라어적 개념 가운데서는 몸을 구원하는 것은 전 존재의 구원을 향하여 발걸음을 내딛는 것을 의미한다. 따라서 이 단어는 의미상으로 완전한 구원의 개념과 연결된다. 이 어원으로부터 신학적인 용어인 구원론 (soteriology)이라는 말이 유래되었다.

2) 인간 회복의 의미

아담의 타락으로 인간은 하나님과 분리되었고 사탄의 지배 아래에 들어가 그의 종이 되어(롬 6:16) 질병과 고통이 뒤따르게 되었다. 이러한 상태인 인간 개인과 사회의 병든 부분을 타락 이전의 건강한 상태로 회복하는 것이 바로 하나님의 뜻이다.

앤더슨(Ray S. Anderson)은 그의 책 *The Praxis of Pentecost*에서 예수님께서 간음하다 잡힌 여인을 용서해 주심으로 영적 치유를 이루신 것이나 (요 8:1-11), 베드로가 앉은뱅이를 걷고 뛰도록 육적 치유를 이룬 것(행 3:1-10)이 타락 이후의 인간 회복을 다루고 있다고 보았다.

치유를 통한 회복을 두 가지 관점에서 살펴볼 수 있다. 먼저 육체적 영역에서 보면 신체의 조화를 이루어 완전하게 기능하는 상태로 되돌려 놓은 것이다. 자연과 그 법칙을 창조하신 하나님은 사람 몸속에도 자연 법칙이 존재하도록 하셨다. 우리 몸속의 자연 법칙이 균형을 잃게 되면 질병이 발생하게 된다. 이러한 질병을 치유를 통해서 회복시켜서 풍성한 삶을 영위하도록 하는 것이 하나님께서 인간에게 약속하신 축복이다.

두 번째는 정신적 영역이다. 이는 지·정·의가 통합되고 조화를 이루어 마음에 평화를 이룬 상태가 되는 것이다. 사단은 우리 마음속에 자신이 지배하고자 하는 요새를 만들고자 한다. 이를 통하여 염려, 공포, 질투, 분노, 미움, 용서치 못하는 마음을 일으킨다. 현대 심리학은 이러한 인간의 상태가 깊은 병리 현상을 가져온다고 말하고 있다.

결국 육체적 영역과 정신적 영역을 온전하게 치유하는 분이 예수님이시다. 치유는 하나님께서 자신의 사랑을 사람들에게 가시적으로 보여주는 표적 가운데 하나라고 할 수 있다 (막16:15-20). 하나님께서 치유해 주심은 사람들이 하나님의 사랑을 깨닫고 죄를 회개하고 주께로 돌아오는 것이다. 즉, 인간이 온전한 회복의 축복을 받기를 원하신다는 것이다.

2. 치유를 통한 회복 선교의 필요성

회복은 단순히 옛날의 상태로 돌아가는 것이 아니라 이전의 상태보다 더 높은 영적 통찰력과 복지를 성취하는 것이다. 터너(John Turner)는 "모든 치유는 하나님으로부터 온다."라고 말하였다. 그리스도인은 치유를 일상적인 삶의 일부로 받아들여야 한다. 진정한 회복을 위한 치유의 필요성을 기술하면 다음과 같다.

1) 사회적 병리 현상으로 부터의 치유

'치유'(healing)란 파괴되고 불안한 육체와 영혼, 정신적·사회적 질병을 하나님의 능력으로 온전케 하시는 구속적이며, 초자연적인 은총을 입는 것으로 말한다. 일반적으로 볼 때 치유는 육체 또는 정신의 특정한 병적 상태를 효율적으로 치료하는 행위이다. 치유를 통해서 인간의 모든 기능이 조화롭게 유기적으로 활동하는 육체와 정신의 상태를 건강이라고 한다.

필자가 글을 쓰고 있는 순간에도 유명 배우 한사람이 우울증으로 자살을 했다는 기사를 읽게 된다. 비록 교회에 다니면서 주일 성수를 하는 듯 보이지만 내면의 어려운 세계와 주위 환경의 부적합은 사람을 죽음으로 몰아가게 한다.

"치유(healing)"라고 할 때 흔히 말하는 신유(divine healing)라는 의미보다는 훨씬 폭 넓은 의미를 가지고 있다. 좁은 의미로는 육체적인 질병의 치료를 뜻하기도 하지만 치유는 환경을 극복하는 총체적인 것을 의미한다. 병든 사람이 사회를 병들게 하고 동시에 병든 사회가 인간을 병들게 한다. 라인홀드 니버(Reinhold Niebuhr)는 "비도덕적인 사회에서는 개인이 아무리 도덕적일지라도 도덕적인 삶을 살기가 어렵다."라는 말을 남겼다. 이 말의 의미는 사회적 환경이 얼마나 주요한 요소를 지닌 것인지를 말해 준다. 현대인들은 항상 무엇엔가 쫓기며 살고 있다. 그리고 항상 불안한 마음의 상태를 지니고 있다. 결국 불안한 삶의 실존에서 치유를 받아야 할 필요가 있다.

2) 영적 침체와 회복을 위한 치유

치유는 또 다른 측면은 영적 침체를 겪고 있는 신앙인들도 회복의 대상이 된다. 성경 속에 있는 대표적인 사례는 로뎀 나무 아래서 탈진하여 울고 있는 엘리야 선지자를 들 수 있다(왕상 19:4-8). 엘리야는 바알 선지자를 물리치고, 가뭄을 해소하여 하늘로부터 비를 내리게 할 만큼 큰 능력의 사람이었다. 그러나 육체의 피곤과 탈진, 그리고 자기중심적인 생각으로 인한 극심한 정신적 충격을 통해서 우울증에 빠지게 되었다. 이와 같은 현상은 현존하는 성도의 모습과도 다를 바가 없다.

이제 교회는 이러한 영적 침체를 겪고 있는 성도들을 회복시켜야 한다. 그리고 주님의 능력으로 초자연적 치유가 얼마든지 재현될 수 있다고 믿어야 한다. 오늘날에도 사도들이 체험한 것처럼 믿음의 기도로 병자들이 즉각적으로 나음을 입으며, 귀신들이 순간적으로 쫓겨 나가며, 모든 문제와 고통이 해결될 수 있다는 사실이 체험되어져야 한다.

닐 앤더슨(Neil T. Anderson)은 "오늘날 많은 그리스도인들이 하나님의 자녀로서 받는 유산인 영적 성장과 자유를 누리지 못하는 이유를 사단과의 영적인 전쟁을 깨닫지 못하고 있기 때문이며, 그리스도 안에서 성숙과 자유에 이르도록 훈련하는 것이 치유를 위해 중요하다."라고 말한다. 그러나 그리스도인이 직면하는 문제가 모두 직접적으로 사단과 그의 통제 하에 있는 영적 세력에 의한 것이라고 말할 수는 없다. 그렇지만 사단의 활동이 오늘날 우리가 알고 있는 것보다 훨씬 더 우리의 삶 속에 활발히 이루어지고 있다. 따라서 사단을 이길 수 있는 힘은 능력의 전신갑주를 입고 싸우는 것이다(엡 6:10-17). 이러한 싸움에서 승리할 때에 회복의 기쁨을 맛보게 되어진다.

3) 육체 또는 정신적 질병의 치유

육체적 질병의 치유는 사고나 감염으로 발생된 질병의 치유를 말한다. 질병은 신체기관에 이상이 생기고 기능상의 장애를 일으키는 경우에 오는 것이다. 한편 정신적인 질환의 도래는 매우 다양한 양상을 보이고 있다. 육체적 질병의 원인이 귀신들림일 수도 있고 정서적, 영적, 심리적인 원인일 수도 있다.

최근 미국에서는 정신적인 문제를 앓고 있는 사람들을 상담하는 직업이 돈을 많이 번다는 이야기를 들었다. 물질이 풍요하고, 인권이 철저히 보장되고, 세계적인 힘을 보유한 나라의 사람들이지만 자신이 갖고 있는 불안한 마음을 다스리지 못하는 현상이 만연한 것이라고 볼 수 있다.

결국 육체적인 질병이나 정신적인 장애를 가진 모든 사람들이 치유를 통한 회복된 삶을 살아야 한다. 닐 앤더슨은 "성령께서는 지금도 독특한 방법으로 모든 사람들의 영혼과 정신적, 육체적 질병을 치유하고 있다."라고 말하고 있다. 예를 들어 사도행전 3장에서 앉은뱅이 걸인은 절망에 빠진 정신적 앉은뱅이였고 영적인 불구자였다. 그가 그리스도의 치유를 통해 영적, 정신적 불구에서 치유되었고, 나아가 육체적인 앉은뱅이에서도 일어나게 된 것이라고 말했다.

3. 치유를 통한 회복 선교의 실제

지금까지 치유의 성경적 의미와 치유를 통한 회복의 필요성에 대해서 말했다. 이제는 치유를 통한 회복 사역을 감당하고 있는 기관들을 소개하고자 한다.

1) 내적치유사역연구원

최근에 한국교회는 내적 치유라는 프로그램이 성행하고 있다. 내적 치유를 교회의 성도들에게 접목시킨데 공헌한 이들은 한국대학생선교회(KCCC)에서 오래 동안 사역을 한 주서택 목사와 김선화 사모이다. 그들은 1991년부터 한국대학생선교회(KCCC) 내에서 내적 치유 세미나를 진행하면서 교계에 영향을 미치게 되었다. 특히 그들의 저서인 『내 마음속에 울고 있는 내가 있어요』는 사례를 중심으로 내적 치유에 대해서 실제적인 접근을 들어내었다. 지금은 청주에 있는 '주님의교회'를 담임하면서 사랑의교회 안성 수양관을 활용하여 세미나를 지속하고 있다. 주 목사는 내적치유사역연구원 홈페이지를 통해서 "넓은 의미의 내적 치유는 성령의 역사 속에 그리스도인의 삶 전반을 통하여 하나님을 알아감으로 일어나는 거룩한 성화의 과정이다."라고 내적 치유의 정의를 내린다. 이어서 모든 그리스도인은 하나님의 내적 치유 울타리 안에 이미 들어와 있고, 진행되고 있다고 주장하였다. 내적치유사역연구원 세미나는 2013년 3월에 106회를 넘었으며, 훈련생 인원 또한 3만 5천 명을 넘을 만큼 많은 사람들을 훈련시켰다.

내적 치유는 정서 부분의 상처를 치유하는 것이다. 이는 과거의 상처와 나쁜 감정을 치유를 통해서 회복시키는 것이다. 마음에 상처를 받게 되면 우리의 감정은 병들게 되고 의지가 약해진다. 나쁜 감정들인 질투, 공포, 염려, 분노, 좌절, 후회, 용서 못하는 마음, 쓴 감정, 자기중심의 감정 등은 질병이 들어오게 하는 통로가 된다.

오늘날 많은 사람들이 질병을 앓고 있는 요소 중 하나는 나쁜 감정을 마음속에 고정시키고 있기 때문이다. 또한 우리 마음속에 나쁜 감정을 가질 때 스트레스가 증가되는데, 이런 스트레스가 신경계통에 악영향을 주어 신경세포와 연결된 조직세포의 기능을 약화시키는 것이다. 이때에 병균이 틈타서 조직세포에 침투한다.

상처와 스트레스, 그리고 병든 몸을 치유하기 위해서는 상담과 기도, 그리고 성경 공부를 통해서 자신의 정체성이 하나님의 자녀임을 분명히 인지하는 것이 중요하다. 이러한 긍정적 삶의 자화상은 자신에게 평생 따라다니고 있는 쓴 뿌리와 상처를 몰아내게 된다.

2) 한국회복사역연구소

한국회복사역연구소는 한세대학교에서 오랫동안 상담학 교수 사역을 하셨던 고병인 목사가 2004년에 설립한 기관이다. 이 기관의 설립 목적을 살펴보면 다음과 같다. 첫째는 중독된 사람들과 중독자들의 배우자 및 자녀들을 케어하는 사역이다. 둘째는 학대 받은 사람을 위한 사역이다. 셋째는 정서적 외상을 가진 사람들을 위한다. 넷째는 정서적 영적 장애를 겪고 있는 사람들을 위함이다. 다섯째는 이혼, 파산, 성폭력, 깨어진 관계, 스트레스 등의 후유증을 겪는 사람들을 위함이다. 여섯째는 어린 시절의 상처가 해결되지 않고 성인으로 살아가는데 장애가 있는 사람들을 위한 사역이다. 마지막으로는 이러한 고통을 가지고 살아가고 있는 사람들을 돕는 상담사를 양성하기 위한 사역이다.

중독은 다양한 면에서 인간의 이성과 행동을 마비시킨다. 이들을 치료하는 일은 개인의 치료이기도 하지만 가족 전체를 대상으로 온전한 치료의 결과를 가져올 수 있다고 고병인 소장은 주장한다. 한국회복사역연구소는 결국 이러한 중독을 상담과 성경적 규범의 삶을 통해 교정하여 치유하고 회복시키는 사역 기관이다.

3) 복내전인치유선교센터

전라남도 보성 복내 천봉산 골짜기에서 암환자들을 돌보고 있는 이박행 목사가 18년 전부터 운영해 온 치유센터이다. 이박행 목사가 두레장학재단 실무책임자로 있었을 당시, 간경화로 건강이 악화돼 요양차 복내 마을로 온 것이 사역의 시작이었다.

이 목사는 두레장학재단에서 인연을 맺어온 재미의학자 김영준 박사와 암재활을 돕기 위한 전인 치유의 사역을 하게 되었다. 질병이 그를 이곳으로 이끌었고, 복음주의 공동체의 시도와 그를 살펴줬던 고마운 의료진의 협력으로 기존에 없던 전인치유선교센터가 탄생할 수 있었다. 전인 치유의 사역은 현대 의학과 자연 치유의 균형을 이루고, 하나님의 사랑으로 영육 간의 구원을 총체적으로 돕는 것이다.

입소자들은 오전에는 산책, 오후에는 혈맥풀이, 카이로프라틱, 전인 건강의 체조를 한다. 치유를 받아야 할 사람들은 규칙에 따라서 생활해야 한다. 즉, 복내의 자연 식사와 적절한 건강보조식품 섭취하기, 하루에 물 1.5리터 이상 마시기, 혈액검사를 2-3개월 단위로 하여 비교·분석하기 등을 통해 체내 해독을 하게 된다. 아침, 점심 후 50분과 20분 거리의 짧은 산책 길을 번갈아 걸으며 체력의 60% 범위 내에서 운동하면서 신체를 강화하고, 매일 아침과 저녁 시간에 드리는 예배를 통해 마음의 안정과 기독교의 영성을 다져 나갔다.

복내전인치유센터를 통해서 건강을 찾았던 장정례 씨의 경우는 서울대병원에서 뇌종양 3기말에서 4기초 사이라는 진단을 받았고, 수술은 했지만 종양의 일부만 제거하고, 일부는 시신경에 문제가 생기는 부위라서 제거하지 못한 상태였다. 수술을 받고 40회나 방사선 치료를 받던 고통 중에 복내전인치유센터에 입소했다. 입소 당시, 한쪽 몸이 마비되어 있었기 때문에 매일 넘어지기 일쑤였고, 3개월을 넘기지 못할 것으로 예상했지만 1년 7개월을 묵묵히 재활에 매진하였다. 마침내 서울대학병원 MRI 촬영에서 암이 보이지 않는다는 검사 소견을 받게 되었다. 백혈구, 림프구 또한 정상수치가 되었다.

복내에서는 자연 속에서 사랑의 공동체를 통해 내적 치유와 영성 관리를 하고, 영양요법과 운동을 통해 자연 치유의 면역력을 극대화시키는 것으로 그 독특한 대안을 찾았다. 그동안 복내 마을을 거쳐 간 수많은 암환자와 그 가족들이 행복한 삶을 살아가고 있다.

하나님은 치유의 하나님이시다. 신약성경의 예수님께서는 치유 사역을 통해서 죄인 된 인간이 회복될 수 있음을 보여 주셨다. 인간의 치유는 그리스도를 중심으로 자연 섭리와 말씀을 통해 이루어져야 한다. 이런 관점을 기반으로 앤더슨은 인간 존재의 양식을 자연계와 영계 모두에 속해 있는 육체와 영과 혼을 다 가진 전인(全人)으로서 보았다. 따라서 영과 육의 요소 중 어느 한편에 치우친 치유가 아니라 두 요소 모두를 강조하는 치유가 되어야 한다고 말한다. 그렇게 될 때 그리스도를 중심으로 성령의 사역을 통해 인간의 현존을 깨닫고 하나님과의 관계가 회복되는 근본적인 치유가 일어날 수 있다는 것이다.

질병과 사회적 병리 현상 속에서 신음하고 있는 현대인들이 주님의 크신 은혜와 능력으로 전인 구원의 치유를 이루어 창조 때의 모습으로 회복될 수 있기를 기대해 본다.

Chapter 30

북한 복음화를 위한
선교*

남북 간의 첨예한 대치 상황은 북한의 핵무장을 불러 왔다. 따라서 긴장 관계는 국제적 문제로 비화되어 외세의 힘에 민족문제를 의탁해야만 하는 분단국가의 한계적 현실을 받아들여야 할 것 같다.

북한 문제에 대한 정치인들의 견해가 다르기 때문에 국민들의 양극화적 사고도 뚜렷한 양상을 보인다. 보수 계층은 북한으로 하여금 핵무장과 관련한 전략을 버리게 하여 우리 정부의 원조를 수용하도록 권고하고 있으며, 진보적 사고를 지닌 계층은 협력적 차원에서 북한의 견해를 일정 부분 수용해서 민족 화해를 이루자는 쪽이다. 양극화의 상황 가운데 최근에 북한 정부가 김정은 체제로 돌입하면서 남북의 긴장 관계는 더욱 심화되어 그동안 정부가 유지하고 있던 비선마저 끊긴 상태인 것 같다.

이러한 정치적인 기류 속에서 기독교계에서는 북한 선교를 어떤 방향으로 정리해야 할지에 대한 고민이 일어나고 있는 것도 사실이다. 그동안 우

---

* 이 글은 월간 『교회와 성장』 2012년 5월호 92-98페이지에 기고된 글이다.

리는 다양한 방법으로 북한에 복음을 증거하고자 노력해 왔다. 예를 들면 한국대학생선교회(KCCC)가 주도한 '북한에 염소 보내기 운동'과 한국기독교총연합회(한기총)가 실시한 '식량 보내기 운동', 교육계를 중심으로 한 '평양과기대 지원 운동' 같은 사역이다. 이러한 일들은 정치적 관계를 뛰어넘는 사랑의 공동체 형성에 일익을 담당하는 계기가 될 줄 믿는다.

북한 선교에 대해 글을 시작하면서 정치적인 요소에서의 접근이 아닌 북한 주민들도 한민족의 일원이며 예수 구원의 복음이 전해져야 하는 대상임을 인지하고 이 문제를 살피고자 한다.

1. 북한 선교의 당위성

북한 선교는 우리 민족의 염원인 통일 국가의 성취를 위해서도 반드시 이루어야 할 한국 기독교의 과제임이 분명하다. 한철하 목사는 〈기독교사상〉(1970, 12월호)에서 남북 통일 전략으로서의 선교 전략을 단계별로 구분하여 설명하고 있다. 이는 첫째, 상대방의 존재를 서로가 인정해야 한다. 존재하지 않는 것과는 경쟁할 수 없기 때문이다. 둘째, 서로 누가 잘 하는가를 비교할 공동의 가치척도를 전제해야 한다. 전쟁 상태를 지양하고 선의의 경쟁 단계로 나아가 상호 교류의 단계로, 더 나아가 통일의 단계로 무리 없는 전진이 이루어져야 한다고 강조했다.

한 목사는 이러한 과정 가운데에서 정치적 통일을 상징적으로 여길 때에 진정한 통일이 이루어진다고 피력했다. 그는 남북의 공통 분모로서 교류의 가능성에 대해서 동구권의 예를 들어서 설명하고 있다. 즉, 동구권은 비록 이념이 다른 체제 아래 있더라도 하나의 정신적 바탕인 기독교(동방 교회)가 자리 잡고 있기 때문에 대화의 벽이 유지될 수 있다. 따라서 우리의 경우는 민족주의가 중요한 대화의 매개체가 될 수 있다는 것이다. 동일한 민족, 동일한 언어와 역사를 지니고 있다는 사실은 세계에서 하나의 공동의 운명을 지니고 있다고 보아야 함을 말한다.

여기에서 우리는 독일 통일 가운데에서 기독교의 역할을 조명해 보아야 할 필요가 있다. 브라이덴슈타인(G. Breidenstein) 교수는 「기독교사상」(1970, 12월호)의 "통독에 대한 독일 교회의 태도"를 제목으로 한 글에서 언급하기를 "독일 복음교회(EKD) 속에는 서독의 20개 교회는 물론 동독의 8개 교회가 가입되어 있었으며 동독의 정치인들이 포기를 요구하여 동독 교회들만의 연합체를 구성할 때까지 중요한 하나의 대화의 창구"였음을 기술하고 있다. 독일과 한국 상황의 비교에서 브라이덴슈타인 교수는 "동독에는 참고 견디는 공인된 교회가 있었으나, 북한 정권은 기독교인들을 극심하게 핍박해 왔다. ... 기독교인들은 모든 시련에도 불구하고 적과 동지라는 단순한 생각을 극복하기 위해서는 예수의 정신을 따라야 하며, 위험한 긴장을 해소하는데 기여해야 하며, 끊임없는 평화의 질서를 창조하기 위해서 공동 작업을 하지 않으면 안 된다."라고 기술했다.

위에서 밝힌 학자들의 입을 통해서 우리가 배울 수 있는 것은 다음과 같다. 첫째, 남북한 공동체 형성의 당위성이다. 둘째, 평화를 이루어야 할 남북 관계의 기본적인 자세 속에 기독교의 역할에 대한 고민이다.

2. 국내 북한 선교 기관

서두에서 언급했듯이 다양한 선교 단체나 교회들이 나름대로 소신을 가지고 북한의 복음화를 위해서 노력해 왔다. 그리고 나름대로 귀한 열매들을 맺어오고 있다. 이러한 기관들 가운데 대표적인 두 기관을 소개하면 다음과 같다.

1) 모퉁이돌선교회

모퉁이돌선교회는 북방 지역에 하나님의 말씀인 성경을 배달하는 일을 중심으로 사역을 하고 있다. 1983년 아시아 지역 선교 사업을 위해 홍콩을 방문하게 된 이삭 목사는 홍콩 선교회의 중국인 선교사들로부터 "왜 한국인을 위한 선교 사업이 한국인에 의해 실시되지 않고 있느냐?"라는 질문을 받게 되었다. 그리고 이 질문은 이삭 목사에게 공산권에 거주하는 동포들에 대한 선교 사업에 관심을 갖게 만들었다. 곧이어 중국을 방문하게 된 그는 뜻밖에도 중국에 2백만 명이 넘는 한인 교포들이 거주하고 있다는 사실을 발견하게 된다. 그리고 그들에 대한 경제 지원보다 복음전도가 훨씬 더 급하고 절실하다는 것을 깨닫고 성경 보급 사업을 시작하게 되었다.

모퉁이돌 선교회가 중점적으로 사역하고 있는 일들은 다음과 같다. 첫 번째 사역은 성경 보급이다. 1985년 성경 배달 사역을 중심으로, 1988년 12월부터는 지하 교회 지도자 양육 사역이 함께 진행되었고, 1990년 1월 이후에는 1년에 두 번, 여름과 겨울로 나누어 3박 4일에 걸쳐 '모퉁이돌선교학교'를 실시하고 있다. 이들은 북한 지역에 성경을 보내는 일이야말로 자신들의 사명이요 기도 제목이라 고백한다. 때문에 지금도 이들은 은밀한 중에 성경을 배달하는 일을 활발하게 진행하고 있다.

모퉁이돌선교회의 두 번째 사역은 '교회 배달 사역'이다. 모퉁이돌선교회의 북한 선교는 탈북 주민을 중심으로 이루어지고 있다. 특히 복음을 영접한 사람들을 북한으로 들어가게 하는 것을 통해 많은 교회를 북한에 세워지게 하는 것이 이들의 선교 전략이다. 따라서 모퉁이돌선교회는 "평양에서 예루살렘까지"라는 구호를 내걸고 중국 교회로 하여금 인접 국가에 복음을 전하도록 돕고 지원하는 선교 전략을 세웠는데 이를 '서진 선교사역'이라 말한다.

세 번째 전략은 바람의 흐름을 이용하여 '복음 풍선'을 북한의 하늘에 날려 보내고, 물의 흐름을 이용하여 특수하게 제작된 전도지를 바다에 띄워 보내는 사역을 감당하고 있다. 풍선이 평양 시내에 떨어지면 공안 당국에서 금방 수거하여 폐기하지만 시골에 떨어지면 그것을 주워 읽는 사람들이 많다고 한다.

2) 두리하나선교회

두리하나선교회는 1999년 10월 2일 설립된 초교파 복음주의 선교 단체이다. 처음 시작은 '통일한국'을 꿈꾸며 북한 선교를 준비하던 동역자 25명이 북한과 중국 국경 변방을 돌아보며 탈북자들의 고통과 조선족 동포들의 뜨거운 신앙심, 그리고 특별히 중국 변방에서 유리하고 방황하는 어린 청소년들(일명 '꽃제비')을 가슴 저리는 안타까운 마음으로 지켜보다가 "선행을 배우며 공의를 구하며 학대받는 자를 도와주며 고아를 위하여 신원하며 과부를 위하여 변호하라"(사 1:17)는 말씀에 순종하고자 첫 시작을 기도 모임으로 출발했다.

두리하나는 이 시대의 희망은 십자가와 예수님뿐이며, 북한 선교는 '통일운동'의 지름길이라 믿는다. 때문에 예수 충만, 성령 충만하여 그들의 삶 자체로 북한 동포들을 섬기며, 선교사 일꾼들을 길러내 그들로 하여금 언젠가는 북한으로 들어가 무너진 북한의 경제와 사회의 기틀을 회복하고자 한다.

두리하나선교회의 사업은 크게 국내와 국외로 나뉜다. 국내 사역은 인터넷을 통한 홍보와 정보 나눔, 선교 관심자 훈련 및 지원, 소식지 발행을 통한 문서 사역, 회원의 조직과 활성화 사역, 기도 연합 사역 등이 있다. 반면 국외(현지) 사역은 탈북 어린이 고아원 사역, 현지 조선족 사역자를 통한 탈북자 돌봄 사역, 국제법상 난민 지위 인정을 위한 유엔 청원 운동 및 난민촌 건설 사역, 거점 확보를 위한 부대 사역 등이 있다. 이들은 이러한 국외(현지) 사역을 위해 3단계로 나누어 감당하고 있다.

제1단계는 '북한 현지 사역'이다. 이는 몇 년 전부터 캐나다의 한 교회가 북한의 한 지역을 선정하여 5년 동안 아무 조건 없이 무상 지원을 하였는데, 5년 후 캐나다 교회가 북한 당국으로부터 그 지역 내에서 무슨 일을 해도 좋다는 통보를 받고, 그 지역에 국수공장을 설립하여 지역 내에서 복음을 전하는 사역을 시작한 데서 세워진 전략이다.

두리하나선교회는 북한의 한 지역(읍 단위)을 선정하여 매월 20톤 이상의 쌀을 조건 없이 지원하고 있다. 그들은 이를 통하여 언젠가 때가 되면 '두리하나고아원'을 설립하길 소망한다. 또한 이를 통하여 통일이 되면 북한 전 지역에 고아원을 설립하기를 소망한다.

제2단계는 '중국 내 교회 설립'이다. 두리하나선교회는 북한 현지 사역을 계속 추진하기 위하여 교두보 역할을 할 교회를 설립하고자 준비하고 있다. 현재 한 지역을 선정하여 건물을 매입하였고 사역자도 준비하고 있다. 이곳은 중국의 현지인(조선족)들을 중심으로 사역을 하게 될 것이며, 북한 선교를 위한 도우미 역할을 하게 될 것이다.

제3단계는 '사역자 훈련원'이다. 이는 통일한국을 적극 준비하기 위해 북한 현지로 향하는 사역자 훈련원이며, 복음으로 완전히 무장된 일꾼을 길러 내고자 한다.

필자는 이들 선교회가 북한과 국경을 마주하고 있는 중국 땅에서 탈북 주민들과 중국을 왕래하는 북한 주민들을 대상으로 사역을 하던 중에 중국 공안에 체포되어 고통을 받고 있다는 소식을 접했다. 어쩌면 한국의 교회 모두가 당연히 감당해야 할 일을 연약한 선교기관에만 너무 무거운 짐을 지우는 듯하여 미안한 마음이 들 때가 많았다.

3. 북한 선교 전략

북한 선교 전략을 기술하면서 지극히 추상적인 내용만을 언급할 수도 있다고 스스로 판단한다. 그러나 믿음은 바라는 것들의 실상이라는 주님의 말씀을 생각하면서 다음 몇 가지 전략을 제언하고자 한다.

1) 탈북자 포용을 통한 선교

최근 김정은 체제가 수립되는 과정 가운데 탈북은 곧 죽음이 되는 현실이다. 두만강을 넘어가는 탈북자를 향해서 총을 쏘아서 현장에서 사살하는 일들이 언론에 소개되기도 하였다. 그동안 가장 큰 탈북 원인은 1인 독재의 북한 체제와 식량난이 대표적이다.

북한 주민의 탈북 이유를 시기별로 보면 1990년 초반까지 비인간적이고 독재적인 정권의 압력을 피해서 북한을 떠나는 정치·사상적 동기와 이에 따른 신변 안전상의 이유가 주류를 이루었으나 1990년대 중반부터 식량난 등 경제적 동기가 상당 부분을 차지하고 있다. 최근에는 가족 단위, 여성과 아동, 청소년들의 탈북 비율이 증가하는 특징을 보이면서 탈북 이유도 다양해지고 있다. 즉, 정치적 목적이나 단순히 식량난을 피하기 위한 탈북의 경우보다는 더 나은 삶의 추구와 교육 기회를 얻기 위해서 또 경제적으로 성공하고 싶은 희망이 탈북 이유로 나타나고 있다.

가족 단위의 탈북에 따라 연령층도 어린이에서 노인에 이르기까지 고른 분포를 보이고 있다. 먼저 국내에 입국한 탈북 주민들이 북한의 가족들을 탈출시킨 경우도 지속적으로 발생하였다. 탈북하는 주민들의 직업도 다양하다. 고위 간부, 외교관, 의사, 외화벌이 지도원, 군인, 학생, 교원, 농민, 노동자 등 각계각층을 망라하고 있다.

이들이 남한 사회에 적응해 가면서 어려움을 호소하는 것은 상대적인 박탈감이라는 조사 결과가 있다. 따라서 정부는 물론 기독교 기관에서는 소외감 해소를 위해서 특별한 프로그램이나 후원 체계를 갖추어야 하겠다. 이들을 돕는 것은 통일의 기회가 왔을 때에 가장 먼저 고향인 북한에 달려가서 복음을 증거할 수 있는 개연성이 높은 집단이기 때문이다.

2) 기업을 통한 선교 전략

기업은 인간의 삶을 풍요롭게 만들어 주는 기관이다. 재화 창출을 통해서 삶의 질을 향상시키고, 일자리를 통해서 가정 경제가 안정이 되도록 하는데 일조를 한다. 따라서 때로는 경제적인 블록은 정치의 경계를 무너뜨리는 것을 볼 수 있다. 사실 국민의 정부라고 말하는 김대중 정부 이후로 남북 관계의 개선을 위해서 기업인들의 역할을 강조한 모습을 볼 수 있었다. 대표적인 상징물로 개성공단과 같은 경제특구를 꼽을 수 있다. 비록 긴장된 남북 관계의 현실 속에서도 기업에 대해서는 비교적 관대하게 문을 열고 있다. 개성공단은 남북 관계가 첨예하게 대치했던 천안함 사건과 연평도 포격 사건들 속에서도 지금까지 유지되어 오고 있다. 이는 남과 북이 정치와 경제의 이해의 관점을 달리하기 때문이다.

결국 우리의 선교 전략도 이와 같은 틈새를 잘 활용하여 복음증거의 전략을 세워야 할 것이다. 북한은 앞으로도 중국과 북한의 접경 지역을 경제특구로 개발하여 기업 활동을 자유롭게 보장하고자 노력하고 있는 듯하다.

기업들이 북한 땅에 자리를 잡게 되면 인적 교류는 당연히 활발하게 진행된다. 사람의 발길이 오가다 보면 대화가 생기고, 대화를 통해서 삶이 나타나고, 그 보이는 삶의 모습 속에서 호기심을 유발할 수 있다. 결국 우리 속에 있는 예수 그리스도의 삶을 보면서 감동을 받게 하는 좋은 기회를 만들 수 있다는 것이다. 따라서 북한 땅의 복음화를 위해서 선교 기업의 전략화를 논의할 때가 되었다고 생각한다.

3) 북한 내 교인 지원 전략

비록 힘들지만 북한의 성도들로 하여금 스스로 복음을 증거하게 하는 역할을 맡겨야 한다. 사실 복음이 한국 땅에 뿌리내릴 때에 수없이 많은 순교자를 낳고 믿는 이들에게 고통을 안겨 준 것은 사실이다. 그 결과 오늘의 한국 복음화를 이루었다. 어쩌면 그때보다는 수월한 상황일 수도 있다. 왜냐하면 북한에도 이미 교회가 존재하기 때문이다. 비록 이 교회는 남한과 세계의 자금을 끌어들이는 도구로 사용하기 위한 선전용일 수 있다. 그러나 공적 교회의 존립은 상징적일지언정 또한 선교의 당위성을 스스로 인정하는 것임을 부인할 수 없다.

우리는 중국이 공산화되어 칠흑같이 어두운 시기에도 정부의 '삼자교회'를 통한 서방과의 교류가 있었다. 그리고 믿음의 성도들이 주축이 되어 신앙생활을 영위했던 '지하 교회'가 있었다. 중국이 점점 개방되어 갈 때에 두 교회 모두를 통해서 사용하신 주님의 전략을 보게 된다. 따라서 힘들지만 북한 내에 존재하는 '지하 교회'를 순수하게 돕는 작업이 필요하다. 지하에 숨어 있는 북한 교회를 도울 때에 "오른손이 하는 것을 왼손이 모르도록 하라."(마 6:3)는 말씀을 잘 실행해야 하겠다.

4) 구제 NGO 선교의 전략

북한의 식량난은 심각할 수준이다. 무엇보다도 어린이와 노약자들의 피해는 더하다. 따라서 구제 NGO를 통해서 선교의 기반을 조성하는 것이 전략이 될 수 있다. 북한 정권도 대부분의 NGO 단체들이 선교와 연관되어 있음을 모를 리 없으나 현 체제를 유지하기 위해 이 같은 사실을 묵인하고 그 단체들의 활동을 허용하고 있다.

구제 NGO 중에도 의료 팀의 역할은 매우 중요할 것이다. 또한 개별적인 의료팀도 중요하다. 예를 들면 미국 시민권자인 인요한 씨와 같은 의사가 행하는 북한 내 결핵퇴치 사업은 많은 영향력을 미치고 있다. 그리고 여의도순복음교회에서 추진하고 있는 조용기심장병원의 건립을 통해 앞선 의료진과 기술 자원을 지원하는 프로그램은 패쇄적인 북한 정부를 움직이게 만드는 역할을 할 수 있을 것이다.

북한은 지금 심한 어려움을 겪고 있다. 인간의 삶에서 배고픔보다 더 큰 고통이 어디 있겠는가? 잘못된 정치체제를 비난한들 생명 잃은 자녀가 살아서 돌아오지 않는다. 만약 남북을 하나의 민족 공동체로 생각한다면 더 늦기 전에 생명을 살리는 일에 힘을 쏟아야 할 것이다. 바울은 동족의 구원을 위해서라면 자신이 제물로 바쳐지기를 원했다. 물론 바울의 언급은 영적 구원을 말한다. 필자의 소원은 북한 땅의 영적인 구원뿐만 아니라 육적인 구원도 이루어지기를 바란다. 북한 땅에 다시 한 번 1907년에 일어났던 성령의 물결이 도래하여 예수 그리스도의 복음이 충만하게 되기를 바란다. 이 일을 위해서 주님은 남쪽 땅의 교회를 부흥시키시고, 재물과 인적 자원에 축복하시고, 선교의 직임을 맡기셨다.

Chapter 31

탈북자 선교 *

최근 채널A 방송국에서 〈강을 건넌 사람들〉과 〈마지막 국경〉이라는 다큐멘터리를 통해서 탈북 과정을 담은 영상을 보도하였다. 북한에서 거지로 살고 있는 한 아이를 자유의 품으로 탈북시키는 이야기였다. 이 아이는 아버지가 죽고 어머니는 집을 나가 탈북하여 중국의 어디에선가 살고 있었다. 그러나 어머니가 이 아이를 돌보지 않아 날마다 굶주리고 추위와 배고픔 속에서 헤매고 있는 이 아이를 구출한 내용이다. 방송을 통해 다수의 탈북한 사람들이 생명을 걸고 밤중에 국경을 걸어서 넘는 모습은 같은 민족으로서 가슴 아픈 현실을 직감하였다.

탈북자들은 힘들고 어렵게 남한 사회에 정착하지만 그들의 삶은 대부분 평탄하지 못하다. 심한 갈등과 남한 사회의 냉대를 견디지 못한 사람들이 재입북을 하는 경우도 있다. 정부에서는 다양한 방법으로 탈북민을 돕고 있다. 그러나 제도적인 문제보다도 더 귀중한 것은 교회가 그들을 포용하면서 더불어 살 수 있는 길이 무엇인가를 보여 주는 일이다.

＊ 이 글은 월간 『교회와 성장』 2013년 3월호 112–116페이지에 기고된 글이다.

남북의 분단을 직시함과 아울러 탈북민들이 남한을 찾아오는 배경과 교회가 가져야 할 선교 전략을 몇 가지 관점에서 기술하고자 한다.

1. 탈북의 원인과 자아의 상실

자신이 태어나서 살던 땅을 버리고 새로운 정착지를 찾는다는 것은 참으로 힘든 일이다. 인간은 어쩌면 자신의 땅을 후손들에게 물려주기 위해서 죽음을 각오한 전쟁을 하기도 한다. 탈북 주민들이 자신의 땅을 버리고 미지의 세계에 몸을 던진다는 것은 크나큰 모험이다. 이들이 왜 자신의 땅을 등지고 남한으로 탈출하는지 살펴보고자 한다.

1) 독재 왕조가 가져온 식량 위기

북한이탈주민의 가장 큰 탈북 원인은 1인 독재의 북한 체제와 식량난이 대표적이다. 북한이탈주민의 탈북 이유를 시기별로 보면 1990년 초반까지 비인간적이고 독재적인 정권의 압력을 피해서 북한을 떠나는 정치적, 사상적 동기와 이에 따른 신변 안전상의 이유가 주류를 이루었으나 1990년대 중반부터는 식량난 등 경제적 동기가 상당 부분을 차지하고 있다.

독재 정권은 지도자의 의사결정이 모든 정책을 좌우한다. 따라서 주변의 바른 소리를 경청하지 않는다. 비록 주민들이 식량을 공급받지 못해서 아사(餓死)하는 사람들이 속출하는 데도 해결할 방향을 찾을 길이 없다. 이러한 현상은 김일성, 김정일의 세습 체제로 이어지면서 심화되었다. 새로운 지도자가 나타났음에도 식량 사정은 여전히 부족하며 고향을 등지고 탈북하는 사람은 더욱 늘어날 전망이다.

2) 남한 사회의 동경과 삶의 질 향상 추구

남북의 경제 교류 및 중국의 개방경제와 사회체제는 북한 주민들에게 많은 정보를 갖게 만들었다. 그 결과 보다 나은 삶의 질을 향상시키기 위한 탈북자도 늘어나고 있다. 통계에 의하면 최근엔 가족 단위, 여성과 아동, 청소년들의 입국 비율이 증가하는 특징을 보이면서 탈북 이유도 다양해지고 있다. 즉, 단순히 정치적 목적이나 단순히 식량난을 피하기 위한 탈북의 경우보다는 더 나은 삶의 추구와 교육 기회를 얻기 위해서, 경제적으로 성공하기 위해서 등의 탈북 이유가 나타나고 있다.

북한의 사회체제는 평양을 중심으로 지도자 그룹들이 살고 있다. 즉, 자신의 출신 성분이 나빠서 북한 사회에서의 성공이 불가능하다고 느끼게 되거나, 식량문제에 대한 불만을 토로하였다가 강제수용소에 들어가게 되면서 생긴 위험과 갈등, 부모의 사망으로 고아가 되어 겪게 되는 여러 가지 어려움, 범죄, 외국 유학 시기에 다른 외부 세계의 모습을 보면서 느낀 북한 사회에 대한 회의감 등 다양한 탈북의 이유가 있다.

가족 단위의 탈북에 따라 연령층도 어린이에서 노인에 이르기까지 고른 분포를 보이고 있다. 먼저 입국한 북한이탈주민들이 북한의 가족들을 탈출시킨 경우도 지속적으로 발생하였다. 북한이탈주민들의 직업도 아주 다양해졌다. 고위 간부, 외교관, 의사, 외화벌이 지도원, 군인, 학생, 교원, 농민, 노동자 등 각계각층을 망라하고 있다.

3) 탈북 과정의 고통과 자아의 상실

북한을 탈출하여 중국이나 제3국을 거쳐 남한으로 오는 기간에 북한이탈주민들은 체포당할 위험, 식량과 물의 부족, 추위, 더위 등의 물리적 상황의 열악함, 신체적인 상처나 손상, 극단적으로는 죽음의 위기까지 경험하게 된다. 이 시기에 북한에서 이제껏 쌓아왔던 사회적 신분과 재산 등을 포기해야 하고 가족, 친지와의 이별 또는 죽음을 경험한다. 북한이탈주민의 중국 체류가 장기화되면서 이들의 체류 형태도 변화하게 되었다. 초기와는 달리 북한이탈주민은 친척이나 조선족들 집에서 기거하는 비율보다 현지인 가정에서 생활하는 비율이 높아지게 된다. 극소수이기는 하지만 탈북 여성이 중국 체류 중인 한국 남성과 동거하다가 국내로 입국하는 경우도 나타나게 되었다.

북한이탈주민이 긴 탈북 과정 끝에 남한에 처음 들어온 시점부터 정부의 조사와 보호 기간을 마치고 남한의 일상생활로 들어가기 전까지의 시기로서 북한이탈주민들에게 희망이 이루어졌다는 안도감과 함께 새로운 생활에 대한 기대감과 불안감이 겹치게 된다. 즉, 남한 사회에 대하여 점차로 더 많은 것을 알아가면서 자신이 이 사회에서 어떻게 돈을 벌고 어떻게 살아가야 할지 걱정하게 되는 시기이기도 하다. 이러한 가운데 자아의 상실은 더욱 심화된다.

2. 북한이탈주민 선교 현황

탈북자들에 대한 국내 선교 기관들은 여러 곳에서 이미 실시하고 있다. 많은 기관에서 나름대로 열심히 선교를 하고 있지만 조항대 박사의 학위 논문에서 밝힌 선교 단체들 가운데 세 단체들을 소개하면 다음과 같다.

1) 한민족세계선교원

북한 선교를 목적으로 설립된 선교 단체 중 가장 오랜 역사를 가진 초교파 선교 단체를 꼽으라 한다면 '한민족세계선교원'이다. 이 단체는 1971년 김창인 목사가 북한 선교에 헌신을 다짐하고 활동하던 중 1974년 '씨앗선교회'를 발족하여 북한 선교를 시도하였다. 뜻을 같이 한 동참자들에 의해서 1977년 4월 29일 충현교회에서 북한선교창립기념대회를 개최하고 사역을 시작하였다. '북녘 땅에 잃은 형제 복음으로 다시 찾자'라는 슬로건으로 북한 선교에 앞장을 서게 된다.

이후 1984년 '북한선교원'으로 1993년에는 그 명칭을 오늘날의 '한민족세계선교원'으로 개명하게 된다. 이들의 북한 선교 사역은 처음에는 방송 선교와 문서 선교, 그리고 중보기도 모임을 통해 이루어졌다. 한민족세계선교원은 80년대 초의 북한선교원으로 시작해 북한전도특공대 훈련, 요일별 군단 모임, 화요 철야 등을 개최하며 북한 선교의 장을 열었던 것으로 유명하다. 또 이를 통해 교계는 물론 온 국민에게 북한 선교에 대한 관심을 일으켰고, 폭발적인 부흥을 이끌어 왔다. 특히 경기도 남양주시 별내면 덕송리에 한민족 세계선교를 위하여 1984년 선교를 위한 훈련센터 건립을 위한 기도와 북한선교전도특공대의 지도자 훈련이 시작되었다.

이 같은 활발한 복음 선교 활동을 바탕으로 북한 선교를 보다 확대하여 한민족을 통한 온 인류의 복음전파를 목적으로 '한민족을 안고 세계로'라는 기치 아래, 명칭도 '북한선교원'에서 '한민족세계선교원'으로 변경했다. 이후 남북한의 통일을 위한 6자회담국인 러시아, 중국, 일본, 미국은 물론 동남아시아 국가 등지에서 북한 선교를 직접 감당하거나 지원하는 선교사들에 대한 파송과 지원은 물론, 중앙아시아를 비롯해 전 세계에 흩어진 한민족의 후예들을 통한 학교, 병원, 교회, 기도원을 세워 세계선교의 교두보를 확보하기 위해 선교에 열정을 쏟아 오고 있다. 현재는 탈북자들의 자녀 학교를 설립하여 탈북자들은 실제적으로 돕는 귀한 기관이 되었다.

2) 모퉁이돌선교회

한국의 대표적인 북한 선교회 기구는 '모퉁이돌선교회'이다. 지금도 필자의 책상 앞에는 '카타콤 소식'이라는 잡지가 놓여 있다. 이 단체를 이끌고 있는 대표는 이삭 목사이다. 그는 1983년 아시아 지역 선교 사업을 위해 홍콩을 방문하게 되었다. 이삭 목사는 홍콩 선교회의 중국인 선교사들로부터 '왜 한국인을 위한 선교 사업이 한국인에 의해 실시되지 않고 있느냐?'는 질문을 받게 되었다. 그리고 이 질문은 이삭 목사에게 공산권에 거주하는 동포들에 대한 선교 사업에 관심을 갖게 만들었다. 곧 이어 중국을 방문하게 된 그는 중국에 2백만 명이 넘는 한인 교포들이 거주하고 있다는 뜻밖의 사실을 발견하게 된다. 그리고 그들에 대한 경제 지원보다 복음전도가 훨씬 더 급하고 절실하다는 것을 깨닫고 성경 보급 사업을 시작하게 되었다. 이러한 배경 하에 모퉁이돌선교회는 1985년 성경 배달 사역을 중심으로 만들어지게 된다. 그러던 것이 1988년 12월부터 성경 배달 사역과 더불어 지하 교회 지도자의 양육 사역이 함께 진행되었으며, 1990년 1월 이후에는 1년에 두 번, 여름과 겨울로 나누어 3박 4일에 걸쳐 '모퉁이돌선교학교'를 실시하고 있다.

3) 두리하나선교회

두리하나선교회는 1999년 10월 2일 설립된 초교파 복음주의 선교 단체이다. 처음 시작은 '통일한국'을 꿈꾸며 북한 선교를 준비하던 동역자 25명이 북한과 중국의 국경 변방을 돌아보며 탈북자들의 고통과 조선족 동포들의 뜨거운 신앙심과 특별히 중국 변방에서 유리하고 방황하는 어린 청소년들(일명: '꽃제비')을 가슴이 저리는 안타까운 마음으로 지켜보다가 "선행을 배우며 공의를 구하며 학대받는 자를 도와주며 고아를 위하여 신원하며 과부를 위하여 변호하라"(사 1:17)는 말씀에 순종하고자 기도 모임으로 시작되었다.

두리하나선교회의 선교 사업은 크게 국내와 국외 사역으로 나뉜다. 국내 사역은 인터넷을 통한 홍보와 정보 나눔, 선교 관심자 훈련 사역 및 지원, 소식지 발행을 통한 문서 사역, 회원의 조직과 활성화 사역, 기도 연합 사역 등이 있다. 반면 국외 현지 사역은 탈북 어린이 고아원 사역, 현지 조선족 사역자를 통한 탈북자 돌봄 사역, 국제법상 난민 지위 인정을 위한 유엔 청원 운동 및 난민촌 건설 사역, 거점 확보를 위한 부대 사역 등이 있다.

3. 북한이탈주민 선교 전략

북한이탈주민 선교 단체의 시작은 이들을 향한 관심과 사랑으로부터 시작되었다. 대부분의 북한이탈주민 선교 단체들은 1980년대 후반부터 1990년 중반에 이르는 시기에 시작된다. 이 시기가 중국이나 러시아 등지에 탈북자가 등장하기 시작한 시기였고, 탈북자의 문제가 제기된 시기였기 때문이다. 탈북자들을 위한 선교 전략을 다음과 같이 제언한다.

1) 북한의 지하 교회 원조

탈북자를 선교하는 일차적인 작업은 북한의 지하 교회를 도와야 한다. 그렇게 함으로써 자신의 땅 속에서 복음을 간직하면서 살게 만들뿐만 아니라 탈북을 방지할 수 있기 때문이다. 북한에는 상당수의 지하 교회가 있으며, 북한 당국에 의한 극심한 핍박을 받고 있는 것으로 알려지고 있다. 지하 교회는 날로 확산되어 가고 있으며, 혹독한 핍박 가운데서도 포기하지 않고 죽음이나 투옥이나 순교나 그 모든 고통을 무릅쓰고 반세기 이상 신앙을 지켜오고 있다.

2) 정부의 탈북자 프로그램을 수정 보완

현재 북한이탈주민에게는 하나원을 통한 교육 훈련 지원뿐 아니라 주거 지원, 가족 규모를 고려한 생계비 지원 등이 제공된다. 이러한 개인, 가족과 사회의 지지와 상호작용에 의해서 정착이 되기 때문에 이를 통합할 수 있고 조율할 수 있는 기능을 교회가 담당해 나간다면 이들 북한이탈주민에게 효과적으로 접근할 수 있는 선교의 방편이 될 것이다.

여의도순복음교회가 운영하는 NGO 단체인 '굿피플'은 탈북민들을 위해서 생계비 지원과 정착 지원을 위해서 노력하고 있다. 특히 정부 기관인 하나원의 협력 아래 탈북자의 정서적 치료, 정착 교육, 가정 교육, 창업 교육을 하고 있다. 이러한 교육과정은 매년 3월부터 12월까지 10개월 과정으로 실시되며 토요일과 주일을 활용하여 교육되어진다. 2003년도부터 첫 졸업생이 배출되어 치킨 프렌차이즈점을 열거나 세탁소를 개업하거나 굿피플 편의점 창업을 지원하여 효과적으로 남한 사회의 정착을 돕고 있다.

3) 탈북자들에 대한 인식 변화 및 사회 통합의 노력

북한을 탈출하여 남한에 정착하는 동안에 많은 상처들을 받고 있다. 남북한이 동질의식을 가지고 생활하도록 해야 하겠다. 탈북자들이 남한 사회의 냉대와 편견을 경험하면서 느끼는 허탈감은 말로 표현할 수 없다. 이러한 일들은 결국 재입북이라는 상황을 만들고 있다.

교회는 탈북자들을 수용하고 함께 하는 실질적 프로그램 교육을 실시하도록 해야 하겠다. 이를 위해서 북한의 상황과 사회적 구조, 그리고 문화 전반에 걸쳐서 이해하는 과정의 교육을 통해서 성도들의 수용 능력을 배양해야 하겠다. 이렇게 함으로써 탈북 과정에서 가졌던 고통과 새로운 사회에서 겪게 되는 탈북자들의 고통을 온전히 이해하게 됨으로 사회 통합을 이룰 수 있을 것이다.

4) 탈북자 선교회 및 기관 지원

교육적으로는 대안학교 같은 것들이 설립이 되면서 탈북 아동을 돕고 있다. 그러나 이러한 기관들은 매우 영세하여 교육적 의무를 하지 못한 경우가 있다. 그런데 북한이탈주민의 국내 정착 지원에 관한 교회 목회자의 인식 조사에 의하면 목회자들은 "북한이탈주민들이 경제적, 사회문화적 부적응의 어려움보다 남한 사람들로부터의 냉대로 인한 어려움은 다소 적지 않겠는가?"라는 의견을 보이는데 이는 목회자들의 북한이탈주민에 대한 이해가 크게 부족하다는 점을 드러내고 있다. 이와 같이 목회자들의 실정이 이러하다면 일반 교인들은 더 말할 나위가 없을 것이다. 더욱이 기독교 신자인 북한이탈주민의 교회에 대한 태도가 비기독교인 북한이탈주민보다 더 부정적이라면 선교의 문제는 심각하다고 하지 않을 수 없다.

탈북자 선교는 우리 민족이 하나라는 것을 실증하는 선교 프로그램이다. 북한이탈주민 선교는 통일 이후에 복음 안에서 남북한이 동질성을 갖게 함으로써 남북한 지역의 사회·문화적 통합에 크게 기여할 뿐만 아니라 영적 통합을 이룸으로써 통일 선교에 이바지할 것이다.

지금까지 많은 선교 단체들이나 교회에서 북한 선교와 아울러 탈북자들을 돕고 있다. 그러나 이러한 일이 단회적인 일로 끝난다면 바람직하지 않다. 우리 교회는 먼 통일을 준비하는 마음으로 사역에 임해야 하겠다. 그들은 탈북 과정에서 깊은 상처와 고통이 있다. 예수님이 보여주신 사랑의 마음만이 이들을 치유할 수 있다고 본다. 통전적이고 지속적인 관계 속에서 탈북자 선교가 이루어지기를 기대해 본다.

Chapter 32

멀티미디어 시대의
선교*

21세기에 나날이 우리의 마음을 진보로 이끌고 가는 분야는 멀티미디어일 것이다. 미디어란 사람들이 정보를 받아드리고 전달하며 사회적인 존재로 서로 의사소통하는 수단이다. 때문에 우리 몸에 밀착되어 있는 미디어가 몸에서 떨어지면 불안해 하는 사람들이 늘어가고 있다. 토마스 부머샤인(Thomas E. Boomershine)에 따르면 인류는 구전 시대로부터 필사 시대, 음성과 인쇄가 병행하던 시대, 음성이 사라지고 인쇄가 주도하던 시대, 그리고 현대의 전자 시대로 변천해 왔다. 이와 함께 각 시대마다 하나님의 자기계시와 이를 받아들이는 신학적 해석의 틀 역시 변화해 왔다고 주장하였다. 이 이론이 타당한 근거를 가진다면 선교의 현장에서도 새로운 패러다임의 사역 시도가 있어야 한다. 따라서 급속히 변화해 가는 환경 속에서 매스미디어의 선교적 활용 방안을 찾아보고자 한다.

＊이 글은 월간 『교회와 성장』 2012년 8월호 80–86페이지에 기고된 글이다.

1. 멀티미디어 사회의 등장

멀티미디어는 시기적으로 1990년 이후부터 시작하였다. 멀티미디어의 특징은 컴퓨터 기술과 통신 기술로 집약해 볼 수 있다. 사실 미디어가 인간의 삶 속에 깊이 자리 잡기 시작한 것은 1950년대 텔레비전의 등장으로 거슬러 올라간다. 텔레비전은 장소와 시간에 구애받지 않고 사건을 전달할 수 있는 매체였다. 이 시대에는 텔레비전 속에 세계를 축소해 놓는 경험을 하게 되었다. 이후에 등장한 '뉴미디어' 시대에는 1970년대 중반, 미국에서 매스미디어의 연장선상에서 나타난 아날로그 방식에 기초한 매체들이 주를 이루는데, 즉 케이블 TV, 홈비디오, 위성방송, 텔레텍스트, 비디오 텍스트 같은 문명의 이기들을 말한다. 뉴미디어 시대를 지나면서 그야말로 멀티미디어 시대가 도래했다. 멀티미디어는 진공관, 트랜지스터, 마이크로 프로세스의 발명으로 가능해졌다. 트랜지스터가 라디오의 소형화를 이끌었다면, 마이크로 프로세스의 개발은 컴퓨터의 소형화와 대중화를 낳게 한 핵심 기술이라고 볼 수 있다.

멀티미디어의 등장은 각기 다른 매체들을 종합적으로 묶을 수 있는 인터넷의 등장으로 활성화되기 시작하였다. 2000년대 초반까지만 하여도 이와 같은 각종 정보 전달 매체들은 각각 별개로 그 역할을 하여 왔다. 신문은 신문대로 방송은 방송대로 통신은 통신대로 기록 매체와 전달 매체를 이용하여 정보를 기록·전달하여 왔다. 그런데 2000년대 들어서 또 다른 놀라운 정보 기록과 전달 매체에 획기적인 발전을 이룩하였다. 그것은 다름 아닌 인터넷이라는 매체이다.

한세대학교 홍완표 교수는 인터넷이야말로 멀티미디어의 근간이라고 설명하고 있다. 즉, 인터넷은 컴퓨터와 디지털 기술을 기반으로 하고 있다.

디지털 기술은 문자 정보, 영상 정보, 그림 정보 등 모든 정보를 하나의 속성으로 나타낼 수 있는 기술이다. 컴퓨터는 이러한 모든 정보를 입력시켜 기록, 저장, 전달할 수 있게 하였다. 컴퓨터에 입력되는 모든 정보는 그 속성이 다르다 하여도 디지털 기술에 의해 0 또는 1이라는 하나의 속성으로 변환되어 처리된다. 이와 같이 속성이 다른 정보를 하나로 만드는 기술을 멀티미디어 기술이라고 한다. 즉, 컴퓨터와 디지털 기술은 모든 정보를 하나로 처리할 수 있는 멀티미디어 기술의 근간이 되는 것이다.

그리고 컴퓨터에서 처리된 각종 정보는 한 묶음으로 묶어서 하나의 전달 매체를 통하여 전 세계로 전달된다. 그 전달 매체를 인터넷이라고 한다. 즉, 인터넷은 문자, 그림, 소리, 영상 등 속성이 다른 모든 정보를 하나로 전달하여 주는 멀티미디어, 이것을 다른 말로 표현하면 모든 정보의 매체를 통합한 통합 매체인 것이다.

멀티미디어의 출현을 가능하게 했던 또 하나는 기존의 아날로그 방식 대신에 디지털 방식의 발견이다. 디지털 방식에 의해서 컴퓨터의 정보처리 부분과 통신 기술의 정보 전송 부분이 상호 결합할 수 있는 바이너리 코드 방식에 따른 공통언어 시스템이 가능해졌기 때문이다. 멀티미디어의 특징은 정보의 통합과 미디어의 통합을 이루게 되었고, 마침내 커뮤니케이션의 환경에 혁명을 낳게 되었다. 이러한 혁명은 기존의 매체만으로는 불가능하게 여겨졌던 시·공간적인 한계를 넘어설 수 있는 길이 열리게 되었다. 또한 종래의 일방적인 의사소통의 한계를 극복하고 상호작용의 시대를 실현하게 만들었다.

멀티미디어 사회는 쌍방 간의 커뮤니케이션을 극대화시켰다. 최근에는 발달된 스마트폰을 통하여 정보의 극대화가 실생활에 도입되었다. 거리를 지날 때마다 정보의 보고인 스마트폰을 들고 활동하는 모습을 보게 된다.

2. 멀티미디어 사회의 변화 요소

멀티미디어 사회가 가져다준 현상은 인간의 생각과 생활, 그리고 활동하는 공간과 시간의 변화를 가져왔다. 총신대학교의 석사 논문인 김운동의 이론에 의하면 멀티미디어 사회의 변화 요소는 다음과 같다.

첫째, 정보 전달 매체의 변화이다. 기존의 정보 전달 매체인 TV, 잡지, 우편과 전화에서 인터넷과 TV가 결합한 HDTV, 전자메일, 인터넷 잡지, 휴대전화의 발전이 정보 전달의 주요 매체가 되었다. 이는 정보 전달 방식이 쌍방향으로 전환되어 시·공간의 제약을 뛰어넘게 되었다.

둘째, 경제구조의 변화이다. 노동력 중심의 사회에서 정보 상품과 서비스 생산업체가 각광을 받게 되었다. 따라서 공적이거나 사적인 조직이 적절히 활용되어 정보산업과 서비스의 생산 처리, 분배와 전달이 주류를 이루게 된다.

셋째, 정보망 사회가 형성된다. 정보사회는 통신망을 통한 정보 네트워크가 사회의 기반 구조를 담당하게 된다. 우리는 컴퓨터의 활용을 위해 광케이블이 전국에 설치됨과 동시에 전자 정부를 이루어 세계의 주목을 받기도 하였다. 정보 네트워크를 통해 사람들 사이의 의존관계가 더욱 심화된 것을 보게 된다. 이는 효율성과 함께 경비 절감으로 이어진다. 예를 들면 정보통신의 활용으로 문서 이동 같은 비용들이 감소하면서 업무 처리 및 제반 서비스의 기능이 합리성과 효율성을 갖추게 되었다.

넷째, 언론이 변화한다. 종이 매체인 신문이 줄어들고 전자신문의 비중이 높아졌다. 실시간으로 중계되는 소식들이 독자와 시청자들에게 신속하게 전달되고 있다. 비록 시간은 지났지만 미국 부시 대통령의 이라크 침공을 전 세계인이 현장 중계로 알게 되면서 멀티미디어의 힘을 새롭게 느끼게 되었다. 그동안은 방송 매체가 사람들에게 일방적으로 정보를 전달하는 매스컴(Masscom) 시대였다면 현대에는 개별화된 정보를 상호 나누는 미디컴(Midicom) 시대가 되었음을 알 수 있다.

다섯째, 교육이 변화하고 있다. 이는 교육 환경과 방법이라는 두 가지 측면에서 생각해 볼 수 있겠다. 지금까지는 한 명의 교사가 다수의 학생들을 상대로 교육하는 것이 주요 형태였다면 앞으로는 교사와 학생 간의 의사소통이 실시간 매체를 통해 이루어진다. 필자의 자녀도 자신의 담임 선생님과 휴대폰을 이용해 시간에 구애받지 않고 커뮤니케이션하는 모습을 보았다. 이를 통해 교육의 개별화가 갖는 유용성을 짐작해 볼 수 있었다. 방법적인 면을 살펴보면 교실의 벽을 뛰어넘어 동영상 콘텐츠의 활용으로 시공간을 뛰어넘는 교육이 이루어지고 있다.

3. 멀티미디어의 선교적 기능

멀티미디어의 등장은 교회의 사역과 선교 현장에도 많은 변화를 가져왔다. 하나님의 말씀이 인간에게 주어진 것을 우리는 '특별계시'라고 한다. 이 특별계시는 구전과 기록을 통해서 인간 속에 뿌리내리게 되었다. 이후에 인쇄술의 혁명으로 성경이 대량 생산되어 많은 사람들이 하나님의 말씀을 보고 접하면서 신앙을 갖게 되고 성장하게 되었다. 문자화된 성경이 하나님의 말씀의 기준이 된다고 한다면 멀티미디어의 등장은 성도들의 믿음 생활을 지원해 주는 도구가 될 수 있음을 보여 준다. 그리고 이러한 도구들이 그동안 세분화되어 나름대로 사용되었다면 멀티미디어의 기능은 종합적으로 활용되어진다고 보아야 한다.

홍완표 교수는 "주일에 교회에 가서 설교를 듣거나 테이프에 녹음된 설교를 녹음기로 듣고 종이에 인쇄된 주보와 교회 신문, 또 배달되는 신문을 받아보고 음악 방송을 듣기 위해 라디오를 켜고 영화를 보고 드라마를 보기 위해 또는 뉴스를 청취하기 위해 TV를 켜고 소설을 읽기 위해 서점에 가서 책을 사지 않으면 안 되었던 시대는 종말을 맞이하고 있다. 왜냐하면 이 모든 것이 멀티미디어인 인터넷 안에 있기 때문이다."라고 말하고 있다.

멀티미디어인 인터넷은 하나님께서 이 시대의 기독교인들에게 주신 귀한 복음 전달의 도구이다. 그리고 언제 어디서나 하나님의 말씀을 접하며 살 수 있도록 하나님께서 기독교인들에게 주신 귀한 선물이다. 그러므로 기독교인들에게 있어서 멀티미디어, 즉 통합 매체라는 단어는 단순한 이 디지털 시대에 사람들의 입에서 통용되는 그 이상의 의미를 우리에게 주고 있는 것이다. 멀티미디어 시대에 교회 속에서 시작된 미디어의 선교적 도구들을 기술해 보고자 한다.

1) 영상 예배

영상 예배는 영상 매체와 컴퓨터의 급속한 발달이 가져온 결과이다. 이는 다양한 멀티미디어 및 영상을 예배에 활용함으로써 시각적인 효과를 높이고 있다. 성도들이 평소에 관심을 갖고 있던 주제들을 인터넷 매체를 통해서 찾아내어 소통의 매개체로 사용할 수 있다. 특히 컴퓨터의 음악 기능을 활용하여 많은 인원의 오케스트라가 동원되지 않아도 예배에 참여한 성도들에게 성가곡을 들려줄 수 있다.

주일학교의 예배 시간에서 영상의 활용은 큰 의미가 있다고 판단된다. 신세대들은 영상 매체에 익숙해져 있음으로 기존의 문자적 설교나 가르침의 교육을 대체해 볼 수 있다. 이제는 한국의 모든 교회에 영상을 통한 예배가 이미 정착해 가고 있음을 보게 된다. 이런 의미에서 영상 예배를 위한 콘텐츠 개발을 서둘러 활용할 필요가 있다.

2) 교회의 홈페이지 구축

멀티미디어 시대 속에 인터넷이 가진 기능에 대해서는 이미 설명을 하였다. 인터넷의 선교적 활용은 교회의 홈페이지 구축에서 찾을 수 있다. 홈페이지를 통해 교회 소식을 알리는 것은 물론 게시판을 통한 상호 커뮤니케이션 공간을 만든다.

사실 초창기의 홈페이지는 교회의 홍보 수준 정도였지만 이제는 점차적으로 예배와 설교, 교육, 교제, 전도와 선교의 도구로 발전하고 있다. 따라서 이제는 교회에서 홈페이지 구축은 단순한 홍보 내지 광고의 수준을 넘어서 복음의 메시지를 전하고 상호 교감을 형성하여 선교적 도구의 수준으로 업그레이드해야 할 것이다. 홈페이지와 이메일을 활용하여 공간의 벽을 뛰어넘는 상담과 돌봄이 가능하게 하고 복지의 소식을 나누고 참여하게 만들어 진정한 선교의 동력화가 이루어지도록 노력하는 자세가 필요하다.

3) 인터넷을 통한 선교

인터넷의 등장은 세계의 모든 사람들과 소통하는 계기를 마련하였다. 사실 정치적인 국경은 있을지라도 인터넷 속에서는 국경과 이념, 그리고 사상이 점점 허물어지고 있다. 이제 인터넷 단말기만 있으면 어디에서나 전 세계의 신문, 방송, 서적, 영화, 이메일 등에 의한 정보교환을 할 수 있는 멀티미디어 세상이 되었다. 현재 전 세계의 인터넷 사용 인구는 약 25%에 달하고 있다. 즉, 약 18억 명의 사람들이 인터넷을 사용하고 있다는 것이다. 지금 이 시간에도 수천만 명이 인터넷을 통하여 정보를 얻고 지식을 쌓고 있다. 또 수많은 사람들이 인터넷 상에서 대화를 나누고 있다.

예를 들면 한국의 교회에서 설교를 하는 실황이 동 시간에 세계 속에 있는 컴퓨터 단말기를 통해 방영되는 시대인 것이다. 이 같은 변화는 사도 바울이 소아시아를 걸어 다니면서 복음을 증거했던 시대와는 분명하게 다른 환경임을 인지해야 한다.

특징적인 것은 그동안 대중 복음 매체인 극동방송과 CBS, 그리고 CTS 대신에 인터넷을 통한 복음 증거의 사례들이 늘어나고 있다. 필자가 매일 이메일을 열었을 때에 CGN TV와 성서유니온선교회 같은 전문 기관들에서 온 이메일에는 성경 공부와 경건의 시간(QT), 그리고 선교에 관련된 좋은 소식들로 가득 차 있는 것을 보게 된다.

4. 멀티미디어 선교를 위한 유익한 도구들

필자는 멀티미디어가 선교에 유익한 역할을 하고 있다는 것을 이야기하였다. 멀티미디어 시대에 가장 핵심적인 도구는 인터넷이다. 사실 인터넷은 초기에는 통신수단으로 활용되었다. 단순히 정보를 교환하기에 수월하게 하기 위한 네트워크 체계였다. 그러나 지금은 통신을 넘어서 통합된 미디어가 되었다. 사실 문자의 시대에서 TV 시대까지는 일방적인 송화자 중심의 기능이 주류를 이루었다. 그러나 인터넷은 상호 커뮤니케이션을 통한 상대방의 의중을 확인할 수 있는 기회를 만들게 되었다. 그러면 멀티미디어의 복합체인 인터넷 방송의 시스템 구축과 도구들을 활용할 수 있는 인력의 기능들을 소개하고자 한다.

1) 인터넷 방송을 위한 시스템 구축

인터넷 방송의 최대 장점은 영상이 파일로 보관되어 수용자들이 원하는 시간에 접속하여 시청하게 되는 수용자 중심의 매체라는 점이다. 이러한 장점은 교회의 선교적 도구로 매우 유익하다. 예를 들면 설교나 찬양, 주일학교의 다양한 행사, 세미나 같은 기록 영상들은 다수의 대중들과 커뮤니케이션을 할 수 있다.

인터넷 방송국을 설립하기 위해서는 어떠한 시스템을 구축해야 하는가? 사실 필자도 기계적인 부분은 전문가가 아니지만 대체적으로 다음과 같은 장비들이 필요함을 소개하려 한다. 첫째, 하드웨어 부분에서는 전용 서버, 작업과 업무용 컴퓨터, 네트워크 장비, 그리고 방송 영상 장비를 들 수 있다. 둘째, 소프트웨어 부분이다. 서버용, 디지털 편집용, 그래픽 제작용, 일반 업무용 소프트웨어들이 필요하다. 셋째, 전용회선이 필요하다. 특히 인터넷을 통한 방송이 생중계 된다면 전용회선은 반드시 필요하다.

2) 인터넷 방송을 위한 인력 구축

인터넷을 활용한 사역이 본격화되기 위해서는 인력 또한 당연히 필요한 도구이다. 첫째, 인터넷 웹 PD이다. 인터넷 PD에게서 가장 중요한 기능은 기획력이다. 기획은 두 가지 요소를 지니고 있다. 즉 콘텐츠를 기획하는 분야와 방송 제작자로서의 기능이다. 둘째, 웹 마스터가 필요하다. 이는 촬영, 편집할 멀티미디어 콘텐츠를 웹 환경에서 구현하는 일을 관리하는 업무를 한다. 셋째, 웹 디자이너이다. 멀티미디어를 효과적으로 배치하고 텍스트나 배경 화면 등을 웹 환경에 맞도록 제작하는 능력이다. 넷째, 웹 프로그래머이다. 웹 PD가 기획하고 제작한 콘텐츠를 웹 디자이너 손을 거쳐 시각화되고 프로그래머는 이를 인터넷에서 볼 수 있도록 프로그래밍 하는 것이다. 다섯째, 네트워크 관리자이다. 네트워크 구성이 효율적이지 못할 경우, 인터넷 방송 자체의 효율성이 떨어지므로 이를 관리하여 원활한 체계를 갖추도록 해야 한다. 여섯째, 웹 자키(Web Jockey)이다. 취재와 원고 작성, 리포팅과 PD의 역할까지 해야 하는 사람이다.

선교의 일차적인 도구는 하나님의 말씀이다. 그리고 말씀이 육신이 되어

이 땅위에 오신 예수님의 가르침과 행하심, 그리고 사도들과 믿음의 선진들이 활동했던 모든 것들이 선교의 원리가 된다. 이러한 도구들이 구전과 글자, 그리고 기록을 통해서 인류와 끊임없이 커뮤니케이션하였다.

20세기의 미디어 혁명은 영상 매체일 것이다. 그리고 영상 매체인 CBS나 CTS 같은 공적 방송과 CGN TV나 Good TV 같은 매체들이 복음증거에 유용한 도구로 사용되어졌다. 그러나 21세기에 있어서 새로운 커뮤니케이션의 도구는 인터넷일 것이다. 즉, 인터넷이야말로 멀티미디어의 복합물이 되었다는 말이다. 왜냐하면 그동안 송신자(送信者)의 의도에 의해서 만들어진 콘텐츠를 수신자(受信者)가 일방적으로 받는 시대를 마감시키고 상호 교감하는 도구로 만들었다는 것이다.

멀티미디어의 산물인 인터넷을 통해 출판물, 세미나, 공적 방송, 스포츠와 레저 등의 모든 것들을 즐길 수 있게 되었다. 그리고 이러한 멀티미디어를 선교에 적극적으로 활용해야 한다는 것이 필자의 견해이다. 복음은 변할 수 없다. 그러나 복음이 수용자에게 어떻게 전달되느냐 하는 문제는 우리의 몫이다. 결국 교회가 문명의 이기들을 잘 활용하여 말씀을 증거하는 것이 시대적 사명을 감당하는 일이 될 것이다.

Chapter **33** 🍃

의료선교 *

의료선교는 통전적 선교의 수단으로서 중요한 의미를 지니고 있다. 따라서 의료선교는 현대 선교에 있어서 매우 유익한 선교의 도구로 활용되었다. 선교의 모든 실행 지역들마다 의료 선교사들의 공헌을 우리는 져버릴 수 없다. 서구 선교의 역사를 고찰해 보면 현대선교 전략에 있어서 중요한 것 가운데 하나는 의료선교였다. 사실 과학적인 의약과 시술은 기독교 선교사들에 의해서 선교지에 도입이 되었다. 예를 들면 인도의 존 스쿠터(John Scudder), 중국의 피터 파커(Peter Parker), 아라비아의 폴 해리슨(Paul Harrison), 태국의 다니엘 브래드리(Daniel Bradley), 아프리카의 데이비드 리빙스턴(David Livingston), 한국의 알렌(H. N. Allen) 등 수없이 많은 의사들이 선교 현장에서 치유 사역과 함께 의료 교육을 담당하였다. 이 장에서는 의료선교의 당위성을 설명하고 한국교회가 한 차원 높게 전개해야 할 선교사역의 주제로서 의료선교 전략을 기술하고자 한다.

＊이 글은 월간 『교회와 성장』 2012년 10월호 96-102페이지에 기고된 글이다.

1. 의료선교의 성경적 가르침

예수님은 공생애 초기에 있어서 많은 병자를 치료하셨다. 예수님은 죄의 용서와 병 고침을 항상 병행하여 사용하셨다. 병 고침의 사역을 통해서 이 땅에 오신 메시아로서 사람들로 하여금 자신의 죄를 용서하실 수 있는 분으로 받아들일 수 있도록 영향을 주고자 하였다.

예수님은 병든 자들을 치료하셨을 뿐만 아니라 제자들에게도 치유의 능력을 부여하셨다. 70명의 제자들을 선교 현장으로 보낼 때, 병든 자들을 고치라고 하셨다. 그리고 초대교회의 선교가 시작되었을 때, 앉은뱅이를 고치는 베드로의 모습을 볼 수 있다. 이와 같은 예수님의 의도는 신유의 역사를 통해서 전인 구원의 능력이 자신에게 있음을 알리는 계기로 삼기도 하였다. 20세기 초에 신유의 복음을 주창한 심슨(A. B. Simpson)은 "신유는 하나님의 초자연적인 능력이 인간의 육체 속에 주입(infused into human bodies)됨으로써 원기를 회복시키는 것이며, 육체의 연약하고 아픈 부분을 하나님의 생명과 능력을 통하여 회복시키는 것이다."라고 정의하고 있다.

신유 사역을 감당하셨던 예수님도 인간이 건강하게 삶을 영위하면서 하나님 나라를 전파하기를 원하고 계신다. 따라서 선교 현장에서의 의료 사역은 신유(Divine healing) 또는 의료인을 통해서 치유로 인간의 삶에 중요한 변화를 가져오게 만들었다.

2. 의료선교의 유익성

의료선교가 매우 유익한 도구임은 한국의 선교 수용적 상황을 통해서 입증되었다. 선교사 알렌은 의사였다. 그는 현대 의학을 동원하여 의술을 베풀어 고종 황제의 신임을 얻고 광혜원을 설립하여 많은 사람들을 치료하였다. 특히 전염병과 같은 질병들을 예방하는데 앞장서서 크나큰 재앙을 막았다. 때문에 현대 선교는 사역지에서 진료소, 약국, 요양소, 안식처 같은 곳을 통하여 인간의 병든 몸을 쉬게 하고 치료하는 선교가 환영을 받고 있다.

허버트 케인(Herbert J. Kane)은 의료선교의 장점에 대해서 다음과 같이 열거하였다. 이와 같은 이론은 매우 타당하기 때문에 그의 견해를 아래에 기록하고자 한다. 첫째, 의료선교란 육신에 치료를 가져온다. 육신의 치료는 단순한 몸의 치료라고 볼 수 없는 깊은 신학적 의미가 있다. 인간의 질병은 타락과 관련이 있다. 인간 타락의 결과가 가져오는 것은 비도덕적인 삶과 무질서의 자기 행동들이다. 이러한 삶은 인류에 에이즈 같은 질병을 만들어 내었다. 이와 같은 질병은 성경이 말하고 있는 도덕적이고 윤리적인 삶의 모습이 아닌 타락한 인간의 왜곡된 성문화가 가져온 결과들이다. 인간의 타락은 사단과 연결되어 있다. 사단은 인간의 삶 속에 있어서 건강을 해치는 많은 유혹들을 우리에게 주고 있다.

둘째, 의료선교는 지역 주민들의 편견을 없애는 동시에 선한 동기를 만들어 준다. 대부분의 선교지는 타종교가 오랫동안 자리 잡고 있음으로 하여 사단에 묶여 있다. 그렇기 때문에 진리를 가진 선교사가 어떠한 좋은 말과 행위를 해도 정상적으로 수용하지 않는다. 중국 선교의 일화를 살펴보면 초창기 서양 의사들이 베풀었던 의술을 거절하였던 것은 '서양 귀신'에게 몸을 의탁할 수 없다는 생각 때문이었다. 그러나 인간의 질병을 치료해 줌으로써 그들의 편견을 되돌릴 수 있는 계기를 마련하게 된다.

셋째, 의료선교는 그리스도의 마음을 환자에게 나타내고 보여준다. 환자들은 지친 몸과 외로운 마음을 가진 존재이다. 따라서 사랑의 마음을 가지고 대화하고 접근할 때 마음의 문을 열게 된다. 필자도 젊은 시절에 광주

기독병원 원무과에 근무하면서 환자들을 위해서 이른 아침 새벽에 병동을 순회하며 찬송을 했던 경험이 있다. 찬송이 끝날 즈음에는 환자와 보호자들이 복도에 나와서 나의 손을 잡으면서 기도해 주기를 간절히 바라는 경우를 경험하였다.

넷째, 개종의 역사를 불러온다. 의료선교는 환자들을 돌보는 가운데 육신의 문제뿐만 아니라 영혼의 문제에 대한 상담으로도 자연스럽게 연결된다. 의사와 간호사, 그리고 병원 관계자들이 복음의 열정만 가진다면 어떠한 장소보다도 복음을 증거하기가 좋은 곳이 진료소이다. 결국 의료인들이 헌신적인 치유를 통해 주민들의 마음을 잘 어루만질 수 있다면 복음을 전하는 일은 자연스럽게 이어질 수 있다.

다섯째, 의료선교는 교회의 명성을 더해줌으로써 선교에 공헌한다고 하였다. 기독교를 외국의 종교로 인식하는 선교지에서 교회는 설 곳이 없다. 즉, 사람들로부터 외면당하는 종교로 인식되기 쉽다는 말이다. 그러나 병원이 설립되고, 의료인들을 통해서 그들의 아픈 몸을 고치는 과정에서 교회의 존재 이유에 대한 인식은 확실히 달라질 수 있다.

지금까지 의료선교의 유익한 점들을 살펴보았다. 다음으로는 선교역사에 나타난 의료선교의 사례들을 살펴보고자 한다.

3. 의료선교의 사례

의료선교의 사례를 구성함에 있어서 개인적인 사역으로는 현대 의료선교의 개척자인 윌프레드 그렌펠(Wilfred Grenfell)과 기관 중심으로는 한국의 아가페의료선교단을 소개하고자 한다.

1) 윌프레드 그렌펠의 의료선교

윌프레드 그렌펠(Wilfred Grenfell)은 북해의 얼음과 거친 파도가 넘실대는 라브라도에서 의료 사역을 감당했던 의사이자 선교사다. 그는 1865년 영국의 체스터(Chester) 부근에서 태어났다. 의료인이 되는 예비학교를 졸업하고 런던으로 가서 의학을 공부하여 의사가 되었다.

그렌펠은 무디의 부흥회에 참여한 것을 계기로 회심하였다. 이후 그는 왕립원양선교회(Royal National Mission to Deep Sea Fisherman)에 들어가 북해로 파송되어 배를 타고 이곳저곳을 다니며 진료하는 사역을 하였다. 그러나 1892년 북해의 거칠고 험한 라브라도 해안을 여행할 때에 그의 선교 전략은 변하기 시작하였다. 지금까지는 의료선을 타고 뱃사람들 사이에서 의료 활동을 하며 복음을 증거하였으나, 점차 한 곳에 정착하여 주민들을 치료하고 아울러 그들의 삶을 구체적으로 변화시키고 싶다는 생각을 갖게 되었다. 결국 선교회와의 마찰이 생기고 그는 곧 라브라도에 정착하게 되었다. 그렌펠은 의료선교 이외에 현지 주민들의 경제적 이익을 돕기 위해서 협동조합을 만들어 섬겼다.

그렌펠에게 가장 위험한 순간은 1908년 부활 주일이었다. 그는 왕진을 와 달라는 급한 연락을 받고 죽어가는 청년을 생각하면서 90km의 길을 가기로 결심했다. 그러나 너무나 급한 나머지 시간을 절약하기 위해 구불구불한 오솔길 대신에 봄눈이 녹아 위험한 만을 건너가기로 결심하였다. 이것은 참으로 어리석은 결정이었다. 그는 얼음이 깨지고 물속에 빠지게 되었다. 겨우 헤엄쳐 나왔지만 추위와 싸워야 하였다. 생존의 투쟁은 처절했다. 그는 결국 살기 위해서 자신을 운반한 개들을 죽여 피가 철철 흐르는 가죽으로 몸을 감쌀 수밖에 없었다. 다음날 주민들의 구조 덕분에 그렌펠은 삶을 연장할 수 있었다.

라브라도에서 40년의 선교 활동은 그렌펠에게 상과 명예를 안겨주었다.

그는 1927년 영국 왕실로부터 작위를 수여받았고, 성 앤드류대학교에서 명예박사 학위도 받게 되었다. 그를 존경하는 사람들은 "윌프레드 그렌펠이 문의 역할을 했다면, 그 문을 통해서 예수님께서 오셨다."라고 말하였다. 그는 1940년에 하나님의 부름을 받았지만 라브라도의 거친 파도와 얼음을 헤치며 주민들에게 복음의 증거와 인술을 베푼 용기는 선교를 사랑하는 모든 이들의 가슴을 울리고 있다.

2) 아가페의료선교단

선한사마리아병원(The Good Samaritan Hospital)은 P국의 남부 항구 도시인 K시내에서 북서 방향으로 40분 거리에 있는 오랑기 타운(Orangi Town)에 위치하고 있다. 이 지역은 100만 명 이상의 가난한 사람들이 밀집해 있는 곳으로 아시아 지역 최대의 난민촌이다. 1989년 12월에 한국대학생선교회(KCCC)와 충현교회에서 파송된 아가페의료선교팀(9명의 의료선교사)에 의해 현지 병원 건축이 마무리 되었고, 1991년 9월부터 본격적인 진료가 시작되었다. 2002년 11월부터는 수술, 입원 및 응급 환자를 위한 체제를 운영하고 있는데 1991년부터 2008년까지 약 36만여 명의 환자들을 진료하였다.

선한사마리아병원의 현황은 한국인 의사들과 현지인 의사가 산부인과, 소아과, 정형외과, 이비인후과, 피부과, 초음파 진료를 하고 있다. 간호사들을 포함한 30여 명의 직원들이 있으며 주요 시설로는 방사선실, 검사실, 수술실, 분만실, 소독실, 물리치료실, 약국, 컴퓨터실, 채플실, 원목실, 매점 등이 있다. 수술과 입원이 가능한 30병상 규모의 병원으로 24시간 운영되며 가난한 오랑기 지역 주민들에게 의료를 통한 복음을 전하고 있다.

내부 사역은 다음과 같다. 첫째, 병원에서는 입원 환자를 위한 기도 사역과 가정방문 사역을 하고 있다. 즉, 병원에 입원해 있는 환자들을 위한 기도를 원목과 직원들이 함께 하고 있으며 가정방문을 통해 산후 관리, 신생아의 건강 체크, 모유 수유 등을 점검하고 있다. 둘째, 영적인 사역으로는 직원들을 위한 영성 훈련을 하고 있다. 병원을 이끌어 갈 현지인 리더십을 세우기 위해 매일 아침 예배, 수요 제자화 훈련, 연 2회 직원수련회, 성경 통독 등을 하고 있다.

선한사마리아병원의 외부 의료 사역은 다음과 같다. 첫째, 지역사회의 보건(Community Health Evangelism)을 감당한다. 둘째, 이동 진료(Mobile Medical Camp) 사역이다. 셋째, 교육과 훈련 사역을 감당하고 있다. 이 사역은 다음과 같다. ① 컴퓨터 스쿨과 영어 교육이다. 매월 비그리스도인 학생과 일반인 200-250명이 컴퓨터와 영어 교육을 받고 있으며 사영리를 바탕으로 교재가 만들어져 있어 이를 통해 복음을 전하고 있다. ② 병원 교회(Hospital Church) 사역이다. ③ 비전 센터(Vision Center)이다. 병원에서 도보로 15분 거리에 청년들을 위한 훈련 센터를 2007년 2월에 개원하여 방과후 어린이 공부방, 재봉 교실, 성경 공부 모임 등을 진행하고 있다. ④ STINT(Short Term Internship Training) 사역이다. 무슬림권의 선교를 위한 공동체 훈련으로써 2004년 9월에 1기를 시작으로 언어, 의료, 교육, 컴퓨터, 캠퍼스, 현지 교회 등 다양한 사역을 하고 있다.

4. 현대 의료선교의 경향

의료선교가 시작된 초창기와 21세기의 현재는 선교지의 상황이 의료선교에 대한 수용 자세가 많이 바뀌었다. 이제 서양이나 선진국의 의술이라고 해서 무작정 도입하거나 의료 행위를 할 수 있도록 허락하지 않는다. 몇 가지 관점에서 현대 의료선교의 경향을 진단해 보고자 한다.

첫째, 선교지 국가의 제한이 점점 증가되고 있다. 이는 민족자결주의 이후에 나타난 추세의 반영이다. 다시 말하면 외교적 대응 전략에 따라서 좌우되고 있다. 예를 들면 제3세계에서 의학을 공부한 사람이 미국에서 의료 진료를 통해서 취업하거나 개업을 하기 위해서는 미국이 요구하는 자격시험을 통과하여야 한다. 결국 선교 파송국의 의사들은 선교지에서의 장기간 선교하기 위해서는 주재국의 의료법과 자격법에 의하여 시험을 치러야 한다.

둘째, 예방 의학의 중요성이 증대되고 있다. 과거의 의료선교는 개개인의 치료에 초점을 맞추었다고 하면 이제는 집단 발병에 대한 대책을 마련하여 의료 프로젝트를 실시하고 있다. 이는 국제 의료 기구들과 연합하여 결핵, 에이즈 같은 질병들을 국가 단위나 대단위의 지역 단위로 대책을 세우는 것이다. 주민들을 계몽하여 건전하고 위생적인 생활을 통해서 질병을 미연에 예방하여 삶의 질을 높여 가고 있다.

셋째, 단기적인 의료 봉사활동이 증대되고 있다. 여름방학이나, 겨울방학 같은 휴가 기간을 이용하여 의료 봉사단과 함께 선교지를 방문하여 치료하는 단기성 사역이 많이 나타나고 있다. 이와 같은 의료선교는 전문의는 물론 앞으로 선교적인 삶을 살기를 원하는 예비 의료인인 의과대학생들이나 약학, 그리고 간호학 관련 종사들에게는 선교를 아는 중요한 계기가 될 것이다.

5. 의료선교 전략

1) 선교지의 병원 건립과 관리

의료선교의 가장 큰 이슈는 선교지에 병원을 건립하고 주민들을 대상으로 치료의 기회를 제공하는 것이다. 물론 규모가 큰 병원일 경우에는 단일

교단의 교회가 감당하기는 벅찬 요소가 있다. 그러나 소규모의 병상이나 의원급의 병원 건립은 많은 자금을 공급하지 않아도 된다. 따라서 헌신된 의료인들과 함께 추진해 볼 수 있는 사업이다. 최근에 여의도순복음교회에서는 평양에 '평양조용기심장병원'을 설립하고 개원하기 위해서 많은 헌금과 함께 병원의 장비를 준비하고 있다. 남북의 긴장 관계로 아직은 사업의 진척이 빨리 진행된 것은 아니지만 언젠가는 마무리 짓고 선교의 전초기지가 될 것이라고 모두들 기도하고 있다.

2) 현지 의료인들과의 협력 사역

현지 의료인들과의 협력 사역은 효과적인 전략이다. 이는 법적인 문제를 피하면서도 의료 사역의 파트너십을 이룰 수 있기 때문이다. 한국의 의사 면허증이 있다고 하더라도 선교지에서 의료 행위를 하기 위해서는 현지의 면허증이 반드시 필요하다. 그러나 현지 의사와 함께 진료를 할 경우에는 의료 행위에 따른 법적인 문제는 자동적으로 해결될 수 있다. 최근에는 동남아시아를 비롯한 네팔과 같은 지역에서는 현지 의료인들과 협력 사역을 하는 경우가 많아지고 있다. 아쉬운 것은 이와 같은 프로젝트는 단기 사역에 국한된다.

3) 대체의학의 선교지 활용

필자의 대체의학이란 동양의학 가운데 민간요법으로 쓰는 의술을 말한다. 예를 들면 수지침이나 뜸과 같은 민간요법은 유용하게 활용된다. 물론 아무리 민간요법이라고 하더라도 절대로 가볍게 다뤄서는 안된다. 그러나 수지침과 부황 같은 치료법은 선교지에서 대화를 유도하거나 선교의 접촉점을 찾아 친밀한 관계를 유지하는 데에 좋은 전략적 방법이다. 따라서 앞으로 파송될 선교사들은 적어도 인체에 대한 지식을 습득하는 교육이나,

침술과 같은 간단한 의료 시술을 할 수 있는 훈련을 받고 선교지에 투입되는 것도 긍정적으로 검토해 볼 만하다.

4) 현지의 질병 예방 기관에 참여

세계보건기구(World Health Organization, WHO)와 같은 국제기관을 통해서 파송되어 섬기는 전략을 제안하고 싶다. 이제 한국의 위상이 강화되고 선진국 대열에 들어서면서 국제기구에 참여하는 기회가 많아졌다. 비록 선교지 현장에서 보건 행정적인 일이라고 할지라도 인간의 생명 존중의 역할과 사명은 얼마든지 할 수 있는 사역이다. 이를 위해서 선교 훈련과 함께 국제기구의 참여를 위한 준비와 자격을 갖추어야 하겠다. 사실 한 사람 한 사람의 질병을 보살피고, 유지시키고 완치하는 일도 중요하지만 주민들이나 부족 단위의 건강을 책임지는 예방적 의료 사역도 의사나 약사, 그리고 간호사들의 활동 못지않게 중요한 사역이다.

여기까지 의료선교에 대해서 기술하였다. 의료선교는 예수님께서도 친히 행하셨던 중요한 선교사역이었다. 그리고 이러한 사역을 제자들을 통해서 활용하게 하셨다. 그만큼 인간의 육체는 중요한 삶의 도구라고 생각하셨기 때문이다.

현대 선교가 발달할수록 의료인들의 헌신이 선교지에서 크게 작용해 왔다. 그 결과 타종교인들이 마음의 문을 열고 예수님을 받아들여서 복음의 확산을 가져왔다. 선교가 차원을 달리하여 업그레이드 될수록 고급 인력들이 선교지에 투입되는 것이 현실이다. 이러한 측면에서 한국교회의 선교 위상에 맞게 의료 선교인들이 선교지에서 많이 활동하도록 해야 하겠다.

Chapter 34

사회복지 선교*

사회란 인간의 집단을 말한다. 바람직한 것은 사회의 집단이 공동체를 이루어 상호작용을 통해 삶의 질을 높이는 것이다. 행복한 사회를 이루어 나가는 데는 복지가 필연적으로 따른다. 학자들은 복지란 "건강하고 안락한 인간의 이상적인 상태"라고 정의를 내렸다. 결국 이 말을 현대어로 생각해 보면 '잘사는 것' (well-being)이라고 볼 수 있다.

인간이 잘 살아가는 것은 무엇인가? 인간 삶의 요소 가운데 경제적, 문화적 삶의 지위 같은 표면적인 요소도 있다. 그러나 궁극적인 것은 인간의 영혼이 참된 안식을 얻을 수 있느냐의 문제로 귀결된다. 인간이 풍성한 삶을 누리며 참된 평안을 누릴 수 있는 것이 기독교의 신앙이다. 이를 위해서 선교가 필요하다. 따라서 이 장에서는 사회, 복지, 선교 삼자가 인간의 삶속에 내재되어 인간을 행복하게 만들 수 있는 길을 모색해 보고자 한다.

---

* 이 글은 월간 『교회와 성장』 2013년 2월호 84-90페이지에 기고된 글이다.

1. 사회복지의 정의

최근 정치권에서 복지에 대한 논의를 활발하게 진행하였다. 여권과 야권은 국민의 안녕을 책임지는데 있어서 복지 예산을 늘리겠다고 공언한다. 사실 우리의 복지 예산은 OECD 국가들 가운데 그렇게 높지 않다. 공공복지의 개념이 보편적 복지로 이어지면서 아동들을 대상으로 한 무상교육과 육아 수당을 나누어 준다는 기쁜 소식도 있다.

사회복지를 생각해 볼 때에 크게 두 가지 개념이 있다. 먼저는 잔여적 개념이다. 이는 가족 또는 시장과 같은 정상적인 공급 구조가 제 기능을 발휘하지 못하는 경우에 대처하는 복지사업이다. 예를 들면 가정에서 가장의 실직이나 사고, 또는 병고로 인해 제 기능을 발휘하지 못하거나, 시장체계가 거의 침체되어 제 기능을 하지 못할 때에 사회복지를 통해서 문제에 개입하여 풀어 나가는 기능이다.

다음은 제도적인 사회복지의 개념이다. 현대 산업사회에서 사람들이 만족할 만한 수준의 삶과 건강을 누릴 수 있도록 제도적인 기능을 수행하고 복지를 수단화하여 개입하는 것이다. 이와 같은 복지 수단은 연금제도나 의료보험과 같은 정책이다.

2. 사회복지의 필요성과 방법

사회복지의 필요성을 갖고 있는 사람은 일차적으로 국민 모두라고 볼 수 있다. 그러나 주요한 대상은 빈곤 및 최저 생활 수준에 있는 사람, 정신 및 인격 파탄으로 도움이 필요한 사람, 역기능의 가족, 지역사회, 기능집단, 그리고 사회계층의 소외 집단을 들 수 있겠다.

이상에 언급한 대상 이외에도 사회적 문제를 가진 사람들로 복지 대상을 생각해 볼 수 있겠다. 예를 들면 비행자, 범죄자, 윤락자, 마약 중독자, 실업자, 저임금으로 고통을 받는 자, 알코올 중독자, 도박 중독자 등이다. 이러한 사회 문제들은 사회적 부조리 현상의 대량적 존재에 관한 총괄 개념으로서 일상적 생활 과정에서 당면하게 되는 개인, 집단, 지역사회 등의 문제를 포함하고 있다. 이들에게는 사회복지가 반드시 필요하다.

사회복지의 방법으로는 세 가지를 들 수 있다. 첫째는 정책적 방법이다. 사회 결함으로 생긴 사회의 문제들을 해결하는데 있어서 사회 정책적 입장에서 문제를 풀어가는 것이다. 예를 들면 빈곤의 문제, 노동의 문제, 계층의 구조적인 모순, 사회 문제 등은 국가가 정책적인 측면에서 문제 해결을 위해서 노력해야 한다.

둘째는 기술적인 방법이다. 이는 개인의 성격 결함에 의한 인간관계의 조정 기술로 보는 견해이다. 이 접근 방법은 개인의 탈선행위, 심리적 부적응, 정신질환 등의 문제에 관심을 두고 심리요법이나 환경 조정 등을 통해서 문제를 해결해 나가는 방법이다.

셋째는 병리적 접근 방법이다. 사회병리 현상의 원인을 발견하고 과학적 분석과 사회적 진단을 통해서 접근해 나간다. 더욱 구체적으로 생물학적, 심리학적 입장에서 정신병자, 자살자, 신체 장애인 등과 같은 사람들의 문제 해결을 위해서 노력해 나가는 방법이 있다.

3. 사회복지사업의 종교적 동기

기독교는 사랑을 나누는 것에서부터 시작되었다. 심지어 타종교라고 할지라도 타인을 위한 자선이 교리 속에 포함되어 있다. 그만큼 사회복지는 종교 간의 벽을 넘는 행동으로 자리 잡았다. 그들은 받는 것을 개의치 않고 주는 것으로 만족한다. 이것은 약자 기반에서 기인하며, 직접 인간의 정서에서 생기는 가장 자연스러운 자선, 개인적인 형식으로 나타난다. 그것은 타인의 고통을 보았을 때에 개인적인 관계에서 이타심이 생긴다.

성경에는 수없이 많은 복지 사상들이 나와 있다. 필자는 성경이 말하고 있는 사회복지를 간단히 소개하고자 한다. 구약의 출애굽기를 보면 다섯 가지의 복지를 언급하고 있다.

첫째는 가난한 채무자를 위한 복지이다. 하나님은 "네가 만일 너와 함께한 내 백성 중에서 가난한 자에게 돈을 꾸어 주면 너는 그에게 채권자 같이 하지 말며 이자를 받지 말 것이며"(출 22:25)라고 말씀하셨다.

둘째는 이방 나그네에 대한 복지이다. 이방 나그네란 어떤 나라에 다소 제한된 시민권을 누리면서 거주하는 사람을 말한다. 어쩌면 한국의 다문화인들과 같은 위치의 사람들이다. 하나님은 "너는 이방 나그네를 압제하지 말며 그들을 학대하지 말라 너희도 애굽 땅에서 나그네였음이라"(출 22:21)고 말씀하셨다.

셋째는 가난한 자들을 위한 복지이다. 하나님은 가난한 자의 편에 서시고, 가난한 자의 보호자이시며, 가난한 자들의 부르짖음을 들으신다는 것을 가르치셨다.

넷째는 과부와 고아를 위한 복지이다. 과부와 고아는 경제적인 어려움뿐만 아니라 심리적으로도 억울한 대우를 받을 때가 많다. 하나님은 자신의 백성들에게 "너는 과부나 고아를 해롭게 하지 말라 네가 만일 그들을 해롭게 하므로 그들이 내게 부르짖으면 내가 반드시 그 부르짖음을 들으리라"(출 22:22-23)고 말씀하셨다.

다섯째는 노예를 위한 복지이다. 노예란 전쟁 포로 노예, 수입된 외국인 노예, 매매된 미성년자 노예, 자원 매매된 노예, 채무 불이행으로 인한 노예 등이 있다. 성경은 "네가 히브리 종을 사면 그는 여섯 해 동안 섬길 것이요 일곱째 해에는 몸값을 물지 않고 나가 자유인이 될 것이며 만일 그가 단신으로 왔으면 단신으로 나갈 것이요 장가 들었으면 그의 아내도 그와 함께 나가려니와"(출 21:2-4)라고 말씀하셨다.

이제 신약성경의 대표적인 복지 구절을 살펴보고자 한다. 마태복음 19장 16-26절을 보면 한 청년이 예수님께 와서 구원 상담을 하게 된다. 청년은 "내가 무슨 선한 일을 하여야 영생을 얻으리이까?"라고 질문을 한다. 예수님께서는 "네 소유를 팔아 가난한 자들에게 나누어 주라. 그리하면 하늘에서 보화가 네게 있으리라. 그리고 와서 나를 따르라."고 말씀하신다. 이 말씀의 깊은 요지는 청년으로 하여금 가난한 자를 위해서 사는 것이 천국의 지름길임을 가르치신 말씀이다.

4. 사회복지 선교

기독교는 사랑과 복지를 고대에서부터 가지고 있었다. 제도적으로는 희년법을 통해서 땅은 원주인에게, 노예들은 자유인으로 돌아갈 수 있었다. 예수님의 공적 메시지는 이사야의 글을 읽으며 "주의 성령이 내게 임하셨으니 이는 가난한 자에게 복음을 전하게 하시려고 내게 기름을 부으시고 나를 보내사 포로 된 자에게 자유를, 눈 먼 자에게 다시 보게 함을 전파하며 눌린 자를 자유롭게 하고"(눅 4:18)라고 선포하셨다.

초대교회의 야고보 사도는 고아와 과부를 그 환난 중에 돌아보도록 권하고 있다. 중세 교회는 수도원을 통해서 고아와 병든 자들을 치료하였다. 종교개혁의 시대 이후에는 국가의 복지 의무를 강력히 주장하였고, 교회는 공동 모금함을 통해서 주변의 약자들인 병자와 임산부 미망인, 고아들을 돌보았다. 따라서 라인홀드 니버(Reinhold Niebuhr)가 말했듯이 "교회는 사회봉사를 키운 어머니였다."라는 말이 맞다. 거시적인 측면에서 사회복지 선교의 틀을 말하면 다음과 같다.

1) 샬롬(Shalom)의 사회적 내재

현대사회의 문제는 상대적 갈등에서 오는 불균형적인 사고로 인해서 심한 중병을 앓고 있다. 이러한 갈등의 조정자로서의 교회의 역할이다. 심한 갈등은 사회적 불안으로 자리 잡고 나아가서는 폭력과 살인, 그리고 무서운 증오로 점철되어 간다. 이들이 가진 불만과 적대감을 십자가를 짊어지는 역할과 사랑으로 교회가 짊어짐과 아울러 해소시켜야 한다.

하나님의 뜻은 원수를 사랑하고 세상 속에서 평화를 유지시키시기를 원하셨다. 주님은 자신을 십자가에 못 박은 사람들의 용서를 하나님께 간구하였다. 따라서 적어도 복지 부분에 있어서는 교단의 벽을 뛰어넘는 일이 선행되어야 할 것이다. 즉, 사회 전체를 교회의 선교의 장이 되도록 만들어야 한다.

기독교가 마련하는 사회복지의 본질은 공공 부분이나 민간 부분이 하는 프로그램, 즉 일반적인 물질적 자원이나 정보 혹은 기회를 마련해 주는 복지가 아니라 교회의 기능적 특징인 코이노니아적 활동으로 그리스도의 사람을 통해서 서로 관계를 맺고 하나님의 뜻에 따라서 주민이나 그 주민이 살고 있는 지역사회를 '샬롬화' 하자는 복음화 운동이다.

2) 사회복지의 정책적 개선 방향에 참여

공공복지의 일차적인 책임은 국가에게 있다. 국가는 백성들의 안녕을 위해서 해야 할 복지의 우선 과제는 훌륭한 사회복지 정책을 만들어 복지가 필요한 영역에 소외감이 없이 실시되어지는 것이다. 따라서 기독교 사회복지는 이러한 정책적인 의사결정의 과정에 적극 참여하여 의사를 개진해야 한다. 사실 기독교 사회복지는 사람과 사회제도와 연계되어 만들어진 상호작용과 사회제도 간의 연계를 통합하고 조정시켜 나가는 기능을 갖고 있다.

따라서 하나님의 뜻에 합당한 코이노니아적 상호 관계가 사람과 사회제도, 그리고 사회제도 간에 긍정적으로 이루어져야 한다. 인간의 복지는 사회 환경과 그 사회의 안정과 번영 속에서 개인의 복지가 이루어지고 인간은 그 사회의 안정과 복지를 위하여 책임과 의무를 다한다는 사고를 가질 수 있어야 한다. 이를 위해서 교회는 지역사회를 대표해서 정책 입안을 할 수 있는 정치 지도자들을 배양해야 하겠다.

3) 지역사회의 공동체 형성

사회는 인간들이 모여 사는 삶의 공간이지만, 공동체는 익명의 사회가 아닌 서로 잘 소통하는 친밀한 사회이다. 따라서 기독교가 존재하는 지역사회를 공동체로 만들어야 한다.

지역사회에 대한 학자들의 견해를 종합하면 다음 세 가지를 말할 수 있다. 첫째는 지리적 개념으로서의 지역사회이다. 이는 한 지역을 구성하는 사람들과 조직들의 지리적 분포이다. 둘째는 집단 상호작용을 강조하는 사회적 동질로서의 지역사회이다. 이 개념은 지역 주민들 간의 합의성, 일체감, 공동생활 양식, 공통적인 관심과 가치, 그리고 공동 노력이 강조된다. 셋째는 지리적, 사회적 동질성을 강조하는 자연 지역으로의 지역사회이다. 스타이너(J. F. Steiner)는 "지역사회는 상호 접촉이 가능한 지역 내에 거주하는 일단의 사람들로 구성되어, 이들은 상호 보호와 복지를 위해서 그 지역 내에 여러 가지 형태의 사회조직을 형성한다."라고 말했다.

지역사회에서 기독교 사회복지는 지역사회의 주민 간의 상호 관계를 통하여 이웃에 대한 물질적 원조뿐만 아니라 상호 신뢰성 회복, 공동체의 선을 위한 보편적 가치관의 수립에 둘 필요가 있다. 사실 우리가 살고 있는 지역사회는 다양한 가치관과 세계관, 그리고 종교가 공존하는 사회이다. 결국 교회의 구역 예배나 속회가 체계적으로 지역사회에서 도움 체계로 활용되어 세상에서의 빛과 소금의 역할을 감당하면서 웰빙(well-being)의 삶을 이루어 나가야 할 것이다.

5. 사회복지 선교의 실제

사회복지를 통한 선교적 사명을 담당하는 교회는 수없이 많다. 예를 들면 교회가 감당하는 지역공부방, 노인복지센터, 다문화복지센터, 그리고 지역 복지관 등이다. 특히 교회 이외의 기독교적 봉사 기관으로서 국제기아대책기구는 지금도 지역의 사회복지센터를 직접 위탁 받아서 운영하고 있다. 필자가 경험하고 이해하는 선에서 이들 복지기관들을 열거하고자 한다.

1) 엘림복지타운

여의도순복음교회는 주민 복지를 위해서 서울시와 손잡고 엘림복지회를 1985년에 설립하여 노인복지사업, 청소년 직업전문학교를 전문적으로 운영하고 있다. 직업전문학교는 1년 과정으로 1988년부터 시작하였다. 이 과정을 통해서 훈련받은 젊은이들이 각종 자격증을 획득하였다. 그리고 국제기능경기대회에서 우수한 성적을 인정받았다. 특이한 것은 외국인과 탈북주민도 포함하여 훈련을 시키고 있다. 최근에는 동남아의 빈민국에서 기술을 배우기 위해서 엘림복지타운의 직업전문학교의 문을 두드리고 있다. 직업전문학교를 졸업한 많은 사람들이 취업을 통하여 가정을 이루고 행복한 삶을 설계하면서 살고 있다.

또한 무의탁 노인들을 위한 기관을 서울시로부터 위탁을 받은 복지기관으로서 경로당과 요양원을 운영한다. 특히 65세 이상의 무의탁 노인들이 남은 여생을 평안히 보낼 수 있도록 돌보는 시설이며 정원은 130명이다.

엘림복지타운의 사역을 복지학의 용어를 빌려서 설명한다면 케어 복지가 되겠다. 케어 서비스는 어떠한 이유로 신체적 혹은 정신적 장애가 있어서 자립된 생활을 할 수 없는 사람에 대해서 그 사람이 있는 곳에 가서 생활에 불편이 없도록 원조하는 것이다. 이러한 사람들은 노인이든지 장애인이든지 하루라도 즐겁고 인간답게 살아갈 수 있도록 돕는 것이다.

2) 군포제일교회의 성민원

군포제일교회는 군포시의 산본에 위치한 교회이다. 노인복지를 전문화하기 위해 1998년 사단법인 성민원을 설립하였다. '전도하는 교회, 교육하는 교회, 사랑을 실천하는 교회' 라는 목표아래 1977년 군포에 천막을 치고 개척한 이 교회가 성민원을 설립하게 된 것은 가정이나 사회에서 소외되어 어디에서도 환영받지 못하는 노인들의 안타까운 모습을 보면서 이들을 대상으로 전문적이고 다양한 사회복지사업을 통해 노후 생활의 불편을 해소시키고 정서적인 안정과 심신의 건강을 도모하기 위해 온 성도들이 기도하는 가운데 결실을 보았다.

특히 이 교회는 노인에 대한 특별한 관심을 갖고 1986년부터는 노인대학을 설립하여 운영함으로써 노년의 삶을 더욱 보람 있게 보낼 수 있도록 했다. 복지법인인 성민원에서는 거동이 불편하여 외출할 수 없는 저소득층 노인과 거택 보호 노인들을 방문하여 복지 서비스를 제공하는 제일케어를 운영하고 있으며, 독거노인 및 맞벌이 부부 가정의 노인들을 일일 동안 시설에 데려와 각종 프로그램을 활용하는 제일주간보호센터를 운영한다.

군포제일교회는 한때 정부로부터 복지센터를 위탁받아서 지역의 노인복지뿐만 아니라 장애인복지, 청소년복지, 아동복지, 학교, 부녀, 산업복지에도 힘썼다. 그리고 복지사업 외에도 선교와 구제, 전도, 교육에도 중점을 두고 성도들의 내실을 기하고 있다. 권태진 담임 목사는 1980년대 이미 대학원에서 사회복지를 전공하여 목회에 적용하였다. "성민원을 운영하면서 소외당하는 지역 주민과 더불어 살아가고 있다는 것에 보람을 느끼며, 지역 주민과 함께 호흡하는 교회로 자리 잡으면서 자연스럽게 교회가 성장하는 모습에 하나님의 또 다른 섭리를 발견할 수 있었다."라고 전한다.

3) 지역사회와 교회의 교량 복지

여기에서의 교량은 다리를 말한다. 즉, 복지를 위해서 수혜자인 지역사회와 공급자인 교회를 연결시켜 주는 일이다. 한세대학교 영산신학대학원 출신의 권오진 경기도의원은 평소에도 소외된 사람들에 대해서 관심이 많아서 선친이 물려준 부지를 다문화 교육을 위해서 공여하였다. 그는 자신이 지역구로 있는 용인 지역의 소외된 이웃과 가정을 위해서 지역사회의 부녀회장들로 하여금 20kg의 쌀을 나누어 주는 일을 하였다고 한다. 이 쌀을 나누기 위해서 기부를 받던 중에 부족한 부분을 화광교회(윤호균 목사)에서 헌납을 하였다고 했다. 지역사회와 교회가 연결하여 주민들의 복지를 실현하는 중요한 사례라고 볼 수 있다.

이 장에서는 사회복지 선교의 필요성을 제기하였다. 복지란 잘사는 것(well-being)이다. 성경도 예수님이 초림하신 것은 인간의 "풍성한 삶을 위해서 오셨다."(요 10:10)라고 말씀하고 있다. 인간이 사단의 세력을 이기고 건강하고, 분명한 목표 아래서 성공적인 삶을 사는 것이 주님의 뜻이다. 이에 교회는 사명감을 가지고 우리 주위의 소외된 지체들은 물론 지역사회의 구성원들의 복지에 관심을 가지고 대처해 나가야 한다. 복지를 위한 헌신의 마음이 지역사회의 공동체 속에 녹아질 때에 딱딱한 주민의 마음이 열려 복음을 받아들일 것이다.

전략이 있는 선교
Mission in Strategies

초판 1쇄 인쇄 | 2014년 3월 28일
초판 1쇄 발행 | 2014년 4월 10일

저 자 | 조귀삼
발행인 | 김미영
편집인 | 조귀삼
발행처 | 세계로미디어

신고번호 | 제384-2009-000001호
430-715 경기도 안양시 만안구 만안로 49, 814호(안양동, 호정타워)
TEL | 031) 445-1366
FAX | 031) 446-1366

값 23,000원

ⓒ 2014, 세계로미디어
ISBN 979-11-951099-1-3 93230